굿모닝북스 투자의 고전 8

주식시장 바로미터
The Stock Market Barometer

주식시장 바로미터
The Stock Market Barometer

1판1쇄 펴낸날 2008년 4월 10일

지은이 윌리엄 피터 해밀턴
옮긴이 박정태
펴낸이 서정예
표지디자인 디자인이유
펴낸곳 굿모닝북스

등록 제2002-27호
주소 경기도 고양시 일산구 일산동 576-9 동해빌딩 410호
전화 031-819-2569
FAX 031-819-2568
e-mail image84@dreamwiz.com

가격 12,000원
ISBN 978-89-91378-15-5 03320

*단체 주문하시면 할인해 드립니다.
**잘못된 책은 바꾸어 드립니다.

굿모닝북스 투자의 고전 8

주식시장 바로미터

The Stock Market Barometer

윌리엄 피터 해밀턴 지음 | 박정태 옮김

굿모닝북스

■ 옮긴이 해설

찰스 다우와 윌리엄 피터 해밀턴, 그리고 《주식시장 바로미터》

찰스 다우와 함께 다우, 존스 앤 컴퍼니를 설립한 에디 존스는 아이비 리그 가운데 하나인 브라운 대학교 출신이다. 반면 다우는 한 학급 규모의 시골 초등학교에서 읽기와 쓰기를 배운 게 학력의 전부다. 그래도 경제사학자 로버트 소벨은 다우를 가리켜 "월 스트리트 역사상 가장 탁월한 애널리스트"라고 평했다. 120여 년 전 누구도 상상하지 못했던 "주식시장의 흐름"을 분명하게 읽어냈기 때문이다.

 찰스 다우는 1851년 11월 미국 코네티컷 주의 작은 시골마을 이콩크 힐에서 태어났다. 여섯 살에 아버지를 여의고 열여섯 나이로 지역 주간지 회사에 인쇄 견습공 겸 기자로 들어간 그는 20개 직장을 전전한 끝에 1869년 일간지 〈스프링필드 리퍼블리컨〉에서 경제기자로서의 입지를 굳힌 뒤, 1882년 다우, 존스 앤 컴퍼니를 창업해 〈커스토머스 애프터눈 뉴스레터〉를 발간하기 시작했다. 〈애프터눈 뉴스레터〉는

1885년 〈월 스트리트 저널〉로 이름을 바꾸었는데, 다우는 1902년 12월 숨을 거두기까지 거의 하루도 거르지 않고 주식시장의 흐름에 관한 기사와 칼럼을 집필했다.

그가 쓴 칼럼의 내용이 바로 다우 이론이다. 사실 다우가 활동하던 동안에는 다우 이론이라는 말조차 없었다. 다우 이론이 널리 알려진 것은 다우에 이어 1907년 1월 〈월 스트리트 저널〉의 네 번째 편집국장이 돼 1929년 12월 세상을 떠날 때까지 23년간 이 신문을 이끈 윌리엄 피터 해밀턴에 의해서였다. 해밀턴은 1922년 처음 출간된 《주식시장 바로미터》에서 "다우가 창안한 평균주가야말로 주식시장은 물론 국내 및 세계 경제를 예측하는 바로미터"라고 밝혔다.(본 번역서의 원전은 1925년에 출간된 증보판이다. 증보판에서는 제21~22장을 추가하는 등 일부 내용을 보충했지만, 나머지 내용은 초판과 거의 똑같다.)

해밀턴은 1867년 잉글랜드에서 태어나 23세에 런던에서 신문기자 생활을 시작해 유럽 전역과 남아프리카 등지에서 금융전문 기자로 활동한 뒤 1899년 뉴욕으로 건너가 〈월 스트리트 저널〉에 합류했다.

당시 〈월 스트리트 저널〉 편집국장을 맡고 있던 찰스 다우의 밑에서 일한 해밀턴은 다우에 대해 이렇게 말한다: "다우는 지적이었고, 자제할 줄 알았고, 무척 보수적이었다. 어떤 주제에 대해서든, 그것이 아무리 뜨거운 논쟁거리라 해도 한쪽으로 치우치지 않는 아주 냉정한 성격을 가진 인물이었다. 나는 다우가 화내는 것을 한 번도 본 적이 없다. 그러나 이렇게 말하는 것만으로는 충분하지 않을 것이다. 나는 그가 약간이라도 흥분하는 모습을 결코 본 일이 없다. 그가 보여준 완벽할 정도의 정직함과 훌륭한 감각은 월 스트리트에 있는 모든 이들에게 신

뢰감을 심어주었다."(40쪽)

해밀턴은 다우 이론을 실제로 활용해 1907년의 주가 대폭락 사태와 1914년 제1차 세계대전 발발을 앞두고 벌어진 주식시장의 침체, 1917년의 대 약세장을 비롯해 1929년까지 발생한 여섯 차례의 대세상승과 대세하락 흐름을 정확히 예측했다. 그가 1929년에 쓴 "조류의 변화(A Turn in the Tide)" 칼럼은 그해 10월의 주식시장 패닉은 물론 1930년대까지 이어진 사상 초유의 대공황을 예견한 기념비적인 주가 분석 칼럼으로 회자되고 있다. 또 그가 세상을 뜨기 5일 전 자신의 죽음을 예상한 듯 "다가오는 휴지기(Coming to Rest)"라는 제목으로 쓴 칼럼에서는, 다우존스 산업 평균주가가 두 달 만에 381포인트에서 200포인트 수준까지 폭락했지만, 이는 공매도나 외국인 투자자의 매도 때문이 아니며 정상적인 흐름이라고 분석했다.

그러나 해밀턴은 다우 이론을 투자 전략으로 사용하는 것을 경계했고, 경제 및 시장 전체의 예측 수단으로 체계화하고 애썼다. 사실 다우 이론이 하나의 투자 원칙으로 자리잡은 것은 해밀턴 사후 〈배런스〉에 시장분석 칼럼을 연재한 로버트 레아 덕분이었다. 레아는 다우와 해밀턴이 쓴 칼럼을 기초로 1932년 《다우 이론》이라는 저서를 출간하기도 했는데, 1931년 약세장의 바닥을 정확히 예측했고, 1937년에는 주식시장의 추세가 마침내 대세상승 흐름으로 반전됐음을 알림으로써 다우 이론의 주가 예측력을 입증했다.

다우와 해밀턴이 이론적 체계를 완성한 다우 이론은 매우 간단하다; 첫째, 평균주가는 모든 사람이 무엇을 알고 있는지, 무엇을 바라고 있는지, 무엇을 믿고 있는지, 무엇을 예상하고 있는지, 이 모든 것을 반영한다. 둘째, 평균주가에는 동시에 움직이는 세 가지 흐름이 있는데, 대세상승이나 대세하락과 같은 기본적인 주가 흐름, 강세장에서의 조정이나 약세장에서의 랠리와 같은 2차적인 흐름, 그리고 매일매일의 주가 등락이다. 셋째, 세 가지 주가 흐름 가운데 가장 중요한 것이 기본적인 주가 흐름으로, 매일매일 변동하는 평균주가와 2차적인 주가 흐름은 주가 조작 세력에 의해 영향을 받을 수 있지만 기본적인 주가 흐름은 누구도 자의적으로 움직일 수 없다.

이 같은 세 가지 원칙을 다우가 그의 칼럼에서 썼던 대로 요약하자면 "주가의 흐름은 일단 방향을 정하면 주식시장 그 자체가 모멘텀을 잃고 방향을 바꾸기 이전까지 꾸준히 그 방향으로 지속되는 경향이 있다"라고 이야기할 수 있다. 다우 이론은 한마디로 평균주가를 통해 시장의 흐름을 파악하는 것이다.

해밀턴은 다우 이론의 진정한 가치를 주식시장 바로미터에서 찾는다. 바로미터가 중요한 것은 예측할 수 있기 때문이다: "평균주가는 다우가 현실 세계에서 매우 유용한 과학적인 바로미터로 쓰일 수 있도록 의도적으로 고안한 것이라는 점을 지적해둘 필요가 있다. 여기서 바로미터와 온도계의 차이를 구분해야 한다. 온도계는 실제 주가를 보여주는 시세판과 똑같다. 그러나 바로미터가 되기 위해서는 반드시 예측할 수 있어야 한다. 바로미터가 중요한 이유는 바로 이 때문이며, 다우 이론의 진정한 가치도 여기서 나온다. 주식시장은 한 나라 경제는 물론 전 세계 경제의 바로미터다. 다우 이론은 이 바로미터를 어떻게 읽어야 하는지를 알려준다." (64~65쪽)

해밀턴은 한 걸음 더 나아가 주식시장의 움직임을 이렇게 설명한다:

"주가가 낮은 이유는 시장 분석가들이 제시하고 있는 모든 부정적 요인들이 이미 주가에 반영됐기 때문이다. 주식시장은 오늘 현재 누구나 다 아는 정보에 의해 움직이는 것이 아니다. 주식시장은 적어도 수개월 앞을 내다볼 줄 아는 전문가들의 지식의 총합에 기초해 움직인다."(91쪽)

해밀턴은 주식시장의 흐름에는 반드시 원인이 있고, 뉴스도 있다고 말한다. 그는 신문기자로서 이렇게 이야기한다: "내가 월 스트리트에서 맨 처음 한 일이 바로 다우-존스에서 주식시장에 관한 기사를 쓴 것이다. 나의 목표는 주식시장에서 벌어지는 개별적인, 그리고 전반적인 주가 변동의 원인을 찾아보자는 것이었다. 비록 그것이 끊임없이 변하는 것이라 하더라도 내 힘이 닿는 데까지 구해보고자 했다. 단순한 일반화는 용납할 수 없었다."(276쪽) 그가 《주식시장 바로미터》를 왜 썼는지 그 이유를 읽을 수 있는 대목이다.

끝으로 1929년 12월 10일자 〈월 스트리트 저널〉에 실린 윌리엄 피터 해밀턴의 부음기사 가운데 일부를 인용한다:

윌리엄 피터 해밀턴은 그가 본 것을 기록하는 것만으로 절대 만족하지 않았다. 그에게는 언제나 사실 그 자체보다 더 가치 있는 숨은 의미가 있었다; 이미 지나간 사건들과의 논리적 관계가 항상 존재하고, 인간의 열망과 실패 뒤에는 모호하거나 의미 없어 보이는 것들을 비춰주는 배경이 있기 때문이다. 그의 문체는 정신적이고 영적인 풍부함을 바탕으로 유려함과 권위를 이끌어냈다.

해밀턴의 칼럼들이 사려 깊은 독자들에게 호소력을 가졌다는 점은 아마도 상당부분 그가 비핵심적인 요소를 과감히 생략하고 질문의 핵심에 곧바로 접근했기 때문일 것이다. 이 같은 힘은 그의 생각을 압축하고 요약하는 노련함에서 나왔다. 그는 아주 짧은 글에서도 많은 의미를 담아냈다. 그러나 이것은 단순히 펜의 마술 같은 게 아니다. 일시적인 생각에 젖어 시간을 낭비하지 않고, 직접적으로 생각하고 솔직하게 말하는 타고난 천성의 한 부분이다. 더구나 그의 남다른 지적 열정은 글을 쓰고 대화를 하면서 남들이 전혀 예상치 못한 즐거운 유머로 분위기를 한층 부드럽게 만들어주었다.

동료들은 이제 해밀턴을 떠올리며 그의 천재성과 용기있는 정신이 남긴 유산뿐만 아니라 무엇이든 아낌없이 나눠주었던 따뜻한 선배를 기억할 것이다.

2008년 3월

박정태

| 차례 |

옮긴이 해설 • 4

서문 • 13

Chapter_1 주식시장의 사이클과 역사적 기록 • 15

Chapter_2 영화 속의 월 스트리트 • 24

Chapter_3 찰스 H. 다우와 그의 이론 • 39

Chapter_4 주식 투기에 적용한 다우 이론 • 51

Chapter_5 시장의 냉혹한 평결 • 64

Chapter_6 주식시장의 놀라운 예측능력 • 75

Chapter_7 시세 조종과 프로 투기자 • 87

Chapter_8 시장의 메커니즘 • 102

Chapter_9 자본의 과세대상 문제에 대해 • 115

Chapter_10 바다 저 멀리 손바닥만한 작은 구름: 1906년 • 129

Chapter_11 주기적으로 반복되는 패닉 • 144

Chapter_12 　강세장을 예측하다: 1908~09년 • 159

Chapter_13 　2차적인 주가 흐름의 성격과 활용법 • 175

Chapter_14 　1909년, 그리고 역사의 몇 가지 오류들 • 189

Chapter_15 　박스권과 1914년의 경우 • 209

Chapter_16 　법칙을 증명해주는 예외 • 222

Chapter_17 　바로미터의 우수성: 1917년의 사례 • 234

Chapter_18 　정부의 규제가 철도 산업에 미친 영향 • 247

Chapter_19 　시세 조종은 가능한가: 1900~01년의 사례 연구 • 260

Chapter_20 　몇 가지 결론: 1910~14년 • 279

Chapter_21 　진실로 무슨 일이 벌어지고 있는가: 1922~25년 • 293

Chapter_22 　주식투자자들에게 주는 마지막 조언 • 304

나의 오랜 친구이자 동료였던
휴 뱅크로프트에게 이 책을 바친다.
책을 쓰도록 권유하고 용기를 북돋워준
그의 도움이 없었다면
이 책은 세상에 나오지 못했을 것이다.

서문

다른 책들의 서문을 보면 주로 사과하는 내용을 기술하거나, 기껏해야 좀더 명확하게 뜻을 전달했어야 했는데 그렇게 하지 못했다고 부연하는 경우가 많다. 이 책에서는 굳이 사과하지 않을 것이다. 제대로 설명되지 않은 내용이 있다면 그것은 전적으로 저자의 잘못이다. 하지만 다우, 존스 앤 컴퍼니(Dow, Johns & Co.)의 클레어런스 W. 배런 사장에게는 특별히 감사의 뜻을 밝혀두어야겠다. 또 이 책을 쓰는 데 꼭 필요한 자료였던 다우존스 평균주가를 사용할 수 있도록 허락해준 "위대한 경제뉴스 서비스"의 경영자 조셉 캐쉬먼, 그리고 내가 월 스트리트에서 신문사 일을 하는 동안 오랜 동료였으며, 현재 다우존스 평균주가의 편집자인 찰스 F. 렌켄에게도 감사의 뜻을 전한다.

윌리엄 피터 해밀턴

Chapter_1
주식시장의 사이클과 역사적 기록

지금은 고인이 된 윌리엄 스탠리 제본스는 젊은 시절 경제적 패닉과 태양 흑점 간의 상관관계에 관한 이론을 꽤 깊이 연구했다. 진실한 인간성을 바탕으로 늘 탁월한 저작물을 발표했던 그는 17세기 초까지 거슬러 올라가 두 현상이 동시에 발생한 날짜를 일일이 기록해 알리기도 했다. 사실 지난 2세기 동안 태양 흑점이 나타난 횟수는 그리 많지 않았다. 따라서 제본스가 경제적으로 패닉에 빠져들었다고 생각했던 시기는 상당히 축소됐을 것이며, 이 같은 사실은 충분히 그럴만하다고 받아들일 수 있다. 나는 1905년에 제본스의 이론과 관련한 글을 〈뉴욕타임스The New York Times〉에 쓰면서 월 스트리트에서는 경제가 패닉과 활황에 주기적으로 빠져든다는 점을 충분히 인식하고 있지만 그렇다고 태양 흑점이 얼마나 자주 나타나는가에 대해서는 전혀 신경 쓰지 않고 있다고 밝혔다. 젊음이란 원래 다소 무모하고 불손하기까지 하다. 두 가지 현상이 우연히 시기적으로 일치했을 수 있지만 그것은 사실 아무런 의미도 없다고 말할 수 있다. 마치 미국의 대통령 선거가 4년마다 찾아오는 윤년에 치러지는 것이나 마찬가지다.

사이클과 시인

대학교에서 경제학을 가르치는 교수와 기업인들 가운데는 "우리 인간사에는 어떤 사이클이 존재한다"는 매우 강력하면서도 근거 있는 믿음을 갖고 있는 분들이 많다. 그렇다고 해서 이들이 굳이 어떤 의도를 품고 이런 믿음을 내세우는 것은 아니다. 아인슈타인의 상대성 이론을 모르더라도 이 세상이 정신적으로 발전해나가는 과정이 일직선으로 이루어질 수 없다는 점은 충분히 이해할 수 있다. 인간사의 변천은 차라리 지구를 비롯한 수많은 행성들이 태양의 주위를 맴돌고, 태양은 또한 다른 수많은 별들과 함께 베가 은하계의 주위를 운항하는 것과 더 비슷할지도 모른다. 시인들은 틀림없이 이런 사이클 이론을 믿고 있을 것이다. 그 중에서도 백미는 바이런이 쓴 장편 서사시 『해럴드 공자의 편력Childe Harold's Philgriamge』이다. 바이런이 믿는 인간사의 사이클은 「메텔라의 탑Metella's Tower」 앞부분에서 시인이 격한 감정으로 노래하는 이 구절이다:

여기 모든 인간사의 정신이 있네,
이것은 그러나 과거를 똑같이 되풀이하는 것이지;
가장 먼저 자유가, 그리고 영광이 온다네; 이것들이 허물어지면
부와 악, 부패가 오고, 최후에는 원시로 돌아가게 되지,
역사란 그렇게 엄청난 두께로 기록되지만,
결국은 단 한 페이지에 불과하다네.

경제적 패닉과 활황으로 빠져드는 시기가 주기적으로 번갈아 나타나는 것도 이와 비슷한 것 같다. 최근 경제사에 관해 어느 정도의 지식이 있는 사람이라면 패닉이 찾아왔던 시기, 즉 1837년과 1857년, 1866년, 1873년, 1884년, 1893년, 1907년을 기억할 것이며, 경기침체에 빠졌던 1920년도 여기에 포함시킬지 모르겠다. 패닉은 통상 10~14년을 주기로 해서 찾아왔고, 새로운 패닉이 찾아오기까지의 간격은 점차 길어지고 있는 게 분명하다. 다음 장에서는 이 같은 사이클 이론을 분석하면서 그 유용성을 시험해볼 것이다.

주기적인 출현

그러나 이론의 현실적인 기초는 그것이 비록 실제로 적용될 수 있는 전제는 아닐지라도 인간의 본성 그 자체에 있다. 활황기에는 인간의 본성이 도를 넘어서게 되고, 이 같은 과도한 성장은 그에 상응하는 침체를 불러온다. 또 절망적인 패닉의 시기를 거치고 나면 근로자들은 자신이 받는 임금에 감사하게 되고, 적은 소득 가운데서도 일부를 저

축하려고 한다. 자본가들 역시 이윤은 적지만 빠르게 자본을 회수할 수 있다는 데 만족하게 된다. 1893년의 패닉 이후 구조조정 기간 중에 미국의 철도기업 대부분이 보여주었던 과정이 바로 이런 모습이었다. 요즘 우리 미국인들은 소득 범위 내에서 지출을 하고 있고, 금리는 매우 낮으며, 위험을 무릅쓰고 사업을 하려는 분위기가 매우 강하다. 숨죽인 채 정체돼 있던 경제가 바야흐로 활기를 되찾아가고 있는 것이다. 이런 분위기는 점차 투기적인 상황으로 발전하게 될 것이다. 그러면 금리는 올라갈 것이고, 임금도 상승할 것이며, 다른 부작용들도 나타날 것이다. 한동안의 좋은 시절이 지나가게 되면 결국 경제를 구성하고 있는 시스템 가운데 가장 약한 고리가 발견된다. 1907년과 같은 경제 붕괴 사태가 초래되는 것이다. 당시 주식시장과 상품가격의 폭락 사태에 이어 경기 침체가 나타났고, 대규모 실업 사태가 뒤따랐다. 이런 시기에는 시중은행의 예금액이 늘어나기도 하지만, 위험을 무릅쓰고 사업에 투자하는 돈은 완전히 말라버린다.

바로미터의 필요성

바이런의 시 구절을 다시 읽어보고, 지금 소개한 경제적인 측면에서의 주기성과 무엇이 다른가 생각해보라. 경제에 대해 논의하면서 시인의 상상력에 투영된 것을 조금이라도 바라볼 수 없다면 과연 무슨 의미가 있겠는가? 그러나 안타깝게도 경제 위기의 너무나 많은 부분이 우리의 상상력에서 비롯된다. 우리에게 필요한 것은 감정이 전혀 개입되지 않은 바로미터다. 우리가 어디로 가고 있는지, 또 우리가 무엇을 기대해야 할 것인지를 말해주는 주가지수와 평균주가다. 가혹할 정도로 냉정한 바로미터이자 일체의 편향도 없는 최선의 바로미터는 증권거래소의 평균주가다. 그동안 구성 종목을 여러 차례 교체했고, 또 초기에는 구성 종목의 수가 적었지만 다우존스 뉴스 서비스에서는 지난 30년 이상 꾸준히 평균주가를 발표해왔다.

이 같은 평균주가에서 의미 있는 내용을 읽어내는 방법은 틀림없이 존재한다. 물론 이런 방법이 때로는 낙관론자들이나 비관론자들 모두를 불쾌하게 만들곤 하지만 말이다. 바로미터는 지금 하늘 위에 구름 한 점 없어도 폭풍우가 올 것이라고 예측할 수 있게 해준다. 폭우가 쏟아져 밭에 심은 농작물이 전부 휩쓸려 떠내려간 다음에 곡괭이를 들고 힘을 써봐야 아무 소용없다. 지난 수십 년 동안 신문지상을 통해 평균주가에 관한 여러 논의를 진행해왔던 것은 나의 운명이었다. 그것은 이제 고인이 된 〈월 스트리트 저널The Wall Street Journal〉의 창간 발행인 찰스 H. 다우의 이론을 검증하는 작업이기도 했다. 평균주가에 관한 나의 논의는 주가의 흐름에 대한 분석이 늘 정확히 들어맞는다는 것을 입증하고자 한 것은 아니었다. 하지만 평균주가에 관한 나의 논의를 신뢰하고, 바로미터가 무엇인지를 읽어낸 독자들은 폭풍우로 인해 밭이 폐허로 변해버리기 전에 본능처럼 그것을 알아차릴 수 있는 감각을 마음속으로 배웠을 것이다.

다우 이론

다우 이론의 바탕은 사실 매우 단순하다. 주식시장의 움직임에는 세

가지 흐름이 동시에 존재한다고 찰스 다우는 말했다. 가장 중요한 것은 기본적인 주가 흐름이다. 이것은 1900년 11월 윌리엄 매킨리 대통령이 재선되면서 시작해 1902년 9월 대단원의 막을 내렸던 대세상승이 대표적이다. 당시의 강세장은 1901년 노던 퍼시픽 주식 매집과 이로 인해 발생한 주식시장의 패닉 사태에도 불구하고 계속 이어졌다; 기본적인 주가 흐름으로 손꼽을 수 있는 최근의 대표적인 대세하락은 1919년 10월에 시작해 1921년 6~8월까지 계속됐던 약세장이다.

이 같은 기본적인 주가 흐름은 최소한 1년, 통상적으로는 그 이상 지속되는 경향이 있다. 다우가 지적한 2차적인 주가 흐름은 기본적인 주가 흐름이 진행되는 기간 중에 나타나는 것으로, 기본적인 주가 흐름은 약세장인데 급상승하는 랠리가 나타난다든가, 기본적인 주가 흐름은 강세장인데 급락세를 보이는 경우가 이에 해당한다. 1901년 5월 9일에 나타났던 주가의 급락 사태는 기본적인 강세장에서 나타난 2차적인 약세장의 대표적인 사례라고 할 수 있다. 2차적인 주가 흐름이 나타난 뒤 다우존스 산업 평균주가가 철도 평균주가보다 더 빨리 회복할 수도 있고, 그 반대일 수도 있는 것처럼 두 평균주가의 진행 과정이 한치의 오차도 없이 똑같을 수는 없다. 기본적인 주가 흐름에서도 마찬가지다. 가령 1919년 10월 약세장이 시작되기 이전까지 지속됐던 긴 상승기에 철도 평균주가는 상대적으로 낮았고, 주가 움직임도 전혀 활발하지 못했다. 당시 철도 주가가 이런 움직임을 나타낸 것은 정부가 철도 기업의 소유권을 행사하고 일정한 이익을 보장하기로 함으로써 철도 주가에는 투기가 끼어 들 만한 여지가 사실상 없었고, 따라서 투기적인 바로미터도 그것이 작용할 수 있는 영역의 바깥에 있었기 때문이다. 철도기업에 대해 민간의 소유권 행사가 다시 가능해지면서 철도 주가도 예전과 같이 바로미터로 작용할 수 있는 중요한 영역을 회복했다.

다우 이론이 함축하고 있는 내용

다우가 지적한 것처럼 주식시장에는 기본적인 주가 흐름과 2차적인 주가 흐름 외에 이와 동시에 나타나는, 매일매일 끊임없이 변동하는 주가의 출렁임이 있다. 여기서 반드시 짚고 넘어가야 할 점은 개별 종목에 투자하는 데는 평균주가가 어울리지 않는다는 점이다. 가령 1901년 5월부터 2차적인 약세장이 시작됐는데, 어떤 투자자가 평균주가를 근거로 이를 미리 예측했다고 하자. 이 투자자는 당연히 공매도하는 게 옳다는 판단을 내렸을 테지만 그가 공매도 대상 종목으로 노던 퍼시픽을 골랐다면 무슨 일이 벌어졌겠는가?(당시 노던 퍼시픽은 세력들의 대규모 주식 매집으로 단기적으로 급등세를 탔다-옮긴이) 실제로 그렇게 했던 투자자들이 있었다. 이들 가운데 주당 65달러의 손실을 보고 공매도한 주식을 겨우 청산했다면 그나마 운이 좋은 편이었다.

다우 이론을 실제 투자에서 활용해보면 많은 함축적인 의미를 담고 있다는 사실을 발견할 수 있다. 그 중에서도 가장 신뢰할 수 있는 것은 두 가지 평균주가가 서로를 확인시켜준다는 점이다. 두 가지 평균주가가 서로 어긋나는 경우는 기본적인 주가 흐름에서는 결코 없으며, 2차적인 주가 흐름에서는 아주 드물게 나타난다. 또 평균주가를 자세히 조사해보면 몇 주 동안이나 평균주가가 작은 범위 안에서 등락을 거듭하는 경우를 자주 보게 된다; 가령 다우존스 산업 평균주가가 70 밑으로는 떨어지지 않고 74 위로는 올라가지 않으며, 철도 평균주가 역시 73~77 범위 안에서 움직이는 것이다. 기술적으로는 이것을 "박스권을 형성하고 있다"고 부른다. 경험이 많은 투자자들은 이 시기에 대규모 물량이 출회되고 있거나 대규모 매집이 이뤄지고 있다는 점을 잘 알고 있다. 두 가지 평균주가가 박스권의 상단을 돌파하게 되면 매우 강력한 상승장의 신호다. 혹은 대세하락 흐름에서 2차적인 랠리가 나타나는 조짐일 수도 있다.

그러나 두 가지 평균주가가 박스권의 하단을 뚫고 내려갔다면, 그것은 기상학자들이 흔히 말하는 "포화점(saturation point)"에 도달한 게 분명하다. 이제 주가의 추락이 뒤따르게 된다. 이렇게 시작된 주가 하락은 대세상승 흐름 속에서 나타난 2차적인 약세장일 수도 있고, 1919년 10월에 시작된 것과 같이 대세하락 흐름의 출발점일 수도 있다.

1914년 (제1차) 세계대전의 발발과 함께 뉴욕증권거래소가 일시적으로 폐쇄된 뒤 다우존스 산업 평균주가의 구성 종목은 12개에서 20개로 늘어났는데, 이로 인해 평균주가가 크게 흔들린 것처럼 보였을 것이다. 특히 제너럴 일렉트릭(GE) 같은 기업의 주가가 큰 폭으로 출렁이면서 산업 평균주가가 철도 평균주가보다 더 강력한 움직임을 보이는 것처럼 느껴졌을 것이다. 그러나 평균주가를 잘 연구해보면 그렇지 않다는 사실을 알 수 있다. 새로 구성한 20개 종목의 이전 평균주가 움직임을 기록해서 당초의 12개 종목의 평균주가 움직임과 비교해보면 거의 일치하고, 심지어 매일매일의 변동마저 똑같을 것이다.

기준으로서의 다우존스 평균주가

다우존스 평균주가를 모방한 수많은 주가지수들이 있지만 여전히 기준은 다우존스 평균주가다. 또한 시중에는 다우존스 평균주가를 읽어내는 여러 가지 방법들이 있다; 그러나 그 어느 것도 다우 이론에 필적할 만한 검증과정을 거치지 않았다. 다른 방법들이 공통적으로 갖고 있는 약점은 평균주가를 읽어내는 사람의 의도가 개입되고, 이로 인해 외생적인 변수가 끼어든다는 점이다. 평균주가를 주식 거래량과 결합하려고 한다거나, 상품지수를 참고해 평균주가를 해석하려는 불필요한 시도들이 행해져 왔다. 그러나 평균주가에는 이 모든 것들이 이미 반영돼 있다는 사실을 분명히 알아야 한다. 기상예보관의 바로미터에는 날씨에 영향을 미치는 모든 변수들이 포함돼 있는 것과 마찬가지다. 주가의 흐름은 월 스트리트가 알고 있는 모든 지식을 반영하고 있으며, 특히 다가올 사건들에 대한 정보도 전부 반영하고 있다.

월 스트리트에 있는 어느 누구도 모든 것을 다 알지 못한다. 나는 헨리 H. 로저스가 활동하던 시절 "스탠다드 오일 군중(Standard Oil crowd)"으로 불렸던 다수의 투자자들이 아주 오랫동안 주식시장에 대해 잘못된 생각을 갖고 있었다는 사실을 잘 알고 있다. 주식시장에서는 "내부자 정보"를 갖고 있는 것과 시장이 그 정보에 어떻게 반응할 것인지를 아는 것은 전혀 별개다. 주식시장은 모든 사람이 알고 있는 모든 정보와 그들의 바람, 믿음, 기대를 전부 반영한다. 〈월 스트리트 저널〉에서 인용했던 돌리버 연방 상원의원의 말처럼 시장은 이 모든 것들을 전부 반영해 냉혹한 평결을 내리는 것이다.

Chapter_2
영화 속의 월 스트리트

이제 우리는 장기간에 걸쳐 검증 받은 주식시장 바로미터가 얼마나 정확한지 엄격한 분석을 통해 입증할 것이다. 다우 이론에 기초해 짧게는 1년 정도에서 길게는 3년 이상에 걸쳐 큰 폭의 상승이나 하락을 수반하는 기본적인 주가 흐름을 조사할 것이다; 기본적인 주가 흐름이 진행되는 과정 가운데 2차적인 반등과 조정이 나타날 수 있다; 또 상대적으로 덜 중요하지만 늘 일어나고 있는 매일매일의 주가 등락이 있다. 우리는 이 같은 세 가지 주가 흐름이 월 스트리트가 이 나라 경제에 대해 갖고 있는 모든 지식과 정보에 바탕을 두고 있다는 점을 알게 될 것이다; 이들 세 가지 주가 흐름은 때가 되면 계절이 바뀌듯이 선악의 잣대로 판단할 수 있는 것이 아니며, 투기 세력의 주가 조작이 개입된다 하더라도 주식시장 바로미터를 결정적으로 훼손시키지는 못한다.

영화와 멜로드라마

그러나 내가 쓴 몇몇 기사에서도 지적했듯이 시장의 흐름을 무조건 중립적으로 판단하는 데 대한 반론도 만만치 않다. 월 스트리트가 법적으로 전혀 문제가 없는 아주 깨끗한 곳으로 여겨지지는 않기 때문이다. 시장이 보여주는 냉정하면서도 비인간적이기조차 한 주가 흐름은 사실 주식시장의 대형 스캔들과는 아무런 상관관계도 갖지 않는다. 하지만 이런 스캔들은 과거에 시장이 어떤 식으로 움직였든 그 역사적 사실조차 의심하게 만들고, 주가 흐름의 중립성마저 훼손시켰다. 물론 이렇게 생각하는 사람보다는 단순히 그럴 것이라고 느끼는 사람의 숫자가 압도적으로 많다. 대다수가 그렇게 느낀다면 받아들일 수밖에 없겠지만 그래도 나는 주식시장이 잘못됐다는 사실을 인정할 수 없다. 차라리 나는 그리니치 천문대의 자오선이 잘못됐다는 사실을 인정할 것이다. 그로버 클리브런드(민주당원으로는 노예제도 폐지 이후 처음으로 미국의 제22대 대통령에 당선된 인물로, 정직하고 비당파적 의지를 가졌던 개혁가—옮긴이)가 상투적인 변명거리로 자주 사용했던 문구 가운데 하나를 인용하자면, 우리 앞을 가로막고 있는 것은 이론이 아니라 그것을 둘러싸고 있는 조건이다.

많은 사람들은 월 스트리트라고 하면 신비스럽고 두려운 곳이라는 이미지를 떠올린다. 영화 속에 나오는 월 스트리트의 모습 그대로다. 영화는 과거 우리의 할아버지 세대에 즐겼던 멜로드라마(17~19세기 초 미국에서 유행했던 뮤지컬 풍의 연극–옮긴이)의 현대판이라고 말할 수 있다. 멜로드라마에 등장하는 인물들의 성격은 천편일률로 똑같다. 멜로드라마에서 그려지는 냉혹한과 악인들의 모습은 현실 세계와는 거리가 멀다; 하지만 연기자들은 마치 냉혹한과 악인이라면 당연히 그렇게 행동해야 하고, 또 그렇게 연기해야만 냉혹한과 악인들의 실제 모습을 본 적이 없는 비평가들로부터 호평을 받을 수 있는 것처럼 연기한다. 제롬 K. 제롬이 꽤 오래 전에 쓴 무대 위에서의 법칙에 관한 글이 하나 있다. 그는 이 글에서 영국의 연극에서는 3.6페니짜리 결혼증명서가 없으면 결혼 자체가 성립되지 않는다고 말했다. 또 사망한 사람의 재산은 유언장을 가진 사람에게 돌아간다. 아무런 유언도 남기지 않고 죽어버린 부자의 유산은 가장 가까운 악인에게 돌아간다. 그 시절 변호사는 무대 위에서도 변호사로 그려졌다. 형사는 날카로운 눈으로 범인을 찾아내는 탐정으로 묘사됐다. 그런데 유독 금융업자는 의도적으로 자신의 얼굴에 먹칠을 하는 악덕 금융업자로 나온다.

소설 속의 금융업자

영화에 등장하는 현대적인 금융업자 역시 이와 흡사하다. 주인공처럼 자세히 표현될수록 더욱 그렇다. 하지만 이런 묘사가 새로운 것은 아니다. 나는 몇 해 전 잡지에서 짧은 소설 한 편을 읽었는데, 줄거리는 제임스 R. 키니 같은 희대의 "투기꾼"에 의해 주식시장의 흐름이 완전히 뒤집히는 것이었다. 이야기 전개는 아주 극적이었고, 묘사도 잘 된 편이었다. 결정적인 장면 가운데 하나는 키니 같은 투기꾼으로 그려진 인물이 증권거래소의 종목별 주가를 알려주는 티커를 조작하는 것이었다! 그렇게 해서 그는 주당 10달러의 이익을 챙길 수 있었다. 물론 키니 같은 인물만이 가능한 일이었고, 또 영화 속에서나 있을 수 있는 일이었다. 이 소설의 작가는 잘 알려진 에드윈 르페브르였다. 르페브르는 뉴욕에서 발행되는 잡지 〈글로브Globe〉에 그저 그런 금융 관련 기사를 쓰면서 그의 아까운 재능을 낭비하기도 했는데, 월 스트리트를 다룰 때면 악의적으로 묘사했다. 하지만 그런 점에서 이 소설은 그의 의도에 딱 맞는 것이었다. 소설 속에서 그가 투기꾼을 어떻게 그리고 있는지 여기서 잠시 소개하겠다. 1901년에 발표된 그의 장편(掌篇) 소설 「그림 속의 주가 폭락The Break in Turpentine」의 일부다:

그런데 시세를 조종하는 투기꾼들이란 그 재주를 후천적으로 배운 것이 아니라 원래부터 타고나는 것이다. 시세를 조종하는 기술은 무척 어렵다. 무엇보다 시세 조종이 전혀 이뤄지지 않고 있는 것처럼 매우 교묘하게 행해져야 하기 때문이다. 누구든 주식을 살 수도 있고 팔 수도 있다. 그러나 주식을 팔면서 동시에 다른 사람들에게는 주식을 사고 있다는 인상을 심어주고, 따라서 주가를 더욱 높이 올려놓을 수 있는 기술을 가진 사람은 많지 않다. 이렇게 하기 위해서는 절대 흔들리지 않는 냉정함과 최고 수준의 판단력, 주식시장이 기술적으로 어떤 상황에 있는가에 대한 완벽한 분석, 누구도 따를 수 없는 영리함과 민첩함, 인간의 본성에 대한 철저한 조사, 도박을 하는 사람들의 미묘한 심리에 대한 치밀한 연구, 그리고 월 스트리트에서 수많은 사람들과 부대끼면서 쌓은 미국인들의 무한한 상상력에 대한 오랜 경험이 필요하다; 이런 기술에 비하면 얼마나 많은 증권중개인들을 알고 있는지, 또 이들의 능력이 얼마나 뛰어나며, 장단점은 무엇이고, 개인적인 성격은 어떤지 따위는 아무것도 아니다; 주가도 중요하지 않다.

물론 이것은 소설이다. 하지만 그 어떤 영화나 멜로드라마보다도 투기꾼이 지닌 기술에 대해 사실적으로, 또 중립적으로 그리고 있다. 그러나 주가 조작이 가능한 유일한 곳인 주식시장이 현재 어느 위치에 있는지 판단하려면 주식의 가치와 현재의 경기 상황에 대한 깊은 지식을 갖고 있어야 하지만 이런 것들은 별로 중시하지 않는다. 현실은 소설보다 더 이해하기 어렵다. 글로 옮기기도 더 어렵다. 글로 쓴다 해도 당장 반론이 쏟아질 것이다.

실크 모자와 긴장된 표정

반(反) 월 스트리트 논조로 악명 높은 한 신문에 얼마 전 이런 독자 투고가 실렸다. 한 유럽인의 눈에 비친 월 스트리트의 매우 낯선 인상들이 주된 내용이었다. 이방인의 눈에 들어온 "이상한 광경들" 가운데 하나가 바로 "실크 모자와 긴장된 표정들"이었다. 내가 정확하게 말해 보겠다. 나 역시 월 스트리트에서 실크 모자를 본 적이 있다. 1901년 뉴욕증권거래소가 현재 위치에 새로 건물을 지어 이사했을 때 세스 로우 뉴욕 시장이 준공 테이프를 끊었을 때였다. 나와 동행했던 속기사는 실크 모자를 쓴 세스 로우 시장의 모습이 아주 멋지다고 정말 진심으로 이야기했다. 그러나 영화 속에 나오는 월 스트리트의 금융업자들은 전부 실크 모자를 쓰고 있다. 멜로드라마 속의 영웅적인 인물들은 하나같이 모든 재산을 잃고 빈털터리로 전락했을 때조차 멋진 가죽 신발을 신고 있는 것처럼 말이다. 영화에서 실크 모자를 쓰지 않은 금융업자가 등장하면 마치 소금을 치지 않고 달걀을 먹는 것 같은 느낌이 들 정도다. 그렇다고 해서 실크 모자를 쓰지 않은 인물이 나쁜 달걀이라고 단정지을 수는 없지만 말이다.

"멀고 먼 짙은 안개 속"

몇 해 전에 이런 일이 있었다. 매수자와 매도자가 제대로 형성되지도 않은 상태의 주식이었던 스투츠 모터라는 종목을 대상으로 대규모 "물량 확보"가 벌어지면서 월 스트리트에서는 아주 심각한 스캔들이 벌어졌다. 이 일로 인해 피해를 입은 사람은 많지 않았지만 스투츠 모터를 공매도했던 투기자들은 큰 타격을 받았다. 이들은 불평 한마디 할 겨를 없이 손실을 감수해야 했다. 그러나 이 사건은 월 스트리트를 공격하는 데 그야말로 교과서적인 사례를 제공했다. 뉴욕에서 발행되는 한 신문은 이 사건을 가리켜 "메트로폴리탄 전차회사의 부패한 임직원들, 뉴헤이븐과 록아일랜드의 날강도들, 생명보험회사의 사기꾼들"과 함께 너무나 자주 발생하는 수치스러운 사건들 가운데 하나에 불과하다고 적었다. 뉴스를 파는 게 본업인 신문이 이런 기사를 실은 것이었다. 이 신문은 메트로폴리탄 전차회사의 대출 비리가 20년 전에 일어났던 일이라는 사실은 알리지 않았다. 더구나 인터버로우 메트로폴리탄 컴퍼니라는 이름의 회사가 뉴욕 시내의 전차노선을 내세워 말도 되지 않는 방식으로 눈먼 돈을 조달한 것은 이미 15년 전의 일이었다. 생명보험회사 사건 역시 16년 전에 일어났던 일이지만, 당시 누구도 기소되지 않았고 "범죄" 여부도 입증되지 않았다. 그나마 뉴헤이븐의 날강도들이라고 표현된 대출 부정은 아주 작은 사건이었고 11년 전에 종결된 일이었다; 록아일랜드 대출 부정 사건은 19년 전에 일어났다; 월 스트리트를 비난할 때 가장 자주 인용되는 시카고 앤 앨톤의 주식발행 부정 사건 역시 1899년에 벌어진 것으로, 1907년에 주식시장이 폭락하기 전까지는 아무도 어떤 문제가 있는지 알지 못했다. 나는 지금 이 사건에 관한 모든 사실들을 완벽하게 파악하고 있지만 도저히 사건의 전말을 이해할 수 없다. 나 스스로 이렇게 말할 수밖에 없으니 월 스트리트를 방어하기에는 역부족인 듯싶다.

과부와 고아들

노던 퍼시픽 주식 매집 사건처럼 주식시장이 그야말로 패닉 상태로 빠져들었던 극단적인 경우에서조차 주가조작 세력이 주식시장 바로미터를 무용지물로 만들 수 있다는 어떤 증거도 찾을 수 없다. 당시 주식시장의 패닉은 기본적인 주가 흐름이 강세장을 이어가는 과정에서 벌어진 것이었다. 패닉은 심각하기는 했지만 단지 2차적인 주가 조정을 가져왔을 뿐이다. 상승장은 곧 다시 이어졌고, 주식시장은 16개월 뒤에야 정점에 도달했기 때문이다. 그러나 1901년에 벌어졌던 이 사건은 적어도 월 스트리트를 공격하는 정치인들의 뇌리 속에는 아직도 생생하게 살아있다. 더구나 이런 사건들이 터질 때마다 마치 과부와 고아들이 갖고 있는 주식들이 큰 타격을 입은 것처럼 몰고 가는 것도 주목할 필요가 있다. 정말로 그렇다면 이런 과부와 결혼하고, 이런 고아들을 입양하는 게 더 나을 것이라고 생각한다. 상식적으로 보더라도 주식시장이 과부와 고아들의 재산을 빼앗는 곳이라면 이들은 더 이상 주식시장과 같은 야비한 곳에 접근하지 않을 것이며, 따라서 우리 모두의 범죄 사실이 만천하에 드러날 것이다. 그런데도 유복한 과부와 고아들은 어디에서나 볼 수 있다. 특히 영화 속에서 그렇다.

다우 이론은 어느 주식시장에서든 통한다

이제 좀더 진지한 자세로 이 책의 본래 주제로 돌아가보자. 내가 여기서 공식화한 주식시장의 흐름을 지배하는 법칙은 런던증권거래소나 파리증권거래소, 베를린증권거래소에서도 정확하게 들어맞는다. 한 걸음 더 나갈 수도 있다. 이 법칙이 바탕을 두고 있는 원칙들은 미국은 물론 다른 나라의 증권거래소가 일시적으로 모두 문을 닫는 사태가 벌어진다 해도 여전히 진실로 남을 것이다. 어느 나라의 대도시에서든 주식을 자유롭게 거래하는 시장이 다시 형성될 것이며, 그러면 증권거래소 역시 자동적으로, 또 불가피하게 재개장 할 것이다. 내가 알고 있는 한 런던의 금융가에는 다우존스 평균주가처럼 과거의 주가 흐름을 기록한 자료가 없다. 그러나 런던 주식시장에서도 이와 비슷한 데이터를 구할 수 있다면 뉴욕 주식시장만큼 정확하게 주가 예측을 할 수 있을 것이다.

런던증권거래소에 상장된 기업을 대상으로 두세 개의 대표적인 종목군을 만들어보면 런던증권거래소가 공식 출범한 뒤 나타난 기본적인 주가 흐름과 2차적인 주가 흐름, 매일매일의 주가 변동을 파악할 수 있을 것이다. 영국 철도회사들의 평균주가를 살펴보면 다우존스 철도 평균주가의 흐름이 더 잘 이해될 것이다. 또 런던증권거래소에 상장된 산업주들은 뉴욕 주식시장의 산업주보다 훨씬 더 오랜 역사를 갖고 있고 업종도 더 다양하다. 가령 남아프리카 광산주의 평균주가는 1889년 트란스발 지역(현재의 남아프리카공화국 트란스발 주—옮긴이)에서 시작된 골드러시 무렵부터 산정할 수 있다. 이들 광산주의 평균주가를 잘 살펴보면 다른 산업주들의 주가는 하락세를 면치 못하거나 지지부진한 시기에도 금광기업의 주가는 강세를 지속했다는 사실을 알 수 있을 것이다. 또한 고정금리로 이자를 지급하는 채권가격의 흐름과 광산주의 평균주가를 비교해보면 경제학적으로 상당히 배울 점이 많다. 채권과 비교할 때 상대적으로 일정한 구매력이 유지되는 금이 투자대상으로서 어떤 강점을 가지는지 한눈에 들어올 것이다. 고정금리로 이자를 지급하는 채권가격은 물가수준의 상승과 반대 방향으로 움직인다는 자명한 이치를 입증해주는 사례이기도 하다. 이에 관해서는 다음 장에서 더 자세히 논의할 것이다.

진실성이 결여된 사실은 거짓이다

많은 사람들이 이미 불가능하다고 이야기하고 있지만 사실 월 스트리트 내부에서 일하는 입장에서 월 스트리트를 충분히 이해하고 있다고 말하기는 어렵다. 앞으로 분명하게 밝혀지겠지만 주식시장은 시세 조종 세력보다는 물론 금융업자들을 전부 합친 것보다도 더 크다. 그런 점에서 주식시장 바로미터는 주식시장 그 자체보다 더 큰 존재라고 할 수 있다. 영국의 현대 소설가인 길버트 키스 체스터튼은 이렇게 말했다. 진실성이 결여된 사실은 무의미하며, 진실성이 결여된 사실은 거짓일 수 있다고 말이다. 찰스 다우가 주가 흐름에 관한 그의 이론을 세상에 내놓기 이전에는 주식시장의 실제적인 사실들 속에 담겨있는 진실을 드러내거나 찾아내려는 어떤 시도도 이루어지지 않았다. 정신없이 돌아가는 기계장치 틈바구니에서 일하는 사람으로 하여금 그 기계를 움직이는 동력이 무엇이며, 그 동력이 어떻게 만들어지는지 이해하도록 만든다는 게 과연 가능한 일이겠는가? 굳이 가능하다고 한다면 소위 영화 속의 월 스트리트에 나오는 왜곡된 이미지를 떠올려야 할 것이다.

위선은 악덕이 미덕에 바치는 경의다

온갖 사기 수단을 다 동원해가면서 석유기업의 주식 공개를 주선하는 증권업자가 금융가 한가운데를 활개치고 다니면서 먹이감을 물색하는 이유는 무엇일까? 또 매일같이 메이저급 신문의 금융면에 실리는 종목별 주가가 이들 증권업자에게 먹이감을 끌어들이는 유인책이 되는 이유는 무엇일까? 만약 증권업자가 상대하는 일반인들이, 또 투자자와 투기자(투기자는 초기 단계의 투자자라고 할 수 있다)들이 정말로 이 나라의 정치인들이 말하는 것처럼 월 스트리트가 사악한 곳이라고 믿고 있다면 과연 이렇게 할 수 있을까? 만약 그렇다면 이들 증권업자들은 다른 일거리를 찾아봐야 할 것이다. 그러나 증권업자들은 금융가를 무대로 활동한다. 이곳이야말로 세계에서 가장 신용할 수 있고 정직한 곳이라는 사실을 잘 알고 있기 때문이다. 위선이란 악덕이 미덕에게 바치는 경의다. 만약 월 스트리트가 정말로 그렇게 부정한 곳이라면 아무리 타락한 증권업자라 해도 설 곳이 없다. 사실 월 스트리트를 공격하는 선동가들이 왜곡하는 것의 10분의 1정도만 부정하다 해도 이들 선동가들이 금융가를 공격하는 데는 아무런 문제가 없을 것이다. 또 실제로 그렇다면 미국의 금융 중심지는 그 자체의 부패로 인해 이미 오래 전에 추락해버렸을 것이다. 이것은 진실이다. 하지만 만약 그 정반대의 경우라 할지라도 주식시장의 흐름에 관한 다우 이론은 여전히 유용하다.

로즈와 모건

금융가에서 주로 읽혀지는 내용이라면 필자 나름대로 주관적인 인물 묘사를 한다고 해서 크게 문제되지는 않을 것이다. 월 스트리트에서 공식적으로 행해지는 일들은 매우 중요하고, 또 너무나 정확하게 처리돼 왜곡시킬 만한 여지가 전혀 없다. 실제로 그렇다면 우리가 앞서 살펴봤듯이 특정 시점의 주식시장 흐름에 영향을 미치는 모든 사실들을 누구도 전부 알고 있지 못할 것이다. 또한 우리 모두가 경험을 통해 알고 있듯이 어떤 사람들은 다른 사람들보다 훨씬 더 많은 지식을 갖고 있는 것 역시 사실이다. 정말로 제대로 알고 있는 사람이라면 월 스트리트에 대한 비난과 이에 맞선 반론 사이의 이전투구에서 자유로울 수 있을 것이다. 이들이 부유하다면 이들의 재산은 자연스럽게 따라온 것이다. 이들은 더 큰 목적을 추구하다 보니 부유하게 된 것이지 재산 그 자체를 추구한 것이 아니다.

　나는 약 25년 전에 남아프리카에서 일하고 있었는데, 우연히 세실 존 로즈(영국 태생의 사업가, 정치가로 남아프리카의 금광과 다이아몬드광을 개발해 큰 재산을 모았으며, 영국 식민지 케이프 주 총독을 지냈고, 제국주의적인 영토 확장으로 로디지아를 세우기도 했다–옮긴이)를 만난 적이 있다. 그는 뚜렷한 목표 의식과 야망을 갖고 있었다. 단순히 돈을 벌겠다는 생각보다 훨씬 더 큰 것이었다. 사실 그의 야망을 현실로 옮기는 데는 큰 돈이 필요했다. 남아프리카의 케이프타운에서 북아프리카의 카이로에 이르기까지 백인 문화가 뿌리내리도록 하기 위해서는 철도 부설이 필수적이었다. 철도는 새로운 시대가 도래했음을 알려주는 중요한 신호와도 같았기 때문이다. 세실 존 로즈처럼 한눈에 봤을 때 지적인 인물이라는 인상을 받은 경우는 딱 한 번 더 있었는데, 지금은 고인이 된 J. 피어폰트 모건이다. 이들의 머리는 누구도 도저히 따라잡을 수 없을 만큼 빨리 돌아간다. 굳이 어느 정도인가 설명하자면 네 자리 수의 제곱근을 눈깜짝할 사이에 암산으로 풀어내는 수학 천재의 계산 속도와 비슷하다고 할 수 있다. 이들에 비하면 다른 유명 인사들–직업이 기자다 보니 이렇게 말하는 것 같다–이 머리를 쓰는 것은 우리나 비슷한 수준이라고 할 수 있다. 내가 만났던 산업계의 거물들, 즉 제임스 J. 힐이나 에드워드 H. 해리먼 같은 인물들 역시 일류급 통찰력을 갖고 있었다. 이들은 문제 해결에 불필요한 모든 것들을 가려낼 줄 알았다. 또한 장황하게 나열된 말들 속에서 기본적인 사실을 파악해내는 능력을 갖고 있었다. 그러나 로즈와 모건은 그 이상의 능력을 갖고 있었다. 로즈와 모건은 누가 먼저 그 전제를 이야기하기도 전에 아주 훌륭하면서도 가끔은 무릎을 치게 만드는 결론을 도출해내는 인물이었다.

말로 표현할 수 없는 것

그리고 이들은 부유했다. 하지만 그것은 부수적인 것이었다. 이들은 꼭 성취해야 할 원대한 야망을 품고 있었고, 자신의 목표를 실현시킬 수 있는 경제적인 수단을 필요로 했다. 최근 몇 년 사이 우리는 숭고한 "이상"에 관한 이야기를 많이 들어왔고, 대부분은 아직 제대로 틀을 갖추지 못한 의견에 불과하다는 사실도 알게 됐다. 하지만 월 스트리트에는 숭고한 이상이 있다. 월 스트리트에는 올바른 시점에 올바르며 객관적인 시각을 가진 올바른 인물이 늘 있어왔고, 앞으로도 계속 그럴 것이라고 나는 믿는다. 예전에 콜로라도 주 그랜드 캐니언의 말로 표현할 수 없는 아름다움을 주제로 한 강연을 들은 적이 있다. 강사는 1시간 15분 동안 강연한 뒤 그랜드 캐니언의 아름다움은 적어도 자신의 생각으로는 도저히 말로 표현할 수 없는 아름다움이라고 결론지었다. 그러나 밀튼이라면 글로 옮길 수 있었을 것이다. 성경의 시편에서도 그렇게 표현하고 있다. 정말로 지적으로 뛰어난 인물이라면, 또 그가 자신의 눈앞에 펼쳐진 물리적인 사실들 속에서 영혼의 진실을 찾아낼 수 있다면 아마도 자연의 신비스러움이 무엇인지 가르쳐줄 수 있을 것이다.

변할 수 없는 것

내가 이전에 이야기했던 것들, 심지어 오늘자 신문에서 내가 말했던 내용도 내일이면 전부 잊혀질지 모른다는 느낌이 든다. 인간의 문제 가운데 하나는 변하지 않는다는 것이다. 인간의 본성이란 인류 역사가 시작된 이래 한결같았기 때문이다. 그런 점에서 "사이클"이란 인류 역사만큼이나 오래된 것이다. 우리가 목격하는 변화는 표면적인 것일 뿐이다. 특히 지적으로 뛰어난 사람들이 순수한 마음으로 평화롭고 풍요로운 삶을 위해 새로운 법안을 제정하는 것 역시 피상적이기는 마찬가지다. 발전하기 위해서는 반드시 인간의 마음이 따라야 한다. 개혁이란 법안을 만드는 의사당이 아니라 인간의 마음에서 시작되기 때문이다.

트리니티 성당의 종소리

미국이라는 거대한 나라에서 가장 비난을 많이 받고 있고, 또 이해해 주는 사람도 가장 적은 곳인 월 스트리트에서 서쪽 끝을 향해 걷다 보면 트리니티 성당의 첨탑 위로 뉘엿뉘엿 해가 지는 모습을 볼 수 있다. 성당의 종소리는 마치 귀에 익은 크리스마스 캐롤처럼 들려오기도 한다. 신부님은 양의 무리가 다시 우리 안으로 돌아가듯 군중들이 제자리를 찾아가는 모습을 지켜보고 있을 것이다. 성당의 종소리를 듣고 있노라면 주님의 영광이 우리 주위를 어떤 식으로든 비추고 있음을 느낀다. 법으로 인간을 행복하게 만들고, 부유하게 만들고, 만족스럽게 만들 수 있는 여지는 거의 없다. 과거의 정부 형태는 두말할 필요도 없이 오늘날의 정부와 완전히 달랐다. 예전에는 모두들 오로지 정의만이 국가의 권위를 높일 것이라고 말했다. 모든 훌륭한 정부의 바탕에는 미덕과 정의, 희생, 사랑이 있다는 사실을 월 스트리트는 잘 알고 있다. 바로 이런 정신이 있어야만 사람들은 스스로를 진정으로 다스릴 수 있기 때문이다.

우리가 공부하는 법률은 매우 근본적이고 이치에 맞고 자명한 논리라고 말해왔다. 진실로 그렇다면 먼 훗날 지금의 미국 헌법에 쓰여진 글자가 고고학자의 흥미로운 연구 대상이 되었을 때도 틀림없이 남아 있을 영속적인 무언가가 있을 것이다. 또 당대의 작가는 꿈도 꾸지 않았지만 우리 시대의 많은 문학 작품들이 고전으로 살아남을 것이다. 이 같은 토대가 영원히 이어지는 것이다. 진실이란 그 안에 신성한 그 무엇을 담고 있기 때문이다.

Chapter_3
찰스 H. 다우와 그의 이론

나는 지금까지 평균주가의 흐름을 설명한 다우 이론과 주식시장의 패닉 및 활황 사이클에 관한 글을 써왔고, 이 같은 내용을 읽은 독자들은 수많은 편지를 보내왔다. 그런데 편지를 잘 읽어보면 많은 사람들이 다우 이론을 월 스트리트에서 가장 확실하게 돈을 벌 수 있는 방법이라고 생각하고 있는 것 같다. 이런 말을 한 번쯤 들어봤을 것이다. 월 스트리트에서 대형 투자은행을 이길 수 있는 방법으로는 "곱지르기" (노름에서 질 때마다 판돈을 두 배로 올리는 것-옮긴이) 외에는 달리 없다고 말이다. 하지만 이론적으로, 또 우리가 이해하기에 이보다 더 나은 방법이 있을 것이라고 추측할 수 있을 것이다. 여기서는 적어도 그런 추측 가운데 한 가지에 대해서는 충분히 설명할 수 있다.

신문인, 그리고 그 이상

"다우는 누구며, 그의 이론을 어디서 읽을 수 있는가?" 찰스 H. 다우는 뉴욕의 경제 뉴스 통신사인 다우-존스의 설립자이며, 〈월 스트리트 저널〉의 창업자이자 첫 번째 편집국장이었다. 다우는 1902년 12월 52세를 일기로 세상을 떠났다. 그는 스프링필드에서 발행되는 〈리퍼블리컨Republican〉의 저명한 편집자 새뮤얼 바울스 밑에서 신문기자 생활을 시작한 매우 노련한 언론인이었다. 뉴잉글랜드 출신인 다우는 지적이었고, 자제할 줄 알았고, 무척 보수적이었다; 그리고 자신의 사업에 대해 잘 알았다. 그는 어떤 주제에 대해서든, 그것이 아무리 뜨거운 논쟁거리라 해도 한쪽으로 치우치지 않는 아주 냉정한 성격을 가진 인물이었다. 나는 다우가 화내는 것을 한 번도 본 적이 없다. 그러나 이렇게 말하는 것만으로는 충분하지 않을 것이다; 실제로 나는 그가 약간이라도 흥분하는 모습을 결코 본 일이 없다. 그가 활동하던 시절은 금융 분야에 정통한 신문기자는 물론 주식시장에 관해 깊이 있는 지식을 가진 사람도 거의 찾아보기 힘들 때였다. 이런 시기에 그가 보여준 완벽할 정도의 정직함과 훌륭한 감각은 월 스트리트에 있는 모든 이들에게 신뢰감을 심어주었다.

다우는 또한 몇 년 동안 뉴욕증권거래소의 플로어에서 주식을 매매해보기도 했다. 이런 실전 경험은 그를 더욱 특별하게 만들어주었지만 사실 약간 엉뚱하게 시작된 것이었다. 지금은 고인이 된 로버트 굿바디란 인물이 있었다. 그는 더블린에서 미국으로 이주한 아일랜드계 퀘이커 교도로 월 스트리트에서 꽤 존경 받는 인사였다. 그런데 당시 뉴욕중권거래소에서는 미국 시민권자에 한해 회원자격을 인정했고, 결국 그는 찰스 다우를 파트너로 삼았다. 로버트 굿바디가 시민권을 얻을 때까지는 다우가 증권거래소의 회원 역할을 맡아 플로어에서 매매주문을 처리했던 것이다. 물론 굿바디가 미국 시민권을 얻자 다우는 증권거래소 일을 그만 두고, 그의 성격에 더 잘 맞는 신문사 일로 돌아갔다.

다우의 보수적인 성격과 그의 이론

다우의 말년에 나는 그의 밑에서 함께 일했고, 그런 점에서 그를 잘 알았고 좋아했다. 그의 다른 많은 친구들과 마찬가지로 나 역시 그의 과도할 정도의 보수적인 시각에 가끔 화가 날 지경이었다. 그의 이런 시각은 〈월 스트리트 저널〉에 쓴 그의 칼럼에 특히 잘 나타나 있다. 사실 그의 칼럼은 주가의 흐름에 관한 다우 이론을 그가 직접 설명한 유일한 글이라는 점에서 반드시 읽어봐야만 할 내용이다. 그가 경제 전반과 금융에 관한 일반인들의 궁금증에 대해 칼럼을 쓰고자 했다면 아주 강력하면서도 설득력있는, 충분히 읽어볼 만한 글이었을 것이다. 또 칼럼의 말미에서는 톡 쏘는 글귀로 크게 한방 날렸을 것이다. 타이틀 매치에서 결정적인 펀치를 날리듯이 말이다.

그러나 다우는 너무나 조심스러운 성격이었고, 그래서 자신의 이론에 대해 매우 평이하면서도 틀에 박힌 설명으로 일관했다. 하지만 그

같은 설명조차 무척 훌륭한 것이었고, 그가 갖고 있는 생각을 분명하게 보여주는 것이었다. 그가 주식투자의 방법론에 관해 설명한 여러 칼럼들 대부분은 1901년과 1902년 상반기에 쓰여졌다. 그의 이론은 그가 남긴 칼럼을 통해 이해해야 한다. 그가 남긴 칼럼은 상당히 풍부한 사례를 인용하고 있지만 자신의 이론을 주제로 한 것은 아니었다. 사실 주가의 흐름에 관해 그가 처음으로 쓴 몇 편의 칼럼 가운데는 반론의 여지가 있을 수 없는 설명이 나오는데, 다만 이 대목은 약간 이상하다. "주가의 출렁임 속의 출렁임(Swing Within Swing)"이라는 제목을 붙인 이 칼럼은 1902년 1월 〈월 스트리트 저널〉의 「리뷰와 전망Review and Outlook」란에 실렸다. 그는 여기서 이렇게 적었다:

> 주가의 움직임에는 서로 적절하게 어울리는 세 가지 흐름이 있다는 것만큼 확실한 사실도 없다. 첫 번째는 국지적인 변동 요인에 따라, 또 특정 시점의 수급 균형이 변함에 따라 나타나는 매일매일의 주가의 출렁임이다. 두 번째 주가 흐름은 지속 기간이 10일에서 60일간에 이르며, 평균적으로는 30~40일 정도다. 세 번째의 출렁임은 가장 큰 주가 흐름으로, 지속 기간이 4~6년에 달한다.

다우가 잘못 짚은 것

찰스 다우가 이 글을 쓴 것은 20여 년 전의 일이다. 지금처럼 주식시장의 흐름을 분석할 만한 충분한 역사적 자료를 구할 수 없었다는 점을 감안해야 한다. 이 글에서 다우가 언급한 기본적인 주가 흐름의 지속

기간은 그 후 우리가 경험해본 바에 비춰보면 너무 긴 것이다; 사실 주식시장의 흐름을 자세히 연구해보면 다우가 이 글을 쓰기 이전에도 기본적인 주가 흐름이라고 할 만한 주식시장의 큰 출렁임이 결코 "4~6년씩" 지속되지 않았고, 심지어 3년 이상 계속된 경우도 매우 드물었으며, 2년도 채 이어지지 않은 경우를 자주 발견할 수 있다.

그러나 다우는 자신이 어떤 말을 하든 늘 분명한 이유를 갖고 있었다. 또 그를 알고 있는 사람들은 누구나 그의 지적인 정직함에 비춰볼 때 그것이 적어도 충분한 근거가 된다고 믿었다. 그가 이렇게 말한 데는 금융위기가 10년 정도의 기간마다 한 차례씩 주기적으로 발생한다는 확신이 바탕에 깔려있었다.(실제로 금융위기의 역사를 돌아보면 그렇다.) 다우는 바로 이 같은 주기가 한 번의 기본적인 강세장과 한 번의 기본적인 약세장으로 이루어진다고 생각하고, 따라서 10년 정도의 기간을 절반으로 나눴던 것이다. 이것은 마치 어린아이에게 북극에 사는 포유류 동물 열 마리의 이름을 대보라고 질문을 했더니 "물개 다섯 마리랑 북극곰 다섯 마리요!"라고 대답한 것이나 마찬가지다.

제본스가 기록한 패닉의 날들

스탠리 제본스 교수가 이야기했던 역사적인 패닉의 발생일에 대해서는 이 책의 첫 장에서 설명했다. 그의 이론은 태양 흑점의 발생이 날씨와 곡물 수확량에 영향을 미침으로써 금융시장의 위기와 관련돼 있다는 가정에 기초하고 있다. 나는 그가 설정한 인과관계란 마치 4년마다 찾아오는 윤년과 그 해에 치러지는 대통령 선거를 연결짓는 것과 같다고 지적했다. 하지만 제본스가 기록했던 대로 영국에서 금융위기가 발생한 시점을 적어보면 상당히 의미있는 사실을 발견할 수 있다. 1701년, 1711년, 1721년, 1731~32년, 1742년, 1752년, 1763년, 1772~73년, 1783년, 1793년, 1804~05년, 1815년, 1825년, 1836년, 1847년, 1857년, 1866년, 1873년 등이다.

다우는 1902년 7월 9일자 〈월 스트리트 저널〉에서 제본스가 기록한 영국의 패닉 발생 시점을 인용하면서 이같이 말했다:

> 이것이야말로 10년 이론이 얼마나 적합한 것인지를 보여주는 것이며, 19세기 중에 미국에서 벌어졌던 금융위기를 보더라도 매우 타당한 것이다.

미국에서 일어난 주기적인 금융위기에 대한 다우의 설명은 이처럼 꽤 재미있다.(1873년과 1884년, 1893년의 금융위기는 그가 실제로 경험했다.) 제본스가 기록한 패닉 발생 시점에 관해 한 가지 지적하자면 상당히 심각했던 패닉을 빠뜨렸다는 점이다. 1715년에 발생한 패닉이 그것인데, 그해 잉글랜드가 스튜어트 왕가의 부활을 위해 스코틀랜드를 침공하면서 금융위기는 더욱 심화됐다. 내가 생각하기에 패닉을 뒷받침해줄 만한 태양 흑점 현상이 그해에 발생하지 않았다면 제본스도 사람인 이상 일부러 빠뜨렸을 수 있을 것이다.

금융위기에 대한 다우의 설명

그러면 미국에서 벌어진 금융위기를 다우는 어떻게 설명했는지 살펴

보자:

19세기 들어 미국에서 처음으로 금융위기가 발생한 것은 1814년이었다. 그해 8월 24일 영국군이 워싱턴을 점령함으로써 위기 상황은 더욱 증폭됐다. 필라델피아와 뉴욕에 있는 은행들은 예금 지급을 연기했고, 한동안 최악의 금융위기 상황이 이어졌다. 특히 앞서 1808년에 제정된 금수조치 및 비교역에 관한 법률로 인해 해외 무역이 급격히 줄어든 데다, 조세 수입을 훨씬 초과하는 과도한 정부 지출이 이어졌고, 과거 하나뿐이었던 합중국은행(United States Bank)의 역할을 대신하는 수많은 주은행(state bank)들이 우후죽순처럼 설립됨으로써 혼란은 더욱 가중됐다. 자본이 넉넉하지 않았던 주은행은 충분한 준비금도 확보하지 않은 채 통화를 마구 발행했다.

1819년, 1825년, 1837년의 금융위기

1819년의 금융위기는 은행권 유통 물량의 급격한 감소로 인해 촉발됐다고 해도 과언이 아니다. 그 이전에는 은행권 발행이 급증하면서 투기를 부추겼는데, 반대로 유통 물량이 줄어들자 상품가격과 부동산가격이 폭락하게 된 것이다. 그러나 발생 원인만 놓고 보자면 1819년의 위기는 순전히 통화위기라고 할 수 있다.

1825년 유럽에서 시작된 금융위기는 미국산 제품의 수요 감소와 가격 하락을 초래했고, 그 여파로 1826년에는 통화량이 줄어드는 사태가 벌어졌다. 그러나 상황은 최악의 단계로까지 발전하지 않았다. 그런 점에서 경제가 위축 국면으로 방향을 전환한 것이 아니라, 확장 국면이 일시적으로 중단된 것으로 볼 수 있다.

1837년에는 경제 전반이 엄청난 패닉에 빠져들었는데, 이렇게 된 데는 여러 가지 원인이 있었다. 앞서 급속한 산업 성장이 있었고, 수많은 기업들이 새로 설립됐다. 곡물이 부족해지자 빵을 수입하기에 이르렀다. 연방정부가 더 이상 합중국은행을 존속시키지 않기로 하자 나라 전체의 은행 산업에 근본적인 변화의 바람이 몰아쳤다. 수많은 사람들이 주은행에 예치한 예금을 인출해갔고, 이 돈은 투기 광풍을 일으킨 원인이 됐다.

1847년, 1857년, 1866년의 금융위기

1847년 유럽에서 발생한 패닉의 여파는 미국에도 미쳤지만 그리 크지는 않았다. 물론 지불준비금으로 쌓아둔 금이 대폭 줄어들었고, 멕시코 전쟁이 겹치면서 기업 활동이 위축되기도 했다. 그러나 이 같은 악영향은 막대한 양의 곡물 수출이 이뤄지고, 1848~49년에 대규모 금광이 발견되면서 거의 상쇄될 수 있었다.

  1857년의 패닉은 그해 8월 오하이오 생명보험신탁이 파산하면서 막이 올랐다. 몇 달 전부터 상품가격이 하락하기는 했지만 이해의 패닉은 전혀 예상하지 못한 것이었다. 엄청난 규모의 철도 부설 공사가 진행됐고, 은행들이 지불준비금으로 보유한 금은 예금액이나 대출금에 비해 턱없이 부족했다. 결국 헤아릴 수 없는 많은 기업들이 파산했고, 10월이 되자 은행들이 예금 지급을 연기하는 사태가 벌어졌다.

  1866년 영국 런던의 오버렌드, 거니 앤 컴퍼니(Overend, Gurney & Co.)의 파산으로 인해 촉발된 패닉은 미국 주식시장의 주가 폭락 사태를 가져왔다. 이해 4월 미시간 서던 철도(Michigan Southern) 주식의 대규모 매집과 폭발적인 투기가 벌어졌고, 그 결과 패닉의 여파는 통상적인 수준을 훨씬 넘어설 수밖에 없었다.

1873년, 1884년, 1893년의 금융위기

1873년 9월의 패닉은 주식시장은 물론 경제 전반에 파급을 미친 패닉이었다. 패닉이 유발된 계기는 엄청난 유동성이 고정자산 쪽으로 흘러 들어간 것이었다. 앞서 경기 확장 속도는 유례가 드물 정도로 빨랐고, 통화 수요는 공급이 따라가지 못할 정도로 폭발적이었다. 결국 신용 붕괴가 시작되자 경기 불황 역시 그 어느 때보다 심각했다.

1884년의 위기는 주식시장을 강타했지만 경제 전반으로까지 확대되지는 않았다. 이해 5월 머린 뱅크와 메트로폴리탄 뱅크, 그랜트 앤 워드가 잇달아 파산하면서 상품가격도 동반 폭락했고, 연말까지 전반적인 경기 위축이 이어졌다. 앞서 수 년간 지속됐던 철도 노선을 둘러싼 치열한 경쟁이 패닉을 유발한 한 요인이었다.

1893년의 패닉은 복합적인 원인들로 인해 촉발됐다. 통화 가치에 대한 불확실성과 외국인 투자자들의 투자자금 회수, 세율을 대폭 올린 관세법안에 대한 불안감 등이 패닉을 몰고 온 요인들이었다. 그 중에서도 금본위제가 계속 유지될 것인가에 대한 의구심이 가장 큰 영향을 미쳤다.

너무나 조심스러운 예측

다우는 대개 그가 쓴 칼럼의 마지막 문단에서 조심스럽게 시장을 예측했다. 이런 대목을 읽어보면 그가 스코틀랜드계 이민자의 후손으로 뉴잉글랜드 출신이 틀림없다는 인상을 강하게 받는데, 바로 이런 식이다:

과거의 사례에 비춰 판단할 때, 특히 지난 6년간 시장이 얼마나 상승했는지 돌아보면 적어도 앞으로 몇 년 안에 주식시장에 대폭락이 나타날 것이라고 이야기해도 크게 무리가 아닐 것이다.

다우는 크게 무리가 아니라고 표현했지만 실은 감히 상상하기도 어려운 일이었다. 이 글을 쓴 뒤 5년 만인 1907년에 벌어진 일은 주식시장의 대폭락 이상이었다. 뉴욕의 은행들은 한꺼번에 어음교환소로 몰려들었고, 주식시장은 5분도 채 안돼 패닉으로 빠져들었다. 그러나 다우가 이 같은 예측을 한 것은 주식시장이 대세상승 흐름의 정점에 달해있던 1902년 9월로, 그가 세상을 뜨기 3개월 전이었다.

곧 이어 벌어진 상황들도 대세상승과 대세하락 흐름은 5년 정도 지속된다는 다우의 주장과 어긋나는 것이었다. 사실 그의 주장은 대세상승과 대세하락 흐름의 한 사이클이 10년 정도 걸린다고 생각해 이를 절반으로 나눈 것에 불과하다. 1902년 9월부터 시작된 대세하락 흐름은 1년 가까이 이어졌다. 1903년 9월부터 시작됐다고 할 수 있는 대세상승 흐름은 1904년 6월에 본격화돼 1907년 1월 정점에 도달했다. 이때의 대세상승 흐름은 3년 4개월이나 지속됐다. 그러나 곧 이어진 대세하락 흐름은 1907년의 금융위기로 더욱 심화됐지만 그해 12월에 끝났다. 불과 11개월 동안 지속된 것이다.

주식 투자에 관한 넬슨의 책

다우가 남긴 글은 전부 〈월 스트리트 저널〉에 쓴 칼럼들이다. 따라서 월 스트리트의 바이블과 같은 이 신문의 지난 기사들을 찾아보면 주식시장의 흐름에 관한 다우의 이론을 엮어낼 수 있을 것이다. 그런데 1902년 말에 지금은 고인이 된 S.A. 넬슨이 《주식투기의 기초The ABC of Stock Speculation》라는 평범한 제목의 책을 펴냈다. 이 책은 이미 절판이 됐으니 헌책방을 뒤져보면 손에 넣을 수 있을지 모르겠다. 원래 넬슨은 다우에게 주식 투자에 관한 책을 한 권 쓰라고 권유했지만 그가 거절하자 다우가 〈월 스트리트 저널〉에 쓴 주식 투자에 관한 칼럼들을 전부 모아 이 책에 담았다. 실제로 모두 35개 장으로 구성된 이 책 가운데 5장부터 19장까지 15개 장은 다우가 〈월 스트리트 저널〉에 쓴 칼럼을 약간 수정해서 거의 그대로 실은 것이다. 이 책에 실려있는 다우의 칼럼은 "과학적 투기" "시장을 읽는 방법" "거래의 기술"이라든가 주식시장의 일반적인 흐름을 주제로 다루고 있는데, 하나같이 무척 흥미로울 뿐만 아니라 여기서 다시 그 내용 전부를 인용해도 전혀 이상하지 않을 정도다.

넬슨의 책은 작지만 아주 꼼꼼하게 구성돼 있고, 투자자들에게 상당히 도움이 되는 내용을 담고 있다. 넬슨 역시 덩치는 작았지만 매우 꼼꼼하면서도 사려 깊은 인물이었다. 누구나 그를 좋아했고, 그와 함께 웃었지만 젊은 기자들은 그가 자신을 대하는 것처럼 그렇게 진지하게 그를 받아들이지 못했다. 지금 이 글을 쓰는 책상 위에는 그가 자필 서명을 한 그의 책 한 권이 놓여 있다. 주식 투기의 도덕성에 대해 다소 보수적인 관점에서 서술한 그의 책을 읽을 때면 그의 감상적인 분위기와 진지하면서도 어딘가 아픈듯한 표정이 떠오른다.(그는 결핵으로 숨을 거뒀다.) 그는 책을 쓴 뒤 얼마 지나지 않아 자신이 가장 사랑했던 월 스트리트를 영원히 떠났지만 "다우 이론"이라는 이름을 만들어낸 사람은 바로 그였다. "다우 이론"이야말로 전적으로 다우에게 붙여진 명예로운 칭호다; 많은 사람들이 주식시장의 흐름을 추적하면서 그것이 과연 어떤 의미를 갖는 것인지 생각해본다. 주식 거래의 가장 훌륭하면서도 유용한 바로미터를 그려보는 것이다. 그리고 실제 투자의 세계에서 사용할 수 있도록 이 같은 생각을 처음으로 공식화한 인물이 바로 다우였다.

Chapter_4
주식 투기에 적용한 다우 이론

주가의 흐름에 관한 다우 이론의 핵심은 세 개의 문장으로 요약할 수 있다. 1900년 12월 19일자 〈월 스트리트 저널〉에 다우가 직접 쓴 칼럼에 나와있는 대목이다:

주식시장은 항상 동시에 진행되는 세 가지 주가 흐름을 갖고 있다고 생각할 수 있다. 첫 번째는 매일매일의 진폭이 작은 주가 흐름이다. 두 번째는 2주에서 1개월 또는 그보다 약간 더 길게 이어지는 짧은 출렁임이다; 세 번째는 가장 중요한 기본적인 주가 흐름으로 적어도 4년 정도 지속된다.

이미 설명했듯이 다우가 세 번째로 지적한 기본적인 주가 흐름은 그가 말한 4년보다 지속 기간이 훨씬 더 짧을 수 있다. 이는 다우가 10년 정도에 한 차례씩 패닉이 주기적으로 나타난다는 이론을 받아들여 대략 그 절반인 5년씩을 대세상승과 대세하락 기간으로 나눈 것인데, 그로서는 무의식적으로 현실과 거리가 먼 전제를 받아들인 셈이다. 하지만 이것은 그리 중요하지 않다. 다우는 주식시장의 움직임에 관한 매우 귀중한 이론을 훌륭하게 공식화했고, 후대의 많은 사람들이 금융시장과 경기 상황을 읽는 바로미터로 주가의 흐름에 관한 그의 이론을 활용할 수 있도록 토대를 구축했기 때문이다.

주식 투기의 기저에 깔린 진실

바로 이것이 다우 이론에서 가장 중요한 점이다. 그가 자신의 이론이 의미하는 모든 것을 알았는지, 혹은 그의 생전에 그것을 밝혔는지 여부는 굳이 이야기할 필요가 없다. 그는 다우 이론 그 자체에 관해서는 단 하나의 칼럼도 쓰지 않았다. 그러나 그가 주식 투기에 관해 구체적으로 어떻게 이야기했는지, 또 주식 투기는 물론 주식시장 그 자체를 설명해줄 수 있는 사실과 진실이 무엇인지를 알기 위해서는 다우가 쓴 글을 다시 잘 읽어봐야 한다.(여기서 투기라는 단어를 사용한 것은 가장 적합하면서도 유용한 의미를 담고 있기 때문이다.)

〈월 스트리트 저널〉에는 당연히 수많은 독자들의 질문이 쏟아졌다. 다우 이론의 핵심이라고 할 수 있는 주가 흐름의 기본 전제와 관련된 것들이었다. 그 중에서도 맥을 잘 짚은 한 질문에 대해 다우는 1902년

1월 4일자 〈월 스트리트 저널〉에서 답을 했다. 이 책을 지금까지 읽은 독자라면 틀림없이 다우와 똑같은 대답을 내놓을 수 있을 것이다. 독자의 질문은 이것이었다. "선생님(다우)이 최근에 쓴 글들을 보면 단기적인 시장 분위기를 강세로 판단하고 있는 것 같은데, 장기적인 시장 전망은 약세론자에 더 가깝습니다. 이런 두 가지 시각이 양립할 수 있는 겁니까?" 다우는 이렇게 답변했다. 2차적인 조정이 마무리됐으므로 단기적으로는 강세 분위기가 이어질 것이라고 판단되나, 과거 기업의 순이익 대비 주가 움직임을 살펴볼 때 이미 16개월이나 지속된 대세상승 흐름이 장기적으로 계속될 것이라고는 생각하지 않는다고 말이다. 사실 기본적인 주가 흐름은 적어도 4년 정도 이어진다고 이야기한 다우 본인이 16개월 정도 지속된 대세상승 흐름이 장기적으로 더 이상 계속되기 어렵다고 생각한 것은 다소 의아하다. 그러나 결국 당시의 대세상승 흐름은 그해 9월까지 지속됐다. 강세장의 최후 단계에서는 늘 그렇듯이 주가 상승이 과도하게 이루어지고, 따라서 주가가 움직일 수 있는 가능성은 거품을 걷어내는 것 한 가지뿐이다.

유용한 정의

다우의 이 같은 답변이 실린 칼럼을 보면 매우 유용한 정의가 함께 쓰여져있는데, 이 정의로부터 논리적인 추론을 이끌어낼 수 있을 것이다. 그는 이렇게 썼다:

> 최근에 기록한 평균주가의 고점이 앞서 기록했던 직전 고점을 넘어섰다면 강

세장은 계속되고 있는 것이라고 할 수 있다. 마찬가지로 최근에 기록한 평균 주가의 저점이 앞서 기록했던 직전 저점 아래로 떨어졌다면 약세장이 지속되고 있다고 할 수 있다. 상승장이 마침내 끝났는지 여부를 판단하기란 어려운 경우가 많다. 주가의 흐름이란 시장의 핵심적인 추세가 변해야 비로소 움직이기 때문이다. 하지만 이것조차 눈에 띌 정도로 분명하게 나타나는 2차적인 주가 흐름에서나 그렇다.

다우가 쓴 이 글에서는 함축적이나마 "이중 천정"과 "이중 바닥"이라는 개념이 들어있다.(솔직히 말해 이중 천정이나 이중 바닥이라는 개념이 주가를 예측하는 데 반드시 필요하다거나 매우 유용하다고 볼 수는 없다는 게 내 생각이다.) 이 글에서는 또 상당 기간에 걸쳐 주가가 아주 좁은 범위에서 등락을 거듭하는 "박스권"이라는 개념도 함축하고 있는데, 박스권은 대규모 물량의 주식을 매집하거나 매물로 출회할 때 반드시 나타난다. 이 글은 특히 시장의 중요한 흐름이 앞으로 계속 이어질 것인지를 판단할 때 결정적인 단서가 될 수 있고, 2차적인 주가 흐름이 끝났다는 사실을 알아내는 데도 도움이 된다. 2차적인 주가 흐름이 끝나는 시점은 종종 기본적인 추세가 새로이 시작되는 것으로 혼동되기도 하므로 주의해야 한다. 이 책의 제15장에서는 1914년에 나타난 박스권에 대해 분석해볼 것이다.

성공적인 예측

지금부터 설명하는 내용은 전혀 어렵지 않을 것이다. 1902년 이후 주가의 흐름에 관한 다양한 연구가 발표된 데다 〈월 스트리트 저널〉에 실린 칼럼을 보면 분명히 확인할 수 있기 때문이다. 다우 이론은 기본적인 주가의 흐름에 대한 예측 방법은 물론 기본적인 주가 흐름과 2차적인 주가 흐름을 올바르게 구별하는 방법을 제공하고 있는데, 이 방법은 놀라울 정도로 정확하다. 예언자들이란 원래 죽을지도 모르는 위험을 뻔히 알면서도 그것을 무릅쓰는 사람들이다. 월 스트리트에서 활동하는 예언자들은 특히 그렇다. 실제 상황이 어떻든 늘 낙관적인 예측을 내놓는 예언자들은 최악의 경우에라도 기껏해야 바보 소리를 들으면 그만이다. 그러나 주식시장의 붐이 너무 과도하며 이미 정점을 지났다는 판단을 내린 예언자가 실제로 그렇다고 말하게 되면 그에게 쏟아지는 공격은 훨씬 더 심각하다. 그의 비관적인 예측이 옳은 것으로 판명되면 쓸데없이 시장의 분위기를 악화시켰다는 성난 목소리에 시달릴 것이다. 또한 시장이 하락할 것이라는 예측을 내놓은 동기가 아주 순수했고, 시장이 어느 쪽으로 움직이든 자신에게는 단 한푼의 이익도 돌아오지 않는다 하더라도 시장이 하락세로 기울게 된 원인 제공자라는 비난을 면치 못할 것이다.

한 예언자의 "회상"

사람들은 이처럼 미가야(아합왕에게 패전을 예언한, 구약성서 속의 인물)와 카산드라(그리스 신화에 나오는 트로이의 공주로 트로이의 함락을 예언했으나 아무도 믿지 않고, 결국 자신도 죽임을 당했다–이상 옮긴이)를 달가워하지 않는 것인가? 사실이 그렇고, 실제는 더 하다. 사람들은 진실이라 해도 그것이 귀에 거슬리면 결코 좋아하지 않는다. 1912년에 이런 일이 있었다. 전장에서 이름을 날린 용맹한 군인이자 뛰어난 엔지니어로 당시 미시시피강 관리위원회 의장을 맡고 있던 예비역 대령 C. 타운센드는 거대한 물줄기로 뻗어있는 미시시피강 상류 지역의 홍수로 인해 강물의 수위가 크게 높아질 것이라고 예언했다. 그는 이에 따라 미시시피강 하류에 있는 뉴올리언스 도시 전체가 한 달 안에 물에 잠길 것이라고 경고하면서 엄청난 재난을 조금이라도 줄이기 위해서는 당장 과감한 결단을 내려야 한다고 주장했다. 뉴올리언스 시민들은 과연 고마워했을까? 뉴올리언스 시민들은 오히려 분노의 집회를 갖고, 태프트 대통령에게 불길한 재난을 떠벌리는 이 "위험한 인물"을 소환하라고 요구했다. 태프트 대통령은 특유의 성격처럼 가만히 있었고, 타운센드 의장도 자리에서 물러나지 않았다. "사라진" 것은 미시시피 계곡의 엄청난 재산이었다. 뉴올리언스 시민들이 피해를 입은 것은 두말할 필요도 없었다. 다행히 타운센드 의장의 경고를 진지하게 받아들였던 철도회사와 기업체들은 심각한 타격에서 벗어날 수 있었다. 뉴올리언스 시장은 뒤늦게 타운센드 대령에게 사과하고 소환 요구를 철회했다. 미국 육군에서도 가장 뛰어난 엔지니어였으며 결코 나서지 않는 성격인 타운센드 의장은 자신을 비난하는 데 앞장섰던 뉴올리언스 시민들이나 시장에게 그 후 아무런 감정의 앙금도 갖지 않았다.

주가 흐름의 동시성

이렇게 말하는 사람들이 있다. 다우 이론은 도박을 하듯 주식시장에서 큰 돈을 버는 데는 아무 소용이 없다고 말이다. 물론 주식을 거래하면서 이런 말을 완전히 무시할 수는 없을 것이다. 그러나 다우 자신은 그런 점을 결코 고려하지 않았다. 다우가 현직에 있을 무렵 수없이 많은 토론을 해본 내가 장담할 수 있다. 당시 나는 〈월 스트리트 저널〉과 다우존스 통신에 주식시장에 관한 기사를 쓰고 있었다. 나는 물론 동시에 진행되는 세 가지 주가 흐름을 읽어내는 다우의 방식이 얼마나 과학적인지 충분히 이해하고 있었다. 월 스트리트에서 활동하는 많은 사람들이 다우를 잘 알고 있었고, 그가 쓴 기사를 읽고 있었다. 다우는 작은 잘못에도 무척 엄격했지만 매우 논리적이었고, 높은 지식을 갖춘 정직한 인물이었다. 내가 항상 그와 같은 의견을 가졌던 것은 아니다. 그러나 그가 옳았던 경우가 더 많았다. 그가 틀렸던 경우는 거의가 지금은 구할 수 있는 정확한 데이터를 당시에는 입수할 수 없었기 때문이라고 말할 수 있다.

필요한 지식

현재 주식시장의 가장 중요한 흐름이 어떤 것인지, 즉 상승 추세인지 하락 추세인지를 정확히 아는 것은 큰 기업을 주식시장에 상장할 때 성공 여부를 결정짓는 열쇠가 된다. 개인투자자들이 과도한 낙관론에 사로잡혀 있을 때, 제임스 R. 키니가 어맬거메이티드 코퍼(Amalgamated Copper)라는 기업의 주식을 어떤 방식으로 상장해서 돈을 모았는지 설명하면 아주 쉽게 이해할 수 있을 것이다. 정론지로 이름 높았던 〈보스턴 뉴스 뷰로Boston News Bureau〉는 당시 미국 투자자들이 신규 상장 기업의 주식이라면 무턱대고 부르는 가격대로 매수하고 있다고 경고하면서, 분기별 배당금으로 액면가의 1.5%와 추가 보너스 0.5%를 지급한다는 사탕발림에 속아넘어가고 있다고 전했다. 곧 이어 〈월 스트리트 저널〉도 공개적으로 이 회사를 지목해 "맹목적인 매수 열기"가 일고 있다고 지적했다. 〈월 스트리트 저널〉은 특히 이 회사의 주된 사업인 구리의 교역 조건이나 재무구조 등 그 어느 것도 그렇게 높은 공모 가격을 설명해주지 못한다고 썼다. 물론 키니는 엄청난 강세장이 한바탕 소용돌이치는 시기가 아니었다면 그렇게 높은 가격으로 주식을 상장할 수 없었을 것이다. 사실 그가 앞서 주식시장에 상장시켰던 U.S. 스틸(United States Steel Corporation)은 어맬거메이티드 코퍼에 비해 훨씬 더 규모가 컸고, 더 많은 투자자들이 필요했다. 그는 이 경험을 살려 똑같은 조건이 만들어졌을 때 새로 주식을 상장한 것이다. U.S. 스틸 역시 주식시장 상장 직후 찾아온 1903년의 약세장과 같은 분위기였다면 결코 개인투자자들이 주식을 매수하지도 않았을 것이며, 기업을 공개하겠다는 시도조차 못했을 것이다.

배울 점이 많은 다우의 기사

"다우 이론을 다우가 직접 응용해본 내용"을 이 책의 독자들이 한 번쯤 읽어볼 만한 기회가 없다면 다우 자신도 아쉬워할 것이다. 더구나 그가 쓴 일련의 기사들에서 읽을 수 있는 그의 방법론은 앞서 내가 이야기한 것처럼 기본적으로 주식 투기에 관한 것이고, 주식시장을 읽는 원칙과 관련된 것이다. 여기서 인용하는 기사는 1901년 7월 20일자에 발표된 다우의 칼럼 전문을 거의 그대로 옮긴 것이다. 다우가 이 글을 쓴 시점은 노던 퍼시픽 주가 매집 사태의 후유증으로 주식시장이 패닉에 빠져든 지 불과 10주가 지난 뒤였다. 그러므로 당시 그는 시장 전체의 큰 흐름이 정점을 지나 방향을 바꾼 것이 아니라 단지 대세상승이 진행되는 과정에서 2차적인 약세장이 상당히 격렬하게 나타났다는 점을 분명하게 확인할 수는 없는 시기였다. 그는 우선 개별적인 종목들에 대해 이야기한다:

주식시장에서 자주 나타나는 어떤 경향에 따라 투자를 하는 방식이 있다. 개별 종목의 주가는 대개 조금씩 변하면서 일정한 가격대를 형성해나간다. 시장 전체가 오르내림에 따라 그 방향이 정해지지만 비스듬하게 올라가거나 내려가는 수평선 형태를 띠는 경우가 많다. 그런데 잘 살펴보면 거래가 매우 활발하게 이루어지면서도 아주 작은 범위의 가격대, 가령 주가의 2% 이내에서 등락을 거듭하면서 상당히 긴 수평선을 만들어가는 종목을 발견할 수 있다. 이런 수평선을 형성한다는 것은 이 주식을 누군가가 대규모로 매집하고 있거나 매물을 출회하고 있다는 말이다. 다른 투자자들도 이를 알게 되면 함께 매수하거나 매도해버리게 된다. 지난 15년간 이렇게 움직였던 종목들의 주가 기록을 돌아보면 주식을 대규모로 매수하는 일종의 작전 세력들은 이런 식으로 미리 물량을 확보하는 경우가 자주 있었다는 사실을 확인할 수 있다.

이중 천정 이론에 따라 주식 투자를 하는 방식도 있다. 과거의 주가 기록을 살펴보면 어떤 종목이 정점에 도달한 뒤에는 곧 이어 약한 하락이 뒤따르고, 그 뒤 재상승을 하면서 고점 근처까지 간다. 그런데 이런 재상승이 나온 다음 주가가 다시 후퇴하게 되면 이 종목의 주가는 상당히 큰 폭으로 떨어질 가능성이 높다. 그러나 이 같은 이론 한 가지에만 집착해서 투자한다면 여기에는 너무나 많은 예외가 있으며, 아무런 신호도 나타나지 않는 경우가 수없이 많다는 사실을 발견하게 될 것이다.

평균 이론으로 투자하기

평균 이론에 기초해 주식 투자를 하는 사람들이 있다. 상당히 오랜 기간을 놓고 보면 주식시장은 상승한 날짜와 하락한 날짜가 거의 같아지는 게 사실이다. 만약 며칠 연속 계속해서 상승했다면 틀림없이 며칠 연속 계속해서 하락하는 경우가 찾아올 것이다.

이런 투자 방식의 문제점은 주가의 작은 출렁임은 큰 흐름의 일부라는 데서 찾을 수 있다. 사실 상승과 하락이 발생할 확률은 늘 똑같아지는 경향을 갖는다. 그러나 상승하는 날과 하락하는 날이 들쭉날쭉하게 뒤섞이는 조합 역시 얼마든지 가능하다. 상당히 장기간 지속되는 강세장이나 약세장에서는 상승하는 날이 압도적으로 많거나 하락하는 날이 훨씬 더 많을 수 있다. 물론 이처럼 긴 강세장이나 약세장까지 전부 아우르는 보다 장기적인 기간을 전제로 한다면 평균 이론은 타당하겠지만 단기적인 주가 흐름의 변화를 예상하고 주식을 거래하는 투자자에게는 당혹스러움을 안겨줄 것이다.

작용과 반작용의 법칙에 근거한 투자 이론은 이런 방식들에 비해 훨씬 더 현실적이다. 이 이론은 기본적인 주가 흐름, 즉 대세상승과 대세하락이 진행되는 과정에서 나타나는 2차적인 조정이나 랠리는 기본적인 주가 흐름의 상승폭이나 하락폭의 적어도 8분의 3을 되돌려놓는다는 사실에 기초하고 있다. 즉, 어떤 종목이 10% 상승했다면 4% 이상 조정을 받을 가능성이 매우 높다는 것이다. 작용과 반작용의 법칙은 주가의 상승폭과 하락폭이 아무리 크다 해도 모두 적용된다. 주가가 20% 상승했다면 적어도 8% 정도는 조정을 받는 일이 드물지 않을 것이다.

기본적인 주가 흐름에서 강세장이 나타나면 이 강세장이 얼마나 이어질 것인지는 누구도 알 수 없다. 그러나 상승폭이 크면 클수록 뒤이어 나타날 반작용 역시 클 것이고, 바로 이 점이 성공적인 투자자가 확실하게 예상할 수 있는 사실이다.

경험이 많은 노련한 투자자들은 시장의 반응을 이용하는 방식을 쓴다. 이런 투자 방식에서는 시장이란 늘 크든 작든 주가를 움직이는 세력에 의해 좌우된다고 본다. 기관투자가든 큰손이든 어느 세력이 시장을 상승시키려고 할 경우 절대 모든 종목을 전부 매수하지는 않는다. 이들은 주도주 두세 종목을 집중적으로 매수한다. 그리고는 자신의 주도주 매수가 다른 종목들에 어떤 영향을 미치는지 관찰한다. 시장 분위기가 강세라면 주도주 두세 종목이 오르는 것을 목격한 개인투자자들이 지금까지의 관망 자세를 버리고 아직 움직이지 않고 있는 비주도주들을 매수할 것이고, 시장 전체는 더 높이 올라갈 것이다. 개인투자자들의 반응은 늘 이런 식이다. 이렇게 되면 주도주들은 한번 더 상승하게 되고, 시장 전체도 주도주를 따라 상승세를 타게 된다.

그러나 주도주는 오르는데 나머지 주식들은 오르지 않는다면 개인투자자들이 매수에 가담하지 않았다는 것을 의미한다. 개인이 따라오지 않는다는 게 분명해지면 주가를 상승시키려고 했던 세력의 시도는 즉각 중단된다. 이 방식은 시시각각 변동하는 주가를 한순간도 놓치지 않는 투자자들이 특히 많이 사용하는 것이다. 그러나 우리가 거래 기록을 살펴본 결과, 어떤 종목의 주가가 특정 시간대에 상승한 다음 시장 전체가 뒤따라 움직였는지 여부는 그날의 거래가 모두 끝난 다음에야 파악할 수 있었다.

사실 시장을 읽는 최선의 방법은 가치투자의 시각으로 바라보는 것이다. 주식시장이란 바람에 따라 이리저리 움직이는 풍선 같은 게 아니다. 전체적인 주식시장은 먼 안목과 함께 충분한 지식을 갖고 있는 사람들의 진지하면서도 사려 깊은 노력을 반영한다. 이들은 주가가 그 기업의 내재가치에 접근하도록 애쓰며, 이들이 생각하는 가치란 해당 기업의 현재가치 혹은 그리 멀지 않은 장래에 갖게 될 것으로 기대되는 가치를 말한다. 시장에 결정적인 영향을 미치는 투자자들이 갖는 생각이란 주가가 오를 수 있는가의 여부가 아니다. 이들은 매수하고자 하는 기업의 자산가치가 다른 투자자들이나 투기자들을 끌어들일 수 있는가의 여부를 생각한다. 다른 투자자들이 따라오게 되면 앞으로 6개월 정도 후에 현재 주가보다 10~20달러는 쉽게 오를 수 있을 것이다.

그러므로 시장을 읽는 데 가장 중요한 포인트는 어떤 주식의 내재가치가 앞으로 3개월 후에 어느 정도가 될지 찾아내는 것과, 세력이나 개인투자자들이 이 종목의 주가가 내재가치에 근접하도록 주가를 올리고 있는지 여부를 관찰하는 것이다. 이런 방식을 쓰면 주식시장의 흐름이 확연하게 드러날 것이다. 어느 주식의 내재가치를 안다는 것은 현재 주식시장의 흐름이 어떤 의미인지를 이해하는 것이다.

다우는 이 기사에서 다소 조심스러운 가정을 하기는 했지만 그렇다고 내용을 수정할 필요는 전혀 없다. 적어도 50년에 걸친 주가 기록을 전부 조사해보지 않는다면 상승한 날짜와 하락한 날짜가 각각 얼마나 되는지 따져볼 필요가 없을 것이다. 굳이 헤아려본다 해도 아무런 의미도 없다. 그저 동전 던지기를 수없이 되풀이했을 경우 동전의 앞면과 뒷면이 나온 회수가 같아질 것이라고 말하는 것과 마찬가지다.

주목해야 할 것은 다우의 명쾌함과 뛰어난 감각이다. 그는 충분히 쓸 만한 가치가 있는 내용을 이야기했고, 자신이 말하고자 한 내용을 다 쓴 뒤 글을 맺었다. 신문 칼럼을 쓰면서 여간해서는 갖추기 힘든 덕목이다. 기본적인 사실과 그 이면의 진실에 대해 다우는 그 사실이 적절하지 않은 것이거나 아직도 진행중인 경우를 제외하고는 자신의 감정을 적극적으로 표현하고자 했다. 그는 주식 투기를 하나의 사실 관계로 다뤘고, 숨겨진 진실을 캐내고자 했다. 아무런 실익도 없는 도덕적 논쟁이나 도박과 혼동하는 따위는 개입할 여지가 없었다. 나는 이 책에서 다우 이론을 설명하면서, 또 주식시장이 얼마나 중요하고 유용한 것인지를 설명하면서 그의 이 같은 시각을 그대로 따를 것이다.

Chapter_5
시장의 냉혹한 평결

찰스 H. 다우가 〈월 스트리트 저널〉에 쓴 칼럼의 내용이 실제로 어떤 것이었는지에 대해 논의하면서 이미 유명해진 주가의 흐름에 관한 그의 이론을 평균주가를 갖고 설명하는 게 좋을 것 같다. 사실 평균주가는 그가 현실 세계에서 매우 유용한 과학적인 바로미터로 쓰일 수 있도록 의도적으로 고안한 것이라는 점을 지적해둘 필요가 있다. 여기서 바로미터와 온도계의 차이를 구분해야 한다. 온도계는 그때그때의 실제 기온을 나타낸다. 시시각각 변하는 실제 주가를 보여주는 시세판과 똑같다. 그러나 바로미터가 되기 위해서는 반드시 예측할 수 있어야 한다. 바로미터가 중요한 이유는 바로 이 때문이며, 다우 이론의 진정한 가치도 여기서 나온다. 주식시장은 한 나라 경제는 물론 전 세계 경제의 바로미터다. 다우 이론은 이 바로미터를 어떻게 읽어야 하는지를 알려준다.

평균주가는 그 자체로 충분하다

이론의 여지가 없다. 충분한 이유가 있기 때문이다. 사람들은 월 스트리트를 가리켜 "국부가 만들어지는 혼돈의 원천"이라고 말한다. 그렇다고 해서 우리가 질문을 회피해가면서까지 스스로를 정당화할 필요는 없다. 주식시장에서 이루어지는 전체 거래와 분위기는 월 스트리트가 과거와 현재, 그리고 어느 정도의 시간가치를 감안한 미래에 대해 갖고 있는 모든 지식의 총합을 반영한다. 일부 통계학자들은 평균주가에다 상품지수라든가 어음 부도율, 환율 변동, 국내 도소매 거래액 및 해외 교역액 따위를 추가해 함께 분석하기도 하는데 그럴 필요는 없다. 월 스트리트는 이런 모든 변수들을 이미 다 반영하고 있기 때문이다. 월 스트리트에서는 이런 변수들을 과거의 결과물로 취급하고, 아주 가까운 과거 시점의 통계 수치에 한해 미래를 예측하는 데 추가로 활용한다. 이런 변수들은 날씨 예보가 나온 다음 비로소 왜 그렇게 될 것인지 부가적으로 설명해주는 이유를 제공할 뿐이다.

푸조 위원회는 투자은행을 비롯한 금융기관들이 주식시장에 엄청난 영향력을 행사하고 있다는 전제 아래 출발했다. 푸조 위원회의 청문회를 계기로 증폭됐던 월 스트리트에 대한 가장 잘못된 인식 가운데 하나는 시장에 관한 정보를 독점하고, 이를 순전히 자신의 이기적인 목적에 따라 이용하는 "강력한 이해당사자"가 존재한다는 것이다. 그러나 주식시장은 이들 모두를 합친 것보다 훨씬 더 크다. 1907년 금융위기 당시 여실히 드러났듯이 월 스트리트에 이해관계를 갖고 있는 금융기관들이 전부 힘을 합쳐봐야 패닉을 일시적으로 멈출 수 있었을 뿐이다. 이들 이해당사자는 독립적으로 움직이며, 또 일시적으로 연합한다 해도 주식시장에 대한 예상이 틀리는 경우가 자주 있다. 헨리 H. 로저스가 활동했고, "스탠다드 오일 그룹(Standard Oil group)"이라는 소위 전지전능한 능력을 가진 기관들이 행세하던 시절에 나는 이들의 주식시장에 대한 예상이 몇 달, 심지어 몇 년씩이나 틀리는 것을 똑똑히 보았다. 당시 로저스의 말 한마디는 대기업들의 경영 환경에 큰 영향을 미쳤지만 나는 그가 진지한 목소리로 이렇게 말하는 것을 들었다. 틀린 것은 그 자신이 아니라 주식시장과 고집불통의 대중들이라고 말이다.

어떤 시세 조종 세력보다도 더 큰 시장

다우가 정확하게 지적했듯이 주가의 흐름에는 월 스트리트에서 구할 수 있는 모든 지식과 정보들이 하나도 빠짐없이 모두 반영되고, 월 스트리트에서 가장 확실한 안목을 갖고 있는 인물들의 미래 전망이 담겨 있다. 주식시장은 오늘 현재의 경제 상황을 말하는 것이 아니다. 주식시장이 말하는 것은 앞으로 몇 달 후의 경제 상황이다. 하나가 아닌 여러 개의 주도주를 매집하는 시세 조종 세력에 대해서도 시장은 똑같이 말한다. 주식시장은 시세 조종 세력보다 더 크다. 세력은 그가 바라고 기대하는 가치를 예측할 뿐이다. 이런 예측은 종종 틀리고, 개인투자자들도 나중에 그들이 틀렸다는 사실을 알게 된다. 세력이 시장을 끌어올리려 해도 기본적인 약세장에서는 불가능하다. 비록 그 숫자는 많지 않지만 계획했던 대로 대단한 성공을 거둔 세력들의 투자 사례는 모두 대세상승 흐름에서 벌어졌다. 시장은 이들 세력보다 훨씬 더 많은 것을 보고, 따라서 대세상승 흐름이 아니었다면 작전 세력들은 결코 성공할 수 없었을 것이기 때문이다. 월 스트리트는 물론 다른 세계 주요 주식시장에서 활동해본 경험이 있는 사람이라면 주가가 하락하는 시장에서는 시세를 조종하려는 세력조차 사실상 발붙이지 못한다는 점을 잘 알고 있을 것이다. 주가 하락에 배팅하는 약세론자들은 일종의 나포(拿捕) 면허증을 갖고 있는 셈이며, 이들 역시 자신의 이익을 위해 최선을 다한다. 시장을 휩쓰는 급락장세는 늘 미래에 일어날 사건에 의해 정당화된다. 예외가 있다면 끔찍스러운 장래의 가능성으로 인해 촉발된 1917년의 대약세장일 것이다.

강세장에서 글쓰기

매킨리 대통령이 재선되기 4개월 전인 1900년 6월 말, 초라할 정도로 거래량이 적었던 시기부터 조금씩 고개를 들기 시작한 강세장은 그 뒤 26개월 이상이나 지속됐다. 당시 강세장에서는 노던 퍼시픽 주식 매집으로 인해 1901년 5월 패닉 사태가 벌어지기도 했지만, 결국 이 때의 패닉은 격렬하기는 했으나 2차적인 약세장이 출현한 전형적인 사례였다. 앞에서 인용한 다우의 칼럼은 바로 이 시기의 강세장에 쓰여진 것이다. 이 칼럼은 다우 이론의 중요한 내용을 담고 있는 대표적인 글이기도 하다. 다우는 현실 세계에서 활용할 수 있는 바로미터를 고안해냈고, 그의 성격상 실제로 적용해보면서 그것이 충분히 믿을 만한 예측 능력을 갖고 있는지 확인해보고자 했다. 안타까운 사실은 당시의 강세장에 이어 나타난 12개월간의 약세장에서는 자신의 이론을 검증해보지 못한 채 세상을 떠났다는 것이다. 상승장이든 하락장이든 그 뒤에 나타난 모든 시장 흐름은 그의 이론이 얼마나 가치있는 것인지 증명해주고 있다.

이 때의 강세장을 포함해 그의 예측은 놀라울 정도로 정확했다. 물론 전체적으로 그렇다는 것이고, 특정한 개별 종목이나 몇몇 업종에서는 그렇지 않았을 수도 있다. 그는 주식의 가격이 본질적인 가치에 근접해간다는 근본적인 문제에서 정확했다. 다우는 자신의 이론을 아우르는 결론적인 칼럼 몇 편을 그가 눈을 감기 직전인 1902년 7월에 발표했다. 이들 칼럼에서 그는 주가가 본질적인 가치를 넘어서 과도하게 상승했으며, 몇 달 안에 철도기업들의 실적 악화와 주요 제조업체들의 성장 둔화, 도소매 및 무역업체의 위축 등이 나타날 것이라고 예상했다.

기본적인 주가 흐름

다우가 칼럼을 썼던 시기부터 그 후 1921년에 최저점을 기록했던 약세장이 끝나고 다시 강세장이 이어지기까지 23년 동안의 중요한 주가 흐름들을 여기서 소개하는 게 좋을 것 같다. 이들 기본적인 주가 흐름은 다음과 같다:

1. 대세상승 1900년 6월~1902년 9월

2. 대세하락 1902년 9월~1903년 9월

3. 대세상승 1903년 9월~1907년 1월

4. 대세하락 1907년 1월~1907년 12월

5. 대세상승 1907년 12월~1909년 8월

6. 대세하락 1909년 8월~1910년 7월

7. 대세상승 1910년 7월~1912년 10월

8. 대세하락 1912년 10월~1914년 12월

9. 대세상승 1914년 12월~1916년 10월

10. 대세하락 1916년 10월~1917년 12월

11. 대세상승 1917년 12월~1919년 10-11월

12. 대세하락 1919년 11월~1921년 6-8월

13. 대세상승 1921년 8월~1923년 3월

14. 대세하락 1923년 3월~1923년 10월

15. 대세상승 1923년 10월~현재

    J.P. 모건은 생전에 늘 "나는 미국 주식시장의 강세론자"라고 말했다. 여기서 소개한 기간별 주가 흐름은 그의 이 같은 주장을 뒷받침해주고 있다. 이 기간 중 강세장이 지속된 기간은 약세장이 지속된 기간에 비해 2배 가까이나 더 길다. 현재까지 이어지고 있는 강세장을 제외한 7차례의 강세장이 지속된 평균 기간은 25개월이다; 반면 7차례의 약세장이 지속된 기간은 15개월에 그치고 있다.

    가장 길었던 기본적인 주가 흐름은 1903년 9월 22일부터 1907년 1월 5일까지 이어졌던 강세장이었다. 당시의 강세장 기간 중 평균주가가

최고점을 기록한 것은 1906년 1월 22일이었지만 1906년 내내 불규칙적으로 몇 달 간 주가가 내렸다가는 다시 회복해 직전 고점에 근접했기 때문에 1906년 역시 대세상승 흐름에 포함시켰다. 다소 예외적일 수 있는 이해는 샌프란시스코 대지진이라는 대사건으로 인해 2차적인 주가 흐름이 이렇게 길어진 것인데, 더 자세한 설명은 다음 장에서 할 것이다. 나머지 6차례의 강세장은 19개월에서 27개월까지 지속됐다.

놀라운 예측력

여기서 소개한 기본적인 주가 흐름 가운데 가장 길었던 약세장은 27개월 가까이 지속된 것인데, (제1차) 세계대전이 발발하면서 증권거래소가 100일간 폐쇄됐고 마침내 1914년 크리스마스 직전에야 최저점을 기록했다. 아직도 일부 투자자들은 기억하고 있겠지만 이해의 크리스마스는 그야말로 "블랙 프라이데이"였다; 하지만 다음해인 1915년으로 접어들자 주식시장은 상승세를 탔다. 그 때까지 미국은 세계대전에 참전하지도 않았지만 필요한 군수물자 생산이 시간이 지날수록 크게 늘어나면서 엄청난 붐이 불어 닥쳤다. 주식시장이 정말로 놀랍도록 정확하게 예측한 붐이었다. 당시 미국의 경제계 어느 곳에서도 이 같은 붐이 일어날 것이라고 전혀 예상하지 못했을 때 주식시장은 정확히 예측한 셈이었다.

이 기간 중 나타났던 두 차례의 대세하락 흐름은 불과 1년 정도 지속됐는데, 한 번은 12개월이 조금 넘었고, 또 한 번은 15개월이 채 되지 않았다. 그런 점에서 대세하락 흐름은 대세상승 흐름에 비해 일반적으로 더 짧다고 이야기해도 될 것 같다; 또한 기본적인 강세장에서 나타나는 2차적인 약세장은 하락세가 짧고 급하게 이루어지는 반면 이어지는 회복 국면은 앞서의 하락세보다 긴 시간동안 완만하게 이루어진다.

시장은 항상 옳다, 그리고……

지금까지 소개한 것처럼 장기적인 주가의 흐름을 놓고 보면 주식시장 바로미터를 활용해 그 나라의 경제가 앞으로 어떻게 발전할 것인지 미리 예측하는 것이 가능하다. 이 문제는 매우 중요하다. 따라서 지금까지 주식을 단 한 번도 사본 적이 없을 정도로 금융 문제에 무관심한 사람도 확실히 이해할 수 있도록 주제를 명확하게 하지 않는다면 앞으로 진행할 설명은 아무런 의미도 없을 것이다. 바로미터는 바다를 항해하는 모든 배에 꼭 필요한 것이다. 작은 연락선이든 대형 유람선이든 바로미터는 있어야 한다. 키플링의 서사시에서 "볼리바르"는 "바다 한가운데서 헤매며" 절망어린 목소리로 이렇게 말한다.

"저 멀리 보이는 정기 여객선의 불빛은 마치 거대한 호텔의 불빛처럼 이어지고 있구나."

정기 여객선을 운항하는 항해사들은 그렇게 바로미터를 따라 배를 몰았을 것이다. 아무리 작은 기업이라 하더라도 주식시장 바로미터를 무시해서는 안 된다. 마찬가지로 아무리 큰 기업이라도 감히 주식시장 바로미터를 무시할 수는 없다. 사실 거대 기업의 경영진이 저지르는 가장 치명적인 실수는 끝없이 펼쳐진 경쟁의 바다에서 대형 선박을 운항하는 항해사라면 마땅히 기울여야 할 주의를 기울이지 않는 데서 비롯된다. 풍랑이 임박했음을 주식시장이 알려주고 있는데도 무관심하게, 혹은 성의 없이 치부할 때 거대 기업도 결정적인 실패에 빠져드는 것이다.

……그리고 누구도 고마워하지 않는다

지금은 고인이 된 돌리버 전 상원의원은 〈월 스트리트 저널〉에 실린 기사를 읽으며 이런 말을 남겼다. "시장의 냉혹한 평결을 들어보라." 그는 시장이 내리는 평결이 가혹할 정도로 정확하다는 사실을 잘 알고 있었다; 당연히 그래야 하겠지만 시장의 평결은 그것이 의식적인 것이든 무의식적인 것이든, 또 바라는 것이든 그렇지 않은 것이든 모든 증거에 기초하고 있기 때문이다.

경기가 나빠지면 농촌 출신 정치인들이 월 스트리트를 희생양으로 삼는 것은 전혀 놀라운 일이 아니다. 사실 경기 후퇴로 인한 피해는 도시 주민보다 이들을 뽑아준 농촌 주민에게 더 심각하고, 이들은 월 스트리트에게 그 책임이 있다고 생각한다. 왜냐하면 월 스트리트가 이런 상황을 미리 예측하고 전망했기 때문이다. 앞서 언급했지만 다가올 재난을 미리 이야기하는 예언자는 어떤 상황에서든 미움을 받기 마련이고, 그의 예언이 현실화되었을 때에는 오히려 더욱 심한 비난을 듣게 된다. 그러나 월 스트리트의 예측은 늘 진실로 드러난다. 월 스트리트가 화려한 번영을 예상하게 되면, 늘 그래왔듯이 우리는 그것에 만족하지 못한 채 시간이 흐르면 잊어버리고 만다. 월 스트리트가 심각한 재난을 예측하면 그것은 기억한다. 그리고 월 스트리트의 예측을 무시했던 사람들이 앞장 서 자기 밖에서 비난할 누군가를 찾기 마련이다.

농민의 친구 월 스트리트

정치인들을 비롯한 많은 사람들이 월 스트리트를 가리켜 지역적으로 너무 "치우쳐 있다"고 말하는 경우가 있다. 이들은 사실 어느 나라에서든 반드시 필요한 금융 중심지에 대해 괜한 질시를 하고 있는 것이다. 금융 중심지는 어느 나라에서든 단 한 곳만 있을 뿐이다. 농촌 출신 정치인들은 이런 금융 중심지를 수십 곳 만들려고 한다. 농민들은 물론 농촌 출신 정치인들도 이렇게 말한다. "월 스트리트가 농업에 대해 아는 게 무엇인가?" 월 스트리트는 농민들 전부가 알고 있는 것보다 더 많은 것을 알고 있고, 농민들 전부가 잊고 있는 것도 다 기억하고 있다. 더구나 언제든 그 기억을 순식간에 되살려낼 수 있다. 월 스트리트에서는 가장 뛰어난 농부가 일하고 있고, 월 스트리트의 전문가는 실제로 그렇게 고맙게 여기지는 않지만 어쨌든 대단하다고 평가받는 농무부 관리들보다 더 낫다. 또 월 스트리트의 전문가들은 농민들이 외면해버리는 농무부의 발표 자료들도 모두 읽는다.

 주식시장은 1919년 10월 말과 11월 초부터 농민들에게 중요한 신호를 보내기 시작했다. 당시 농민들은 부셸 당 3달러에 거래되던 밀과 파운드 당 40센트에 거래되던 면화를 정신없이 사재기했지만, 주식시장은 밀과 면화에 대해 농민들보다 더 많은 것을 알고 있었다. 그리고 바로미터 역시 농민들에게 그들이 갖고 있는 것을 즉시 시장가격으로 전부 팔고 빠져 나오라고 이야기하고 있었다. 아직 시간이 남아있을 때 빠져 나오면 일단 안전할 수 있다. 농민들은 그러나 월 스트리트와 연방준비은행을 비롯한 다른 모든 사람들을 비난했고, 자신의 독단적이며 잘못된 판단은 외면했다. 이들은 자신의 손으로 뽑은 정치인들이 바로미터를 부숴버리면 모든 것이 변할 것이라고 생각했다. 이들은 시카고와 미니애폴리스의 곡물거래소, 그리고 뉴올리언스와 뉴욕의 면화거래소에서 이뤄지는 바로미터를 없애버리려고 했다. 20년 전 독일에서는 농민들의 거센 요구에 따라 바로미터, 즉 곡물거래소 자체를 없애버리는 파괴적인 입법 조치가 시행됐다. 그 결과는 어땠을까? 독일에서는 결국 원시적인 형태의 새로운 바로미터가 출현했고, 이로 인한 모든 비용은 고스란히 농민들이 부담해야 했다. 독일인들은 이를 통해 자유시장은 그대로 놓아두어야 한다는 교훈을 뼈저리게 배워야 했다. 영국인들은 늘 이 사실을 잊지 않았고, 바로 이 같은 지식 덕분에 역사상 최대의 국제 교역 규모를 갖춘 대제국을 건설할 수 있었다.

Chapter_6
주식시장의 놀라운 예측능력

월 스트리트에는 두 가지 종류가 있다. 하나는 사실 그대로의 월 스트리트로, 숱한 오해와 혼란에서 나와야 비로소 정확한 의미를 파악할 수 있는 곳이다. 또 하나는 허구 속의 월 스트리트다; 선정적인 기사를 좋아하는 삼류 신문과 대중들의 인기를 좇는 정치인들이 이야기하는 곳이다; 멋대로 그럴싸하게 꾸며낸 월 스트리트의 인물들은 마치 50년 전에 유행했던 멜로드라마의 구태의연한 인물들이나 다름없다. 어처구니없게도 요즘 영화 역시 당시의 멜로드라마와 마찬가지로 월 스트리트의 인물들을 묘사하고 있다. 영화 속의 월 스트리트가 얼마나 잘못된 인식을 바탕으로 하고 있는지는 앞서 제2장에서 충분히 설명했다고 생각한다.

기본적인 주가 흐름은 조작될 수 없다

월 스트리트에 대해 갖고 있는 가장 큰 오해 가운데 하나이자, 주식시장 바로미터가 유용하다는 주장을 공격할 때 가장 강력한 무기로 사용되는 믿음은 시세 조종 세력이 주식시장의 흐름을 왜곡시킬 수 있고, 따라서 주가의 흐름은 신뢰성도 떨어지고 배울 점도 없다는 것이다. 필자는 이렇게 말하고 싶다. 지난 26년간 월 스트리트에서 그야말로 온갖 사건들을 다 지켜봤고, 그에 앞서서는 런던증권거래소와 파리증권거래소, 심지어 투기가 극에 달했던 1895년 당시 요하네스버그 주식시장의 금광 주식 거래 현장에서 쌓은 경험 만큼 신뢰할 수 있는 게 어디 있겠느냐고 말이다. 나는 주식시장에서 이렇게 오랜 세월 일하는 동안 시장의 가장 중요한 흐름이 시세 조종 세력에 의해 좌우되는 것을 단 한 차례도 보지 못했다. 기본적인 주가 흐름은 원래 처음 시작될 때부터 그 자체의 동력을 갖고 움직이기 때문이다. 물론 이 같은 설명은 모든 대세상승과 대세하락 흐름이 진행되는 동안 경제 전반에서 벌어지는 실제 사실들에 의해 정당한 것으로 판명되지 못한다면 설득력을 잃을 것이다. 그러나 늘 그렇듯 대세상승과 대세하락 흐름이 끝나기 직전의 마지막 단계에서는 과도한 투기적 매수와 과도한 투매가 시장을 압도하는 일이 벌어진다.

금융시장에서 불가능한 일

너무 단정적인 이야기 같지만 나는 그 바탕에 깔려있는 진실을 믿는다. 제임스 R. 키니가 어맬거메이티드 코퍼 주식 22만 주를 매각했던 경우를 살펴보자. 당시 사람들은 이 회사가 구리를 합금하는 일을 한다는 것은 알았지만 그렇다고 주식을 사겠다고 덤벼들 정도는 아니었다. 키니는 결국 22만주의 주식을 팔기 위해 적어도 70만주를 자신이 사고 팔아 거래량을 부풀리고 주가를 끌어올려야만 했다. 이렇게 해서 주가는 90~96달러까지 올랐다. 이 같은 사례는 규모가 크지 않았기 때문에 가능했던 경우다; 그러나 엄청난 세력이 연합했다고 가정해보자. 여기에는 당연히 대형 투자은행을 비롯한 기관투자가들 전부가 포함될 것이다. 사상 초유의 이들 세력이 키니가 했던 주식 매매와는 비교가 되지 않을 정도로 가공할 위력을 발휘해 주식시장 전체를 강세장으로 만들려고 시도했다고 하자. 이들은 또 평균주가를 끌어올리기 위해 다우존스 산업 평균주가와 철도 평균주가에 포함된 40개 종목(당시 다우존스 산업 평균주가와 철도 평균주가에는 각각 20개 종목이 포함됐다. 현재처럼 다우존스 산업 평균주가의 구성 종목이 30개로 늘어난 것은 1928년 10월부터다-옮긴이)을 제외한 일체의 주식은 전부 외면하고, 다른 투자자들의 의견 따위도 모두 무시한다고 하자. 이들은 또한 그 이전의 시장 흐름과 분위기는 전혀 개의치 않고 오로지 시장의 상승을 위해 주식 매수에만 열중한다고 하자. 이들은 22만주의 주식을 매각하기 위해 벌였던 키니의 매매 규모에 비해 수백, 수천 배 규모로 거래하지만 신기하게도 의심하는 사람은 아무도 없다고 하자.

그렇다 하더라도 초등학교에서 1더하기 1이 2라는 사실을 배운 사람이라면 이런 일이 수학적으로 불가능하다는 점을 충분히 이해할 수 있을 것이다. 이들 세력은 아마도 웬만한 수익에는 만족하지 않을 것이다. 더구나 전체 주식시장을 강세장으로 만들기 위해 키니가 어맬거메이티드 코퍼의 주가를 띄울 때와 똑같은 비율로 실제 주식 거래를 했다면 최소한 1억2000만주를 매매해야 하고, 여기에는 수십억 달러의 자금이 소요된다. 사실 이 정도의 자금을 조달하려면 세력에 가담한 투자은행들은 규모가 아무리 크다 해도 다른 사업은 그만둔 채 오로지 주식 매수 한 가지 일에만 매달려야 할 것이다. 대규모 기관이 연합한 이들 세력은 결코 이렇게 할 수 없다. 아니 현재와 같은 금융시스템이 존재하는 한 그 10분의 1도 할 수 없다. 혹시 연방준비제도이사회(FRB)의 도움을 받으면 이런 일이 가능할지도 모른다고 생각하는 사람이 있겠지만 그것 역시 결국은 파국으로 귀결될 것이다.

그래도 주가를 조작할 여지는 없는가

그렇다면 반대로 약세장을 만드는 것은 가능할까? 이를 위해서는 세력에 가담한 모든 참가자들이 반드시 주식과 채권, 부동산, 기업체들을 대규모로 갖고 있는 정말로 큰손들이어야 하고, 또 이들이 말도 안 되는 방식으로 자신들이 갖고 있는 모든 자산을 시장에 내놓아야 한다. 이런 일은 상상할 수조차 없다. 키니는 시장이 한창 강세장일 때 U.S. 스틸 전체 발행 주식의 5%에 달하는 물량을 시장에 쏟아낸 적이 있다. 물론 그의 뒤에는 스탠다드 오일이라는 강력한 돈줄이 있었다.

실제로 그가 U.S. 스틸의 보통주와 우선주를 매도하기 시작하자 막강한 모건 그룹의 투자은행뿐만 아니라 U.S. 스틸 인수전에 나선 여러 협력자들이 후원했고, 이것이 사상 유례없는 생산 및 수출 확장을 가져올 것이라는 기대로 일반 투자자들로부터도 지지를 받았다. 그러나 다른 은행들이 더 도와준다고 해서 그가 이보다 수백 배 되는 매도 물량을 쏟아낼 수 있을까? 주식시장이라는 바로미터가 과거에 어떻게 움직였는지에 관해 공부해본 기업인이나 은행가라면 시세 조종으로 인해 시장 전체가 왜곡될 수 있다는 생각에 기울지 않을 것이다.

로저 W. 뱁슨의 이론

그러나 이런 생각은 광범위하게 받아들여지고 있다. 나는 굳이 이와 관련해 격렬한 논쟁을 불러일으키거나 비난할 의도는 전혀 없다. 또한 내가 로저 W. 뱁슨과 그가 쓴 책 《비즈니스 바로미터Business Barometers》에서 사례를 든다고 해서 이것이 그의 진지한 노력과 저작에 대해 공격하거나 폄하하려는 의도가 아니라는 점을 그도 충분히 이해할 것이라고 믿는다. 여기서 인용하는 내용은 뱁슨이 1909년에 출간한 책에서 발췌한 것이다(이탤릭체는 뱁슨이 표시한 것이다):

> 주식시장이 서서히 하락하게 되면 노련한 투자자들은 가까운 시일 안에 경기 전반이 침체 국면으로 접어들 것이라고 예상한다; 또 주식시장이 완만한 상승세를 타게 되면 경기 상황이 호전될 것이라고 예상하는 게 보통이다. 그러나 이것은 주가의 상승과 하락이 시세 조종으로 인해 인위적으로 만들어진

것이 아니라는 것을 전제로 한다. 사실 시세 조종이라는 요인이 없다면 기업인들은 경제의 바로미터로서 주식시장 한 곳만 주시하면 된다. 주식시장 참가자들이 알아서 자신들의 비용으로 경제의 펀더맨탈이 앞으로 어떻게 변할지 알려줄 것이기 때문이다. 그러나 안타깝게도 주식시장 한 곳만 보아서는 인위적인 주가 흐름과 자연적인 주가 흐름의 차이를 구분해낸다는 것이 불가능하다; 따라서 기업인과 은행가가 주식시장을 단지 경제의 여러 바로미터 가운데 하나로 바라본다 해도 상대적으로 적정한 가중치를 두어야만 할 것이다.

– 「부의 축적에 활용되는 비즈니스 바로미터 Business Barometers Used in the Accumulation of Money」 가운데

뱁슨의 차트

우리는 온도를 재면서 수은주의 길이가 다소 짧다거나, 액체처럼 움직이며 온도를 표시하도록 한 측정 방식의 정확성이 좀 떨어진다 해도 그것을 바로미터로 받아들일 것이다. 주식시장 바로미터도 완벽하지는 않다. 보다 정확하게 이야기하자면 완벽하다는 것과는 거리가 먼, 아직 성장 단계에 있는 해석학 수준이라고 할 수 있다. 그렇다고 해서 앞서 뱁슨이 지적한 것처럼 불완전하다는 것은 절대 아니다. 뱁슨은 주식시장의 예측 능력을 부정하고, 장기적으로 볼 때 상당히 부정확할 수 있다고 말했다. 그러면 뱁슨 자신이 만든 차트를 예로 들어 설명해 보자. 뱁슨의 차트에 그려진 선은 한 나라의 국부가 꾸준히 증가하는 추세를 나타낸 선이다. 이 선은 장기적으로 우상향 하고 있지만, 단기적인 경기 변동 사이클은 이 선을 중심으로 상승과 하락을 반복하는

어떤 "구도"를 나타낸다. 주식시장은 뱁슨 자신이 놀라운 연구 결과를 얻어내기 위해 이 그림을 그리기 이전부터 이미 이런 구도를 예측하고 있었음을 알 수 있을 것이다. 이처럼 흥미로운 결과가 쉽게 와닿지 않는다면 뱁슨의 차트를 좀더 자세히 살펴봐야 한다. 그는 차트를 월별로 끊어 구분지은 다음, 경기 상황에 영향을 미치는 모든 요인들을 수치로 나타내 새로운 선을 그렸다. 이 새로운 선은 앞서의 꾸준히 상승하는 가운데의 선, 즉 국부의 증가를 나타내는 선을 중심으로 아래위로 오르내리며 이 차트에 함께 표시됐다.

주식시장은 어떻게 예측하는가

월별로 구분지은 구간의 차트를 보면 경기 상황을 나타낸 선의 변동폭이 크지 않은 경우도 있지만 시간이 지남에 따라 결국 변동폭이 계속 커지고 있음을 알 수 있을 것이다. 또 경기 확장과 경기 침체의 정도가 깊을수록 국부의 증가를 나타내는 가운데 선과의 이격(離隔)이 벌어질 것이고, 두 선이 아래위로 만들어내는 공간을 검게 칠했다면 검은색 면적도 커질 것이다. 뱁슨의 차트를 보면 경기 침체를 나타내는 아래쪽 검은색 공간은 1903년에 시작되는데, 그해 말이 되어서야 검은색 면적이 갑자기 커지고 있음을 알 수 있다. 아래쪽의 검은색 공간은 1904년 내내 계속 유지되다가 1905년 초에 비로소 가운데 선을 넘어서 위쪽으로 옮겨가게 된다. 그런데 주식시장은 이미 경기 침체가 올 것을 훨씬 앞서 예측했다. 주식시장의 기본적인 약세장은 1902년 9월에 시작돼 1년 정도 이어졌다. 그러나 뱁슨의 차트에서는 주식시장이 완만하기는 하지만 상승세로 돌아선 1903년 9월은 물론 강력한 상승장이 펼쳐진 1904년 6월까지도 경기 침체를 가리키고 있었다; 뱁슨의 차트에서는 1904년 말까지도 경기 침체를 나타내는 검은색 공간이 사라지지 않았다. 또한 뱁슨의 차트에서는 경기 확장의 신호가 1905년 9월부터 보이기 시작했지만 1906년이 되어서야 확실하게 인식할 수 있었다. 그러나 주식시장 바로미터는 뱁슨의 차트보다 훨씬 앞서 경기 확장을 알려주었고, 강세장이나 약세장이 한번 시작되면 늘 그렇듯 이 때의 강세장 역시 과도할 정도로 길게 이어져 1907년 1월에 막을 내렸다.

진정한 바로미터

뱁슨의 차트에서 경기 확장을 나타내는 위쪽 검은색 공간은 1907년에 정점에 달했는데, 주식시장에서는 대세하락 흐름이 이미 시작된 뒤였다. 이 때의 약세장은 그해 12월 초까지 11개월 정도 이어졌고, 이 역시 뱁슨의 차트보다 훨씬 앞서 경기 침체를 예측해준 것이다. 뱁슨의 차트에서는 경기 침체를 나타내는 아래쪽 검은색 공간이 1908년 말까지도 사라지지 않았다. 따라서 뱁슨의 차트에서는 1908년 7월까지도 경기 확장을 나타내는 위쪽 검은색 공간이 출현하지 않았다; 반면 주식시장 바로미터는 1907년 12월에 다시 한번 경기 확장의 도래를 일찌감치 예측해주었다. 이 때의 강세장은 1909년 8월에 대단원의 막을 내렸는데, 이 역시 뱁슨의 차트에서 경기 침체 신호가 나타난 것보다 훨씬 더 빠르고 정확한 것이었다.

이것이야말로 주식시장이 확실한 바로미터라는 사실을 보여주는 것이다. 이에 비하면 뱁슨의 차트는 사후의 기록일 뿐이라고 말할 수 있다. 그런 점에서 현명하고 성실한 투자자에게는 주식시장 바로미터가 미래를 예측하는 귀중한 수단이 될 것이다. 다소 오해의 여지가 있는 표현을 쓰자면 주식시장 바로미터는 그 어떤 것에도 비길 수 없는 것이다. 여기서 "그 어떤 것에도 비길 수 없다"고 말한 것은 달리 쓸만한 수식어가 없기 때문이다. 주식시장 바로미터는 유일무이한 것은 아니지만 독보적인 존재라는 점에서 사실상 유일하다고 할 수 있다. 그런 점에서 주식시장 바로미터는 단 하나뿐이며 결코 모방하거나 흉내낼 수 없다. 주식시장 바로미터는 앞서 간단히 설명했듯이 수 개월 앞의 경기 상황을 예측한다. 주식시장 바로미터를 제외한 다른 어떤 지수도, 심지어 다른 여러 지수들을 합친 것도 이 같은 예측을 할 수 없다. 상당히 과학적으로 운영되며 높은 신뢰를 얻고 있는 기상청에서도 때로는 날씨 전반에 관해 완전히 잘못된 예보를 내놓는 경우가 있다. 그렇다고 해서 기상청에서 갑자기 북미 대륙이 빙하 시대로 돌아갈 것이라고 예보하지는 않는다. 단지 이전에 몰아 닥쳤던 한파와 가뭄이 얼마 정도 있다가 또다시 발생할 것이라고 예측해줄 뿐이다. 일반적인 날씨의 수많은 발생 가능성 가운데 특정한 한 가지를 꼽아 그렇게 되리라고 예언하는 것은 추측일 뿐이다. 기상청에서 태프트 대통령의 취임식 날 워싱턴 주변 지역의 날씨가 "맑고 온화할 것"이라고 예보했다는 사실을 기억하는 사람이 얼마나 될까? 나는 그 다음날 펜실베이니아 철도를 타고 뉴욕에서 필라델피아로 갔는데, 심한 눈보라가 몰아쳐 길가의 전신주들이 전부 쓰러진 광경을 목격했다. 눈보라가 하도 심해 대통령 취임식에 참석할 사람들을 태우고 갈 특별열차마저 불통됐을 정도다. 기온 예보는 이보다 더 심해 불과 몇 시간 후의 기온을 겨우 예측할 수 있을 뿐이다.

과대 평가된 사이클 이론

뱁슨의 차트 외에도 여러 지수들을 모아서 경기를 예측하려는 복합적인 이론들이 있는데, 하버드 대학교에서 만든 사이클 이론을 가장 많은 분야에서 발견할 수 있을 것이다. 나는 사람들이 사이클 이론의 영향을 너무 많이 받고 있다고 생각한다. 찰스 H. 다우가 10년 주기의 사이클 이론에 따라 10년을 반으로 쪼개 존재하지도 않는 5년간의 약세장과 5년간의 강세장을 당연하게 받아들인 것처럼 말이다. 그러나 뱁슨조차도 경기 확장 구간이나 심지어 인플레이션이 나타나는 기간이 5년이 아니라 2년이나 그 미만이라고 이야기하고 있으며, 또 경기 확장이나 경기 침체의 정점이 반드시 경기 확장 기간이나 경기 침체 기간이 끝나는 시점에 도달하는 것은 아니라고 밝히고 있다. 주식시장에서는 1901년 노던 퍼시픽 패닉 때 그랬던 것처럼 강세장이 한창 진행되는 와중에 급락세가 나타날 수 있다; 물론 1907년에 그랬던 것처럼 대세하락 흐름이 이어지는 과정에 더욱 심각한 패닉 사태가 벌어질 수도 있다. 뱁슨의 차트도 1907년의 패닉에 이어 경기 침체가 나타났음을 확인할 수 있는데, 주식시장은 이미 한참전에 내리막길로 돌아선 뒤였다.

모든 패닉과 경제 위기의 원인이 똑같고, 일정한 기간을 두고 발생한다는 확실한 예측이 가능하다면 패닉과 경제 위기는 결코 나타나지 않을 것이다. 왜냐하면 전부 미리 예방할 수 있을 것이기 때문이다. 이렇게 말하면 좀 모순되는 것처럼 들리겠지만 사실이 그런 걸 어쩌겠는가. 여기서는 사이클 이론에 대한 논의를 더 이상 하지 않을 생각인데, 주식시장은 이런 사이클 이론에 거의 영향을 받지 않는다는 점이 너무나 명백하기 때문이다.

자연의 제1법칙은 질서

월 스트리트는 이 나라의 유동 자금이 흘러가는 온갖 지류들이 전부 모이는 거대한 호수다. 그런 점에서 월 스트리트는 경제 상황과 관련된 모든 진실이 한데 어우러져 돌아가는 결집지라고 할 수 있다. 주식시장은 이런 모든 진실을 반영해 움직인다. 그러나 부동산시장 및 건설업 동향, 기업 부도율, 시중 유동성, 수출입 동향, 해외자금 이동, 상품가격, 자금시장의 사정, 곡물 수확량, 주요 기업의 순이익, 정치적 변수 및 사회 전반의 분위기 등을 포함한 모든 사실들이 주식시장으로 흘러 들어오지만 실제로 주식시장에 영향을 미치는 헤아릴 수 없는 수많은 진실들 하나하나의 파급 효과는 아주 적다.

월 스트리트에서 활동하는 어느 누구도 이 같은 모든 사실과 그것들이 담고 있는 의미를 다 알 수 없다고 말했던 앞서의 전제가 얼마나 현실적인 것인지 이해할 수 있을 것이다. 하지만 일체의 감정도 없고 편향도 없는 주식시장 바로미터는 마치 수은주가 그날그날의 기온을 정확히 표시하듯 이런 모든 사실들을 그대로 반영해 기록한다. 주식시장의 흐름에는 우연이라는 게 있을 수 없다. 특정 세력이 자신의 이익을 극대화하기 위해 시장의 흐름을 왜곡하는 일은 불가능하다는 게 내 생각이다. 이런 모든 것을 지배하는 법칙들이 있게 마련이다. 내가 이 책을 쓰는 이유도 바로 이 같은 법칙들을 유용하게 쓸 수 있도록 공식화하려는 것이다. 조지 W. 케이블은 오래 전에 이런 말을 남겼다: "우리가 우연이라고 부르는 것도 자연의 섭리일지 모른다. 단지 자연의 섭리가 너무나 광대해 우리가 살아가는 동안 그 우연을 겨우 한두 번 만날 수 있을 뿐이다." 그렇다고 해서 미로와도 같은 우리의 운명 행로에서 정처없이 방황한다거나, 인생이란 그저 한번 왔다 지나가는 것이라고 넋두리나 하고 있을 필요는 없다. 자연의 제1법칙은 질서라는 점을 분명히 인식해야 한다. 주식시장이든 다른 어느 곳이든 조직화된 사회는 비록 그 안에 있는 개인들의 지적 능력으로는 정확히 무엇인지 파악하지 못한다 하더라도 결국에는 이 법칙을 따르게 돼있다.

Chapter_7
시세 조종과 프로 투기자

여기서 잠시 한숨을 돌리는 것도 좋을 것 같다. 우리가 다우 이론이라고 하는 주식시장에 관한 훌륭한 기초 위에서 논의한 내용들이 과연 어느 정도나 되는지, 또 그 내용들이 얼마나 현실적으로 검증 가능한 것인지 생각해볼 필요가 있다. 다우는 주식시장에 세 가지의 분명한 움직임이 동시에 존재한다고 말했고, 우리는 그의 말에 적극적으로 동의했다. 세 가지의 분명한 움직임이란 우선 기본적인 주가 흐름으로, 대세상승이 될 수도 있고 대세하락이 될 수도 있다; 기본적인 주가 흐름이 진행되는 과정 속에 몇 차례 반등장이나 조정장을 만들어내는 2차적인 주가 흐름이 나타난다; 그리고 무시해도 좋을 정도로 수없이 나타나는 매일매일의 주가 변동이 있다. 주가가 아주 좁은 변동폭, 앞서 "박스권"이라고 설명한 대역에서 움직이는 기간이 길면 길수록 그 중요성은 더욱 커진다. 주가가 박스권에서 움직이면서 지지선이나 저항선을 길게 만드는 이유는 주식을 매집하거나 매물이 출회되고 있는 것이라고 밖에 해석할 수 없다. 따라서 주가가 박스권에서 벗어나게 되면 주식시장은 비로소 그 주식의 씨가 말랐거나 매물이 과도할 정도로 많아졌다는 사실을 보여줄 것이다.

진실을 반영하는 시장

하지만 우리의 논의는 이 정도 수준보다 훨씬 더 멀리 나갔다. 모든 기본적인 주가 흐름은 뒤이어 나타나는 전반적인 경기 상황을 미리 알려주었다는 점은 앞서 이미 설명했다. 기본적인 주가 흐름은 시세 조종 세력들이 어떻게 한다고 해서 되는 것도 아니고 그렇게 할 수도 없다. 주식시장은 때로 현재의 경기 상황과 반대로 움직이는 것처럼 보이기도 하지만 그렇기 때문에 시장의 유용성은 더욱 중요해지는 것이다. 또한 주식시장의 진정한 예측 기능은 여기서 나오는 것이다. 주식시장이 우리에게 전해주는 것은 오늘의 경기 상황이 아니라 미래의 경기 상황이 어떻게 전개될 것인가 하는 점이다. 이미 알려진 뉴스는 뉴스로서의 가치가 떨어진다. 어떤 사실을 모든 사람이 알게 되면 그 시점부터 시장 변수로서의 기능을 상실한다. 물론 주식시장이 충격과 경악에 빠져 패닉이 나타나는 극히 드문 경우만 제외하면 그렇다.

나는 이 같은 내용의 칼럼을 금융 전문 주간지인 〈배런스Barron's〉

에 연재하기도 했는데, 아래에 소개한 글은 1921년 9월 18일 현재의 주식시장 바로미터에 바탕을 두고 쓴 것이다. 내가 이 글은 쓴 것은 물론 9월 18일이었지만 실제로 이 칼럼이 지면에 실린 것은 그해 11월 5일이었다. 이 글을 읽어보면 알겠지만 여기에는 일체의 추측도 없으며, 정당한 전제에서 출발한 과학적인 추론이 있을 뿐이다. 또한 시장의 중요한 방향이 변화하고 있음을 정확하게 지적하고 있다.

현재의 주식시장 흐름은 주식시장 바로미터를 검증할 수 있는 아주 적당한 사례가 될 것이다. 사실 그동안 많은 사람들이 나에게 주식시장 바로미터의 예측 능력을 증명할 수 있느냐고 물어왔다. 유럽 금융시장의 혼란과 면화 가격의 폭락, 디플레이션으로 야기된 극심한 불확실성, 정치인들의 무원칙한 기회주의, 전쟁 인플레이션의 후유증-높은 실업률과 광업 및 철도 근로자들의 말도 안되는 저임금 등-이 전부 지금 이 나라 경제의 발목을 잡고 있는데, 주식시장은 마치 눈앞에 더 나은 미래가 다가온 것처럼 움직이고 있다. 1919년 10월 말~11월 초부터 시작된 약세장은 1921년 6월 20일 다우존스 산업 평균주가와 철도 평균주가가 각각 64.90과 65.52를 기록하면서 저점을 확인했다고 말할 수 있다.

최근의 사례

1921년 8월의 마지막 주로 접어들면서 다우존스 산업 평균주가와 철도 평균주가가 모두 신저가를 기록하는 것처럼 보였고, 그래서 사람들은 약세장이 다시 찾아올 것으로 생각했다. 그러나 두 가지 평균주가는 반드시 서로의 흐름을 확인시켜주어야 한다는 점을 잊어서는 안된

다. 내가 그해 8월 25일자 〈월 스트리트 저널〉에 쓴 글의 일부다:

> 두 가지 평균주가의 움직임을 보면 주식시장이 강한 상승세를 타기에는 아직 멀어보인다. 그러나 기본적인 약세장이 재개됐다고 판단하려면 두 평균주가의 움직임이 일치해야 하는데 지금은 그렇지 않다.

당시 철도 평균주가는 "박스권"에서 움직이고 있었다. 철도 평균주가는 박스권에서 1포인트 정도 기술적인 이탈을 한 뒤 그 밑에서 또다시 박스권을 형성하기는 했지만 대세하락 흐름이 시작됐음을 분명하게 알려주는 신저점을 만들어내지는 않았다. 그 이후 철도 평균주가는 계속해서 횡보하면서 물량 확보가 이루어졌고, 산업 평균주가는 확실한 반등을 보여주었다. 나는 9월 21일자 〈월 스트리트 저널〉에 쓴 "주가의 흐름에 관한 연구(Study in the Price Movement)"에서 이렇게 썼다:

> 우리가 지금 힘든 겨울을 눈앞에 두고 있다고 말하는 것은 중요한 문제가 아니다. 주식시장이 지금 당장의 상황보다 더 멀리 있는 것을 내다보지 못한다면 그것은 아무런 의미도 없다. 주식시장은 내년 봄에는 전반적인 경기 상황이 더 좋아질 수 있는 여건이 갖춰질 것으로 예상하고 있는 것 같다. 그런 점에서 대세상승 흐름이 출현할 수 있는 조건들이 만들어지고 있다고 할 수 있을 것이다.

이 글을 쓸 당시 산업 평균주가와 철도 평균주가는 모두 충분한 물량 확보가 이루어졌을 정도로 박스권을 오랫동안 형성한 다음이었고,

특히 산업 평균주가는 앞서의 반등 때보다 훨씬 더 높은 평균주가를 기록한 상태였다. 나는 10월 4일자 〈월 스트리트 저널〉에서 이렇게 분석했다:

주식시장의 평균주가를 읽어내는 매우 훌륭한 방법에 따르면 산업 평균주가와 철도 평균주가가 지금보다 적어도 각각 8포인트와 9포인트씩 하락하거나, 지난 6월 20일에 기록했던 기본적인 약세장의 저점 밑으로 떨어져야 비로소 새로운 약세장이 다시 시작됐다고 말할 수 있다. 반면 철도 평균주가가 지금보다 1포인트만 올라주면 두 가지 평균주가가 모두 신고점을 기록하게 되므로 대세상승 흐름이 시작됐다고 말할 수 있다. 산업 평균주가는 이미 신고점을 경신했고, 두 가지 평균주가는 물량 확보가 이루어진 박스권을 확실하고 분명하게 보여주었다. 물량 확보가 충분히 이뤄지면 주식시장의 공급 물량은 언젠가는 바닥을 드러내게 마련이다.

이날 칼럼의 마지막 문단에서는 내가 왜 이 같은 분석을 하게 됐는지 그 이유를 설명했다:

주가가 낮은 이유는 시장 분석가들이 제시하고 있는 모든 부정적 요인들이 이미 주가에 반영됐기 때문이다. 주식시장이 예기치 못한 충격에 휩싸이면 패닉이 나타나지만 역사를 돌아보면 이런 충격은 극히 드물었다. 지금 주식시장의 모든 악재들은 이미 다 알려진 상태고, 또 상당히 심각하게 받아들여지고 있다. 그러나 주식시장은 오늘 현재 누구나 다 아는 정보에 의해 움직이는 것이 아니다. 주식시장은 적어도 수 개월 앞을 내다볼 줄 아는 전문가들의 지식의 총합에 기초해 움직인다.

헨리 H. 로저스와 그의 비판자들

다우 이론을 실제로 적용한 사례를 소개했으니, 독자들은 이제 주식시장이 실제로 어떻게 움직였는지 살펴보면 주식시장 바로미터의 진정한 가치를 이해할 수 있을 것이다. 내가 설정했던 기본적인 전제를 명심하고, 이런 전제에서 도출되는 추론을 신중하게 검증해나간다면 누구나 똑같은 분석을 할 수 있을 것이다.

프로페셔널 투기자들이 올린 투자 성과를 보면 그들은 주식시장에서 절대로 패배하거나 굴복하지 않는 인물이라는 믿음이 더욱 강하게 들 것이다. 이와는 반대로 무지한 일반 대중들은 지극히 불리한 입장에 있다고 생각할 것이다. 또한 프로 투기자들은 눈이 앞에만 달린 게 아니라 뒤에도 달려있다고 여길지도 모른다. 지금은 고인이 된 헨리 H. 로저스는 원래 공개적으로 떠들어대는 것을 싫어하는 성격이었지만 오래 전에 나에게 이런 말을 한 적이 있다: "존 D. 록펠러와 그의 일가 친척들이 쌓은 부를 비난하는 데 앞장섰던 선정적인 신문들이 실은 (록펠러가 대주주로 있는) 스탠다드 오일 주식에 엄청나게 투자하고 있습니다. 우리가 결코 전지전능한 존재가 아니라는 사실을 당신이나 나는 잘 알고 있습니다. 그러나 선정적인 신문들이 그려내는 풍자 만화나 만평을 보면 우리 같은 사람에게 시기와 증오를 동시에 느끼는 무리들이 바로 이런 인상을 만들어내고 있습니다. 우리와 손을 잡고 사업을 해야겠다고 생각하는 이들은 하나같이 우리가 특별히 유리한 조건을 갖고 있으며, 이것은 사업상 엄청난 재산이라고 미리 판단합니다." 스탠다드 오일이 해체돼 33개의 독립된 회사로 쪼개진 것도 다름

아닌 이런 여론 때문이었다. 그런데 스탠다드 오일 전체의 주식 가치는 해체 이후 세 배로 늘어났고, 휘발유 가격 역시 3배나 올랐다. 로저스의 말처럼 정말로 이들 선정적인 신문사의 소유주들이 스탠다드 오일 주식에 투자해 큰 이익을 챙겼을 수도 있다. 다행히도 이 때는 자동차 대중화 시대가 열리기 이전이었으므로, 이들 신문사는 자동차를 소유한 부자들에게 더 비싼 휘발유 가격을 지불하도록 하는 게 공공의 이익에 부합한다고 생각했을지도 모르겠다.

주식 투기자의 추론

프로 투기자들이 남들이 갖지 못한 우월한 조건을 갖고 있다는 전제는 전혀 근거 없는 것이다. 제시 리버모어 같은 프로 투기자들이 도출해내는 추론은 이 책에서 제시한, 그리고 앞서 내가 신문 칼럼에서 설명한 것과 마찬가지로 주식시장이 처해있는 전반적인 상황을 연구한 결과 나온 것이다. 제시 리버모어는 1921년 10월 3일 자신은 주식을 계속 매수해왔다고 밝혔다. 그가 스스로 이렇게 이야기했다는 점에서 그의 말을 일단 액면 그대로 받아들여보자. 그는 자신이 내다볼 수 있는 장래 시점에 투자자든 투기자든, 주식시장에 참여한 모든 사람들이 무엇을 생각하고 있을지 고민하고 있었다는 사실이 분명하게 드러난다.

이것은 결코 시세 조종 행위가 아니다. 이런 투기자들은 주식시장을 왜곡시키지 않는다. 또 극장 밖에서 큰소리로 외쳐대는 호객꾼처럼 일반 투자자들을 시장으로 끌어들이려고 유인하지도 않는다. 10월 3

일자 〈배런스〉에 실린 기사를 보면 제시 리버모어는 이렇게 말했다. "주식시장의 모든 움직임은 근거있는 정당한 추론에 따른 것이다. 누구도 미래의 사건을 정확히 예측할 수 없고, 따라서 주식 투기에 성공할 수 있는 능력은 제한적일 수밖에 없다." 그는 또 이렇게 덧붙였다. "투기는 하나의 사업이다. 그것은 단순한 어림짐작도, 그렇다고 도박도 아니다. 투기는 매우 힘든 일이고, 많은 노력을 필요로 한다."

다우의 명쾌한 정의

지금 인용한 제시 리버모어의 말을 찰스 H. 다우가 20년 전 〈월 스트리트 저널〉에 썼던 글과 비교해보자. 1901년 7월 20일자 칼럼에서 그는 이렇게 이야기했다:

주식시장은 바람에 따라 이리저리 날아다니는 풍선 같은 게 아니다. 전체적으로 볼 때 시장은 통찰력이 있으며 많은 지식을 갖고 있는 사람들의 진지하면서도 사려 깊은 노력을 반영한다. 이들은 주가를 그 기업의 현재가치 혹은 그리 멀지 않은 장래에 가질 것이라고 예상되는 가치에 근접하도록 조정해나간다. 시장에 결정적인 영향을 미치는 투자자들이 갖는 생각이란 주가가 오를 것인지의 여부가 아니다. 이들은 자신들이 매수하려는 주식의 자산가치가 지금으로부터 6개월쯤 뒤 다른 투자자나 투기자들을 끌어들일 수 있는지 따져본다. 다른 투자자들이 따라오게 되면 지금보다 10~20달러는 쉽게 오를 수 있을 것이다.

객관적이며 일체의 감정을 배제한 다우의 정의는 더욱 완벽하다. 동시에 앞서 인용한 리버모어의, 그야말로 솜씨 좋게 우회적으로 표현한 생각과 일치한다. 버나드 M. 바루크는 (제1차) 세계대전 이후 의회 청문회에 나가 그가 주식시장에서 어떻게 막대한 이익을 거둘 수 있었는지 증언했다. 그의 증언은 아주 간단한 것이었다. 이미 알려진 시장 변동 요인을 분석했으며, 그것이 시장에 미칠 영향을 확실하게 전망했다는 게 그의 설명이었다. 바루크는 또한 그를 알고 있는 사람이라면 누구라도 믿어 의심치 않을 증언도 덧붙였다. 소위 말하는 "내부자 정보"를 가진 적은 전혀 없었고, 정부 부처의 어느 관리도 자신에게 정보를 제공하지 않았다고 말이다. 사실 월 스트리트에서는 그런 비밀 정보를 별로 중시하지 않는다. 개별 종목이라면 혹시 비밀 정보로 부당한 이득을 취할 수 있을지 모르겠다. 하지만 비밀 정보를 제공하는 사람의 주장처럼 그런 정보가 상당히 중요한 것이라 하더라도 그것을 무시한 데 따르는 손실은 극히 미미하다.

긍정적인 패배자

그렇다면 제임스 R. 키니와 제이 굴드, 애디슨 카맥 같이 과거 주식시장에서 투기자로 이름을 날렸던 인물들이 한 일은 어떤 것인가? 이들과 똑같은 두뇌와 지식을 가진 사람들도 성공하는 데 꼭 필요한 연구 결과를 정당하게 기꺼이 돈을 지불하고 손에 넣는다면 이들처럼 성공할 수 있을까? 또 제시 리버모어와 버나드 M. 바루크가 사람들로부터 비난을 받아가면서까지 주식시장에서 한 일은 무엇인가? 이들은 주식을 파는 사람에게 돈을 지불했다. 이들은 결코 몰래 얻어낸 정보로 주식을 사들인 것이 아니다. 상품 중개인들의 경우 자신이 팔려고 하는 이유만큼이나 자신으로부터 상품을 사려는 상대방의 매수 이유도 충분할 것이라고 생각한다. 양모를 거래하는 도매상이나 U.S. 스틸 보통주를 거래하는 투자은행이라면 양모와 철강산업의 국제경쟁이 치열해질 것이라는 전망을 가질 수 있다. 이런 판단이 들게 되면 양모회사에 투자한 돈을 회수하거나 U.S. 스틸 보통주를 매각할 것이다. 이들은 자신이 갖고 있는 정보가 다른 투기자들보다 더 낫다고 생각할 것이다. 이들은 스스로 내린 결정에 따라 상대방과 똑같은 리스크를 부담한다. 판단이 잘못될 수도 있지만 그렇다고 슬퍼하거나 한탄하지 않는다. 나는 이런 투자자들을 많이 알고 있다. 이들이 손실을 봤다고 해서 눈물을 흘리거나 이익을 올렸다고 해서 대단히 거들먹거렸다는 이야기는 들어본 적이 없다.

그리고 부정적인 패배자

그러나 월 스트리트에 대해 아주 좁은 시각을 갖고 있는 도박꾼은 주식시장에서 꽤 단련된 사람들, 즉 트레이더와 프로 투기자들뿐만 아니라 사업상 끊임없이 경제전반에 대해 공부하는 사람들에게 싸움을 걸어온다. 이런 도박꾼들이 바로 부정적인 패배자지만 이들의 목소리는 매우 크다. 이들이나 혹은 이들의 말을 믿는 사람들이 원하던 대로 월 스트리트에서 모험을 해본 뒤 이곳을 도박장 같은 곳이라고 폄하했던 자신의 시각이 잘못됐다는 사실을 빨리 깨달을 수 있다면 차라리 다행일 것이다. 하지만 이들은 주식시장이 자신이나 자신과 같은 사람들에 의해 움직인다고 생각한다. 이 나라가 존재하는 한 내가 확실하게 말할 수 있는 사실은 절대 그렇지 않다는 것이다.

제이 굴드의 파트너 제의를 거절한 주식중개인

찰스 H. 다우는 제이 굴드를 잘 알고 있었고, 그 시절 다른 신문기자들이 그랬던 것처럼 그의 자신감을 높이 평가했다. 제이 굴드는 독립적으로 활동하면서도 결코 부정한 방법을 쓰지 않았기 때문이다. 다우는 그의 칼럼에서 이렇게 쓴 적이 있다. 굴드의 기본적인 투자 원칙은 가치에 있다고 말이다. 굴드는 주식투자를 할 때면 일반 투자자들의 반응을 충분히 볼 수 있을 때까지 주식을 매수하면서 시장을 검증해본다. 자신이 그만한 가치가 있다고 생각한 주식의 가치를 일반 투자자들도 인식하고 있는지 여부를 확인하는 것이다. 만약 자신이 예상했던 것과는 다른 반응이 나온다면 그는 주저없이 1~2달러의 손실을 감수하고 빠져 나와 당초에 가졌던 시각을 다시 생각해본다. 몇 해 전 어떤 한심한 친구가 제이 굴드로부터 파트너 제의를 받은 적이 있다는 얘기가 나돌았다. 지금은 나도 그 친구의 얼굴을 잊었지만 어쨌든 그는 한때 뉴욕증권거래소의 촉망받는 젊은 회원으로 주식을 중개했다. 그는 자신에게 들어온 주문들을 아주 훌륭하게 처리했다. 사실 증권거래소의 플로어에서 주문을 처리하는 일은 매우 어렵고, 또 정확성을 요구한다. 마치 메이저리그에서 뛰는 야구 선수들처럼 순간적인 판단력과 빠른 행동이 모두 필요하다.

이 주식중개인에게 제이 굴드가 대규모 주식 거래를 맡겼다. 물론 굴드는 한 명의 주식중개인에게 모든 거래를 맡기지 않는다. 굴드는 자신이 맡긴 주식 거래를 그 젊은 친구가 처리하는 것을 보고 기분이 좋아졌다. 그는 이 친구에게 사람을 보내 자신의 파트너가 되어줄 것을 제의했다. 그런데 놀랍게도 굴드의 제안은 거절당했다. 주식중개인은 이렇게 답했다: "굴드 씨, 저는 당신이 맡겨준 주문을 수없이 처리했습니다. 그런데 당신의 주문은 이익이 난 것보다 손실이 난 게 더 많은 것 같더군요. 나는 그런 사람과 사업을 함께 하고 싶지 않습니다." 이 주식중개인은 너무 편협한 시각에 사로잡혀 굴드가 벌이고 있는 수많은 사업 가운데 단 한 가지만을 보았을 뿐이다. 기회가 자신의 문을 두드리며 안으로 들어오려 했지만 이 젊은 친구는 오로지 자신이 잘 아는 한 가지 일만 보았던 것이다. 나중에야 확실히 드러나지만 이 친구가 가진 관리자로서의 판단력은 형편없었다. 결국 그는 뉴욕증권거래소에서 퇴출돼 장외시장으로 갔다가 그곳에서도 밀려 지금은 사람들의 기억 속에서 사라져버렸다. 정말 많은 사람들에게 기회가 찾아오지만 실제로 그것을 붙잡는 사람은 거의 없는 것 같다.

현명한 트레이더

어느 분야에서든 보기 드문 재능을 가진 인물은 대단한 보상을 얻는다. 그런 재능 자체가 워낙 드물기 때문이다. 주식시장을 도박판이라고 생각하는 아마추어 투자자는 시작 단계부터 잘못을 저지른다. 손실을 보면 그대로 있고, 작은 이익이 생기면 재빨리 챙긴다. 다 팔고 난 뒤 시장이 당초 자신이 예상했던 대로 움직이면 후회만 할 뿐이다.

이런 아마추어 투자자들이 시기하고 부정한 수법으로 시장을 휘젓는다고 비난해대는 진짜 투기자들은 정확히 이와 반대로 행동한다. 하지만 노련한 투기자들은 아무리 강한 믿음을 갖고 투자했더라도 시장이 자신의 믿음에 동의하지 않거나 자신이 내린 결론을 정당화해주지 않는다면 재빨리 빠져 나온다. 제이 굴드가 종종 그랬던 것처럼 이들 역시 시장보다 너무 앞서나갈 때가 있다. 내가 월 스트리트에서 만나 본 가장 현명했던 사람 가운데 한 명은 전직 교사이자 훌륭한 고전 학자였다. 얼마 전 세상을 떠난 이 사람의 취미는 희귀 동전을 수집하는 것이었고, 본업은 주식투자였다. 그는 굳이 뉴욕증권거래소 회원과 파트너 계약을 맺어 거래수수료를 절약하려고 하지 않았다. 그는 단지 투기자였고, 증권회사 객장에 앉아 주가를 적어놓은 고객용 칠판이나 주가 티커를 지켜봤다. 하지만 그는 스스로 공부했고, 늘 신중한 판단력을 유지했으며, 무엇보다 자신이 저지른 실수를 신속하게 바로잡았다. 그래서 그는 한 해에 3만 달러 이상은 절대로 손해보지 않았다; 그는 천수를 다한 뒤 세상을 떠나면서 상당한 재산을 남겨놓았고, 그가 모은 희귀 동전의 가치 역시 엄청나게 불어나 있었다.

그는 주식의 가치를 분석해본 뒤 매수했고, 늘 시장의 흐름을 연구했다. 그가 주식을 매수할 때는 당연히 확신이 있었겠지만 그래도 자신의 원칙을 고수했다. 시장이 자신의 예상대로 움직이지 않을 경우 주당 2달러 정도의 손실을 입고 1000주를 팔아버리는 일은 전혀 주저 없이 실행에 옮겼다. 이렇게 실망스러운 결과를 내면 그는 일단 시장에서 벗어나 다시 객관적인 시각을 갖게 될 때까지는 올바른 판단을 내릴 수 없다고 털어놓았다. 그가 주식 투자를 시작할 당시 가졌던 투자 원금은 로스쿨이나 의학전문대학원에 들어갈 정도의 금액이었고, 이 돈으로 다른 사업도 시작할 수 있었다. 그는 그러나 자신의 사업을 하기로 굳게 마음먹었다. 그렇다고 결코 이기적인 목적에 사로잡혔던 것은 아니었다. 그는 늘 대세상승 흐름의 초기 단계에 주식을 매수해 보유했고, 강세장의 마지막 단계에는 주식을 팔고 유럽으로 여행을 떠나 희귀 동전을 수집했다. 이런 인물이 딱 한 사람만 있는 게 아니다. 그와 비슷한 인물들을 나는 얼마든지 댈 수 있다. 하지만 나는 아무에게나 주식투기를 하라고 권하지는 않는다. 이 사람과 똑같은 판단력을 갖고 있는 열정이 넘치는 인물이라 해도 마찬가지다. 자신이 좋아하는 사업을 하고 있고, 그 사업에서 나오는 수입으로 편안히 살아갈 수 있다면 굳이 왜 주식시장에서 투기를 하는가? 나는 하지 않을 것이다.

보일러의 다이얼

지금까지 설명하면서 적절한 의문 몇 가지와 다소 주제와는 상관없어 보이는 의문 여러 가지를 다뤄봤다. 그 중 하나는 약간 동떨어진 것 같지만 아주 적절한 것으로 직업적인 투기자의 경제적 필요성이 무엇인가 하는 점이다. 여기서는 굳이 경제적인 문제를 학문적으로 접근하지 않을 것이며, 모호한 윤리적인 문제들도 별로 고려하지 않을 것이다. 나는 주식시장 바로미터를 있는 그대로 설명했고, 또 그것이 보여주는 유용하면서도 아주 대단한 예측 능력에 대해 기술했다. 그런 점에서 주식시장 바로미터의 복잡하지 않은 메커니즘을 설명하는 게 필요할 것이다. 주식시장 바로미터는 20센티미터 남짓 되는 가정용 수은주만큼 간단하지도 않지만 그렇다고 해서 기상 관측용으로 쓰이는 고도의 완벽한 온도측정 장치만큼 복잡하지도 않다.

생산만큼 중요한 것이 배분이다. 자본의 배분이야말로 월 스트리트의 가장 큰 기능이다. 직업적인 투기자들은 당신의 집 지하에 있는 보일러실의 압력계가 하는 일보다는 더 중요한 역할을 한다. 월 스트리트는 이 나라에서 가장 강력한 금융 발전소이며, 보일러가 견딜 수 없을 정도로 압력이 높아지면 반드시 그것을 알아야만 한다. 억지로 비유하는 것은 곤란하겠지만 적어도 안전밸브가 필요하다는 사실은 누구나 이해할 것이다. 주식시장은 그 이상이다; 프로 투기자들은 비록 품위 없고 돈만 밝히는 인물이라 해도 주식시장이라는 메커니즘에서 아주 유용하고 매우 필요한 부분이다. 개인적으로 부를 쌓는 것이 사악한 일이라는 볼셰비즘을 받아들이지 않는다면 그 과정에서 부를 얻을 수 있느냐의 문제는 중요하지 않을 것이다. 최근에는 많은 사람들이 받아들이는 볼셰비즘의 아류가 있는데, 국가적으로는 이것이 훨씬 더 위험하다. 이런 생각을 하는 사람들은 부와 이에 수반되는 영향력을 경쟁의 대상으로서가 아니라 시기의 대상으로 여긴다; 법으로 모든 사람들을 부자로 만들 수는 없지만 법으로 모든 사람들을 가난하게 만들 수는 있다. 가장 간단한 방법은 증권거래소를 없애버리는 것이다. 그러나 주식시장이 존재하는 한 우리가 할 일은 그것을 이해하는 것이다. 그렇게 함으로써 우리는 주식시장 바로미터를 더 개선하고 그것의 유용성을 늘려나갈 수 있을 것이다.

Chapter_8
시장의 메커니즘

시세 조종 행위는 그것이 실제로 어떤 목적을 가졌든 주식시장의 기본적인 흐름인 대세상승이나 대세하락에 아무런 영향도 미치지 못하며, 또 영향을 줄 수도 없다는 점은 이미 설명했다. 대세상승장이나 대세하락장에서 시장을 움직이는 힘은 시세 조종 세력보다 훨씬 더 강력하다. 그러나 다우 이론에서 제시하는 다른 주가 흐름, 즉 강세장에서 나타나는 2차적인 조정이나 약세장에서 나타나는 2차적인 반등의 경우, 혹은 매일매일 벌어지는 주가 등락에서는 시세 조종의 여지가 있다. 하지만 이 역시 많은 사람들이 관심을 갖고 있는 개별 종목이나 특정 업종에 국한된다. 가령 멕시칸 페트롤리움(Mexican Petroleum)에 대한 시장의 관심이 고조되고 있는 상황에서 석유개발 업종 주식을 대상으로 대규모 매도 공세가 나온다거나 매집이 이루어진다면 일시적으로나마 주가에 큰 영향을 줄 수 있을 것이다. 이런 일이 벌어지면 마음 약한 개인투자자들은 겁을 집어먹고 보유 물량을 내놓을 수 있고, 공매도를 했던 투자자라면 공매도 물량을 청산할지도 모른다. 전문적인 시세 조종 세력들의 이 같은 공세가 출현하면 그것이 곧 2차적인 주가 흐름의 증거가 되기도 하는데, 충분히 그럴만한 이유가 있다.

트레이더와 갬블러

강세장이든 약세장이든 주식시장의 모든 기본적인 흐름은 과도하게 상승하거나 하락하는 경향이 있다. 트레이더들의 표현을 빌리자면 강세 시각을 가진 기관투자가들이 너무 많거나, 이와는 반대로 개인투자자들은 전부 신용으로 주식을 샀는데 공매도 물량이 넘쳐 나는 형국이 벌어지는 것이다. 심지어는 매도할 주식을 빌려주면서 프리미엄을 받기도 하는데, 런던증권거래소에서 "백워데이션(backwardation, 지금은 선물 가격이 현물 가격보다 낮은 상태를 말한다–옮긴이)"이라고 부르는 상황이 벌어지는 것이다. 이야말로 프로페셔널에게는 천금 같은 기회다. 프로 투기자들은 이처럼 과매도 상태의 시장에서 주식을 매수한다. 또 시험적인 매도를 통해 시장의 분위기를 파악하기도 하는데, 이들은 자신의 주식 매수가 현명한 수준을 넘어서 아주 탁월했다는 사실을 확인하고자 한다. 소액의 자본을 운용하는 투기자들, 특히 얼마 되지도 않는 자금으로 도박을 하듯 투기하는 사람들은 프로 투기자들의 손아귀 안에서 온갖 고생을 다한다. 이들 소액 투기자들은 시장에 떠돌아다니는 "솔깃한 정보"나 "육감"에 따라 투자한다. 자신이 무엇을 거래하는지 진지하게 공부하려는 자세가 전혀 없다. 이들이 가진 정보란 전부 남에게서 들은 것들인 데다, 좋은 정보와 그렇지 않은 정보를 구별해내는 능력조차 결여돼 있다. 무엇보다 이들은 주식시장과 아무런 관계도 없는 일을 하고 있고, 당연히 시장은 이들이 없어도 굴러가는 데 전혀 지장이 없다. 증권거래소가 이런 사람들 덕분에 유지된다고 생각한다면 그것은 큰 오산이다. 전 세계 어느 증권거래소든 자신들의 고객은 늘 더 나은 정보를 얻게 될 것이라고 이야기한다. 전문적인 지식이 요구되는 경쟁에 무지한 사람이 나서 시합에 대해 정확히 이해하고 있는 상대방과 싸운다면, 이 무지한 사람은 당연히 자신의 패배가 다름아닌 자신의 잘못 때문임을 알게 될 것이다. 그런데도 실제로는 월 스트리트를 탓한다. 대부분의 브로커들은 이런 사람들이 큰 손실을 보지 않도록 하기 위해 상당히 많은 시간을 할애한다. 하지만 그렇게 한다고 해서 누가 고마워하지도 않는다. 무지한 사람과 그의 수중에 있는 돈은 곧 헤어질 수밖에 없다.

개를 잡기 전에 미쳤다고 말하다

하지만 분명한 사실은 이런 사람들은 결코 투기의 주류에 속하지 않는다는 것이다. 마치 매일매일의 주가 등락이 주식시장의 기본적인 흐름에 큰 영향을 미치지 못하는 것과 똑같다. 물론 시장 참여자마다 갖고 있는 지식의 수준은 천차만별일 것이다. 그러나 주식에 투기를 했다고 해서(가령 주가가 오르는 데 걸었다고 하자) 마치 도박장처럼 누군가 돈을 벌게 되면 반대편의 누군가는 똑같은 금액의 손실을 본다고 생각한다면 그것은 아주 잘못된 것이다. 강세장에서는 아무도 손실을 보지 않을 수 있다. 2차적인 조정 국면에서 마음이 흔들려 갖고 있던 주식을 내놓아버리는 투자자는 이익의 상당 부분을 잃게 된다; 2차적인 조정 국면이 최고조에 달하게 되면 기업의 진정한 가치보다는 단지 오를 가능성만 보고 매수했던 많은 사람들이 자기보다 더 욕심 많은 사람에게 주식을 팔아 넘길 수 있다는 생각을 가졌다가 낭패를 보게 되는 것이다.

무조건 월 스트리트를 향해 비난의 화살을 퍼붓는 것은 마치 개를 잡기 전에 그 개가 미쳤다고 하는 것이나 마찬가지다. 은행원이 파산하게 되면 대개 이런 식으로 하소연한다. 사실 이런 은행원이 거래한 기록을 보면 모든 게 드러난다; 그러나 이 은행원이 투기적 거래를 한 정확한 기록을 법원에서 요구하는 경우는 거의 없다. 더구나 이런 친구는 여자 문제나 경마장에 갔던 사실, 그밖에 자신의 고객들로부터 받은 돈을 어디에서 탕진했는지에 대해서는 일언반구도 하지 않는다. 단지 "월 스트리트에서 강탈해갔다"고 말할 뿐이다. 그러면 동정심 많은 사람들은 실제로는 월 스트리트의 가장 단순한 기능조차 이해하지 못하면서도 사악한 증권가의 충동질은 너무나 무섭다며 이 은행원을 두둔한다.

성공적이지 못한 소액 투기자들은 주식시장에서 돈을 벌지 못하는 자신의 무능력함을 한탄하면서도 그 진짜 이유를 이해하지 못한다. 이들은 자기 자신들보다도 주식시장에 대해 더 무지한 사람들마저 현

혹시키기에 충분한 기술적인 표현을 구사한다. "스페셜리스트"와 "플로어 트레이더"를 비난하는 것이다. 이들은 스페셜리스트와 플로어 트레이더를 마치 노름판의 물주처럼 여기면서, 도박장에서는 딜러가 딸 확률이 더 높은 게 당연하다고 말한다. 그러면 우선 플로어 트레이더를 생각해보자. 거래가 활발하게 이루어질 때 오로지 추측만으로 거래하면서 순식간에 이익을 챙기려 드는 초보자보다는 플로어 트레이더들이 유리한 게 사실이다. 노련한 주식중개인들은 투자자들에게 절대 이런 식으로 거래하지 말라고 충고한다. 내가 자주 만나는 월 스트리트의 친한 주식중개인들은 자기 돈으로 투자하기 보다는 신용을 얻는 것을 더 좋아하거나, 늘 성가시게 쫓아다니는 고객들은 아예 상대하려고 하지 않는다.

플로어 트레이더와 호가 차이

이 책의 목적은 월 스트리트와 증권거래소에서 어떤 일이 벌어지는지 교과서처럼 자세히 설명하려는 게 아니다. 이런 목적이라면 다른 훌륭한 책들이 많이 있다. 여기서 필요한 것은 주식시장 바로미터가 어떻게 작동하는지 명확히 설명하고, 옳건 그르건 주식시장 바로미터에 영향을 미칠 수 있는 것들을 정확히 파악하는 것이다. 그런 점에서 이렇게 말하면 될 것이다. "플로어 트레이더"는 증권거래소의 회원이라야 하며, 대개는 증권회사의 파트너를 겸하고 있다. 이들은 자신의 책임 아래 독립적으로 거래한다. 이들은 아무에게도 수수료를 물지 않고, 다른 투자자들에 비해 매수호가와 매도호가의 차이만큼 유리하다. 거래량이 많은 종목일수록 이 같은 호가 차이가 적어지는데, 통상 0.25%미만이다. U.S. 스틸 보통주의 예를 들어보자. 현재 매수호가가 90.25달러, 매도호가가 90.50달러라면 증권회사를 통해 당장 이 주식을 팔고자 하는 투자자는 90.25달러를 받을 것이고, 사고자 하는 투자자는 90.50달러를 내야 할 것이다. 플로어 트레이더는 이런 상황에서 약간의 호가 차이를 남길 수 있는데, 그렇다고 해서 증권회사를 통해 거래하는 투자자의 이익을 해치는 것은 아니다. 플로어 트레이더는 매수 주문과 매도 주문을 낸 사람 간의 조정을 통해 90.375달러에 거래를 체결시키거나, 때로는 매도호가에 주식을 팔기도 한다. 이들이 어떻게 하느냐는 그날그날의 주가 등락에 영향을 미친다. 그런 점에서 보자면 플로어 트레이더는 다른 투자자들은 가질 수 없는 호가 차이로 인한 이익을 얻는다고 말할 수 있다. 하지만 플로어 트레이더들은 통상 하루 장이 끝날 때면 자신의 거래에 따른 이익과 손실이 거의 비슷하고, 큰 손실 없이 집에 갈 수 있으면 괜찮다고 여긴다.

"사설 거래소"

아주 작은 금액이기는 하지만 어쨌든 플로어 트레이더들이 유리한 것은 사실이다. 증권회사를 통해 거래하는 투자자들 입장에서는 플로어 트레이더처럼 약간의 호가 차이를 얻으려고 한다면 오히려 그보다 더 큰 거래수수료를 증권회사에 지불해야 할 것이다; 그런 점에서 도박을 하듯 주식을 거래한다면 겨우 손실을 보지 않으면 다행이라고 할 수 있다. "사설 거래소(bucket shop)"는 고객들에게 이렇게 하도록 부추긴다. 사설 거래소 주인은 수많은 고객들을 상대해봤기 때문에 이들이 도박을 하듯 주식을 거래하도록 최대한 유인하는 것이다. 물론 사설 거래소에서 매매 주문을 낸다 해도 실제로 증권거래소에서 주식이 거래되는 것은 아니다; 사설 거래소 주인은 터무니없이 높은 딜러의 확률로 이익을 챙기는 셈이다. 그러나 여기서 설명하려는 것은 정식 증권거래소에서 이루어지는 주식시장 바로미터다. 사설 거래소는 정식 증권거래소가 아니고, 경찰은 이들을 찾아내면 언제든 거래를 중단시킬 수 있다.

오래된 고객

증권회사를 통해 거래하는 투자자 입장에서 생각할 때 주식을 매수하면서 내는 수수료와 호가 차이는 해당 주식을 실제 가치보다 훨씬 싸게 사기만 한다면, 또 당초 자기가 지불하려고 했던 매수 가격보다 다소 높은 가격이라 하더라도 충분히 매력적이라는 검증된 믿음이 있다면 그렇게 부담스러운 것은 아니다. 증권거래소에서 유치하고자 애쓰는 고객들은 바로 이런 투자자다. 뉴욕증권거래소는 1870년에 문을 연 이후 최근 이름은 바꿨지만 계속 영업을 하고 있다. 아마도 지금까지 50년 이상 증권거래소를 이용한 고객이 틀림없이 있을 것이며, 20년 이상 거래한 고객은 부지기수일 것이다. 증권거래소와 관계없는 일반 고객이라고 해서 월 스트리트에서 늘 돈을 잃는 것은 아니다. 또 증권거래소는 고객의 손실이 없더라도 사업을 계속할 수 있다.

신문사나 잡지사가 새로운 구독자를 구하려고 애쓰듯이 증권회사 역시 늘 새로운 고객을 찾기 위해 노력한다. 하지만 노련한 증권회사 영업자는 이렇게 말한다. 광고를 통해 새로운 고객을 불러들일 수는 있지만, 이 고객을 계속 붙잡기 위해서는 사심 없는 서비스를 제공해야 한다고 말이다. 나는 월 스트리트에서 정말로 성공한 사람들이 놀라울 정도로 말수가 적다는 사실을 몇 차례나 직접 목격했다. 이들은 입을 굳게 다물고 수다스럽게 떠들어대서는 안된다는 것을 경험을 통해 배웠다. 반면 성공적이지 못한 사람들은 대부분 자신의 결점을 감추지 못하는 것 같다. 나는 이들이 성격적으로 말수가 많다는 사실을 자주 발견하게 된다. 이들은 습관적으로 말을 너무 많이 하고, 생각은 너무 적게 한다.

변명은 필요하지도 않고 요구되지도 않는다

주식시장을 위한 변명은 필요 없다. 결과적으로 미국의 독립을 도와준 우리의 오랜 친구 조지 3세는 결코 위트가 있는 인물은 아니었다. 그러나 왓슨 주교의 유명한 저서인 《성경을 위한 변명Apology for the Bible》의 헌정을 부탁 받자 조지 3세는 성경이 변명할 필요가 있느냐고 물었다. 그런 점에서 우리도 주식시장의 메커니즘 가운데 일부를 설명하고, 이를 통해 이 나라 경제의 바로미터가 어떤 것이며, 얼마나 유용한 것인지 충분히 이해한다면 그것으로 만족할 수 있을 것이다.

특정 종목을 거래하는 "스페셜리스트"는 런던증권거래소의 "딜러", 즉 주식중개인과 마찬가지로 증권거래소의 플로어에서 거래가 활발히 이루어지는 한두 개 종목만 거래하고, 다른 증권회사에서 들어오는 주문을 처리한다. 그런데 이들은 오해받는 경우가 많고, 심한 비난을 듣기도 한다. 이들이 신뢰를 저버리는 일이 자주, 혹은 이따금이라도 있다고 생각한다면 큰 오산이다. 이들 스페셜리스트는 증권회사로부터 여러 건의 "손절매(stop-loss)" 예약 주문을 받아놓고 있다. 증권회사에서는 예기치 않게 주가가 급락할 경우 고객들의 손실 규모를 제한하기 위해 시장가격보다 일정한 금액 밑으로 미리 손절매 주문을 해두는 것이다. 스페셜리스트는 이 손절매 예약 주문을 처리하기 위해 일부러 주가를 떨어뜨린다는 의심을 받는 것이다. 여기에 답을 하자면 그런 식으로 거래하겠다는 마음만 먹어도 그 즉시 스페셜리스트는 그동안 쌓아온 신용은 물론 평생 동안 설자리를 잃게 된다. 내가 기억하기로는 이렇게 해서 증권거래소의 회원 자격을 박탈당한 경우가 딱 한 번 있었다.

플로어에서의 주식 거래는 순전히 말로 이루어진다. 어떤 형태의 계약서도 없고 증인도 없다. 거래 상대방의 인격을 전적으로 신뢰한다. 이런 거래로 인해 문제가 생겼다는 말을 나는 단 한 번도 들어보지 못했다. 물론 때로는 오해가 있을 수도 있지만 이런 오해는 통상적인 방식에 의해 해결된다. 스페셜리스트는 그에게 주문을 하는 증권회사의 신뢰를 얻지 못하면 일을 계속할 수 없다. 스페셜리스트가 생활비를 벌고, 또 현직에 머무를 수 있느냐의 여부는 여기에 달려있다.

직업적인 트레이더의 제한된 영향력

그렇다면 약세론자의 시각을 갖고 있는 트레이더가 평균주가에 미치는 영향력은 어느 정도일까? 주식시장의 큰 흐름에서 보자면 이것은 무시해도 좋을 정도다. 2차적인 주가 흐름에서는 작은 영향을 미칠 수 있을 것이다. 그리고 특정 종목의 매일매일 주가 등락에서는 상당히 큰 영향을 미칠 것이다. 이들의 역할은 우리가 설명하는 주식시장 바로미터에는 그리 심각할 정도의 영향을 미치지 못한다. 두 가지 평균주가를 산정하는 각각 20개의 철도주와 산업주의 특성을 떠올려보라. 이들 각각의 종목은 뉴욕증권거래소가 요구하는 엄격한 상장 요건을 충족시켰다. 또 각각의 기업은 정기적으로 영업활동과 관련된 수치를 상세하게 공개한다. 평균주가를 산정하는 40개 종목의 시장가치에 관한 한 "내부자 정보"란 있을 수 없다.

  물론 어느 한 기업이 전혀 예기치 않게 배당금을 증액한다거나 배당금을 지급하지 못하는 일이 벌어질 수 있다. 비록 이런 일이 갑작스럽게 발생한다 해도 이것이 특정 종목에 미치는 영향은 사실 나머지 19개 종목 전체를 생각하면 무시해도 좋을 수준이다. 사실 나는 적절한 예를 떠올릴 수 없다; 그래도 일단 어느 종목이 갑작스러운 배당금 발표로 인해 10달러나 떨어졌다고 하자. 하지만 이로 인한 파급은 그날 평균주가를 단 0.5포인트 움직일 뿐이고, 이 배당금 발표가 앞으로의 경기 상황을 반영하는 것이 아니라면 이렇게 떨어진 평균주가는 즉시 회복되는 게 보통이다. 이런 주가 변화가 나타난다 해도 우리는 그것이 이미 주식시장에 반영됐다고 생각해도 된다. 시장은 어느 회사의 이사회보다도 훨씬 더 많은 것을 알고 있기 때문이다.

공매도는 필요하고 유용한 제도다

공매도가 도덕적으로 옳은가의 문제는 여기서 논의할 성질이 되지 않는다. 사실 하락에 베팅하는 투자자는 다른 사람이 손실을 보지 않으면 이익을 얻을 수 없다. 반면 상승에 베팅하는 투자자는 최악의 경우라 하더라도 자신이 아니었다면 다른 사람이 가져갔을 이익을 챙긴다. 그러나 자유시장이라면 어느 곳이든 공매도를 하려는 트레이더가 미치는 해악보다는 이들이 가져다 주는 긍정적인 역할이 더 크다. 사실 공매도가 허용되지 않는다면 그 결과는 시장에 더욱 치명적일 것이다. 상승 국면의 어느 단계에서 한번 급락하게 되면 이를 지지해줄 아무것도 없어 패닉에 빠져들 것이기 때문이다. 볼테르는 만약 신이 없다면 우리가 신을 만들 필요가 있다고 말했다. 공매도 제도가 처음 고안된 것은 무척 오래 전으로, 런던증권거래소가 처음 문을 연 직후부터 공매도 제도는 있었다.

공매도 제도에는 특허라도 주어야 할 것 같다; 더구나 런던 주식시장에서 벌어진 주가 폭락 사태를 살펴보면 투기가 심했던 주식들이 아니라 은행주에서 자주 벌어졌다는 점이 이채롭다. 영국의 증권거래법은 은행주에 대해서는 공매도를 금지하고 있기 때문이다. 1890년 베어링 은행 위기가 극에 달했을 때 은행주 주가가 급락하자 이를 막아줄 아무런 수단도 없었다. 폭락하는 주식시장에는 미청산 공매도 물량만큼 훌륭한 지지 수단도 없다. 베어링 은행 위기 때처럼 이런 장치가 없자 은행들이 서둘러 주가 폭락을 막기 위한 조직을 만들 수밖에 없었다. 런던증권거래소가 1922년에 정부의 추가적인 규제와 간섭 없이 조직을 새롭게 만든 것처럼 이제 영국 의회도 은행주의 주가 폭락을 막을 수 있도록 증권거래법을 고쳐 일반 투자자들을 보호해야 할 것이다.

상장 요건이라는 안전장치

찰스 H. 다우가 20년 전 주식시장의 흐름에 관한 그의 이론이자 투기에 관한 일반론을 썼을 당시, 평균주가 산정에 포함된 일부 산업주는 정식 증권거래소에서 자유롭게 거래되기는 했지만 "비상장부(unlisted department)"라는 데 속해 있었다. 〈월 스트리트 저널〉이라는 신문이 오늘날 다우존스 산업 평균주가로 알려진 주가지수를 산정하면서 그렇게 아무 종목이나 포함시킬 정도로 무지했다고는 상상조차 할 수 없을 것이다. 하지만 그 무렵은 증권거래소 자체가 정말로 허술했던 시절이었다. 뉴욕증권거래소는 비상장부의 폐지야말로 스스로의 신뢰를 높인 최고의 내부 개혁 조치였다고 평가하고 있다. 비상장부 주식 거래를 통해 큰 이익을 챙겨온 뉴욕증권거래소의 일부 보수적인 회원들은 이 조치에 강력히 반발했다. 심지어 지금은 고인이 된 뉴욕증권거래소의 전 이사장은 고객의 면전에서 큰소리로 나를 비난하기도 했는데, 비상장부의 폐지가 반드시 필요한 조치라고 내가 주장했다는 이유에서였다. 그는 자신이 일하고 있는 월 스트리트의 중요한 사업을 나 같은 선동가들이 날려버리고 있다고 목소리를 높였다. 그는 이렇게 이야기하면서 자신의 사무실에 있는 신문과 금융뉴스 통신 인쇄물들을 던져버렸는데, 다름아닌 내가 몸담고 있는 회사에서 발행하고 있는 것들이었다.

 하지만 그에게 다시 일할 수 있는 기회를 준 것은 바로 그의 고객들이었다. 아메리칸 슈거, 어맬거메이티드 코퍼를 비롯한 과거의 비상장부 주식들은 지금 뉴욕증권거래소의 플로어에서 거래되고 있다. 이들 기업의 경영진은 이제 훌륭한 평판을 가진 기업들이라면 전부 정확히 공개하는 정보를 내놓지 않을 경우 심각한 불신의 늪에 빠진다는 사실을 잘 알고 있다. 증권거래소의 회원들인 증권회사 입장에서는 외부에서 요구하는 개혁에 대해 곱지않은 시선을 갖는 게 어쩌면 당연하다. 그러나 나는 그 후 증권회사에서 비상장부의 부활이 필요하다고 이야기하는 것을 들어본 적이 없다.

Chapter_9
자본의 과대계상 문제에 대해

이 문제를 쉽게 설명하려는 여러 시도가 있어왔다. 단순화를 위해 비본질적인 부분은 과감히 제외시키기도 했다. 비판적인 의견과 주관적인 견해가 잇달아 제기됐고, 유익하면서도 설득력 있는 설명도 있었다. 그러나 오랜 세월 이어져온 "과대계상된 자본(watered capital)"에 대한 선입견과 편견은 여전히 살아있다. 이 문제에 대한 지식이 거의 없는, 아마도 이 책의 내용을 읽어볼 기회가 없었을 한 비판론자는 이렇게 말한다: "뉴욕증권거래소에서 거래되는 주식을 믿을 수 없는데 어떻게 당신이 말하는 주식시장 바로미터를 믿으라는 거요? 과대계상된 자본에 대해서는 한마디도 하지 않았잖소? 부풀려진 자본 말이오."

과대계상된 비용

사실 요즘 미국인들에게 과대계상이라는 문제는 예전처럼 관심 있는 주제가 아니다. 또한 월 스트리트에서는 경제적인 관점에서 과대계상된 자본보다는 과대계상된 비용에 훨씬 더 민감하다. 과대계상된 비용이란, 가령 100만 달러를 들여 공장이나 아파트를 지었는데 실제 가치는 50만 달러밖에 되지 않는 것이다. 이처럼 과대계상된 비용을 없애는 방법은 딱 한 가지가 있다. 다름아닌 파산시키는 것이다. (제1차) 세계대전이 발발하기 한참 전 고임금과 태업(怠業)이 기승을 부리던 시기에 아파트를 지은 뉴욕의 많은 건설업체들 가운데 불경기를 견뎌낸 곳은 거의 없다. 아파트 건설비용이 워낙 부풀려졌기 때문에 임대료가 오르기 한참 전에 건설업체들이 도산해버린 것이다. 주식시장은 부풀려진 주가를 아주 빨리 간단하게 해결한다. 주식시장의 존재 목적 자체가 과대계상된 주가를 없애는 것이기도 하다. 이 과정에 파산 따위의 절차는 필요 없다.

사실 "과대계상"이라는 말 자체가 모호하기 짝이 없다. 어쩌면 새로 시작하는 기업이 자본금을 모집하는 행위 역시 "과대계상"이라고 말할 수 있다. 제아무리 창조적인 기업이라 해도 그 잠재적인 가치가 얼마나 되는지는 알 수 없기 때문이다. 그러나 합리적이고 지적이었던 인물인 J.P. 모건이라면 이런 자본금 모집을 기업의 성장을 미리 내다본 현명한 행위라고 이야기할지 모른다. 아주 분명한 사례를 들자면

U.S. 스틸의 설립이 대표적일 것이다. 과대계상에 대해 무엇이라고 얘기하든 주식시장은 끊임없이 가격을 조정해 가치와 일치하도록 만든다. 과대계상된 자본은 금방 사라져버리고 마는 것이다.

과대계상을 없애기

다시 설명해보겠다. 우리는 지금 주식시장 바로미터를 공부하고 있다. 주식시장 바로미터는 기본적인 주가흐름과 2차적인 조정이나 반등, 매일매일의 주가 등락으로 구성된 일련의 주가 움직임과 바로미터가 알려주는 사실을 기초로 하고 있다; 주식시장 바로미터를 이해하기 위해 우리는 각각 20개 종목으로 이뤄진 산업주와 철도주 그룹의 평균 주가를 구한다. 개별종목 각각의 주가 변동은 무엇보다 해당 기업의 가치에 따라 움직인다. 뉴욕증권거래소는 출범 당시부터 공개시장 그 자체였다. 하나의 공통된 근거에 대한 저마다 다른 추정치들간의 충돌을 조정하는 게 바로 공개시장이 하는 일이다. 공개시장의 조정은 가격으로 표현된다. 20년 전 제임스 R. 키니는 어멜거메이티드 코퍼의 주가조작을 시도해 130달러까지 끌어올렸다. 주식시장에 처음 상장될 당시 금융기관에서 이 주식을 100달러에 인수하고자 했다는 점을 감안하면 금융가에서는 이 주식의 가치를 100달러로 평가했다는 말이 된다. 주식시장의 조정은 하루아침에 이뤄지지 않는다. 하지만 지나고 난 뒤 돌아보면 순식간이다. 주식시장은 시세 조종으로 치솟았던 어멜거메이티드 코퍼의 주가를 사상 최고치로부터 무려 100달러나 떨어뜨렸다.

이게 바로 주식시장이 하는 일이다. 주식시장은 반드시 기업의 본질적인 가치와 전망을 반영한다. 대세하락 흐름의 마지막 국면에서는 주가가 내재가치 밑으로 떨어진다. 무조건 현금화하려는 욕구가 커지다 보니 보유주식을 정상적인 가치보다 낮은 가격으로 팔아버리기 때문이다; 당연히 기업의 생산시설과 영업권 같은 자산의 장부가치보다도 낮아진다. 뉴욕증권거래소에서 거래되는 우량기업의 주가도 장외시장에서 거래되는 어중이떠중이 기업의 주가에 큰 영향을 받는다. 장외시장에서 거래되는 주식들은 대개가 은행에서 담보로 잡아주지 않는다. 그러다 보니 은행에서는 주식을 담보로 대출해줄 때 경쟁력 있고 이름도 잘 알려진, 뉴욕증권거래소에서 거래되는 검증된 주식을 요구한다. 결국 우량기업 주식이 가장 먼저 은행에 담보로 잡히게 된다. 장외시장의 특징은 거래되는 종목이 끊임없이 바뀌고 투기성도 매우 높다는 점이지만, 여기서 거래할 때는 신용을 많이 쓰지 않는다는 안전판을 미리 설정해둬야 하는 이유이기도 하다.

투자수익과 소득세

이처럼 주가가 기업의 진정한 가치보다 현저하게 떨어졌을 때 대세상승 흐름은 시작된다. 경제 전반이 나아질 것이라는 기대가 강세장을 촉발하게 되는데, 실은 주식시장이 경제 호전을 미리 예측하고 반영한다. 장기간에 걸쳐 주가가 오르면서 강세장이 막바지에 다다르면 주가는 서서히 기업의 가치를 넘어서게 된다. 이를 잘 모르는 일반 투자자들은 대세상승이 시작됐을 때 주가가 얼마나 저평가됐었는지는 생각하지 않고 오로지 장밋빛 전망에 휩싸여 계속해서 매수한다. 월 스트리트의 노련한 트레이더들은 엘리베이터 보이와 구두닦이 소년이 주식시장의 상승세에 대해 물어올 때면 주식을 팔고 낚시여행이나 가야 한다고 말한다. 영국과 독일의 금융시장 현황을 취재하기 위해 출장을 떠났던 1919년 10월 초 무렵 주식시장은 긴 강세장이 최후의 불꽃을 태우고 있었다. 그런데 당시 강력한 어조로 주식시장의 강세를 내세운 주장이야말로 정말로 이상했다. 주식시장에서 큰 시세차익을 올린 사람들은 주식을 팔지 않을 것이며, 팔 수도 없다는 말이었다. 만약 주식을 팔아 투자수익을 실현한다면 그해 소득이 엄청나게 늘어나 세금폭탄을 맞게 될 것이고, 따라서 수익을 실현할 수 없다는 게 그 이유였다. 나는 유럽으로 가는 마우레타니아 호의 담배연기가 자욱한 한 살롱에서 이 같은 주장이 얼마나 잘못된 것인지 분석했다. 이 주장은 상상할 수 있는 가장 허술한 강세론으로, 전혀 앞뒤가 맞지 않는 말이었다. 누가 봐도 그 허점을 지적해낼 수 있었다. 폭풍우와 사나운 파도로 인해 마우레타니아 호의 구명선 다섯 척이 파괴됐고, 무선통신마저 끊겨 마지막 사흘간은 통신두절 상태로 지내야 했다. 마침내 프랑스의 셸브르에 도착하고 나서야 주식시장 스스로 엄청난 세금폭탄의 부담에서 해방시켜주었다는 사실을 알게 됐다. 비록 주식을 팔아 실현하지는 않았지만 앞서 큰 시세차익을 올린 사람들은 더 이상 세금 걱정을 할 필요가 없어졌기 때문이다. 주가가 급락해 시세차익 자체가 순식간에 사라져버렸으니 말이다.

많은 사람들이 보유하고 있는 주식

과매수로 인해 인위적으로 만들어진 주가를 계속해서 떠받칠 수는 없다. 따라서 일반 투자자들은 지분 분산이 잘 된, 즉 많은 사람들이 보유하고 있는 종목을 사는 게 안전하다. 월 스트리트의 특정 세력이 어느 종목의 발행주식 전부를 갖고 있다면 그 종목의 주가는 이 세력이 마음대로 움직일 수 있다. 그건 시장 가격이 아니다. 진정한 시장이 존재하지 않기 때문이다. 오래 전 에이브러햄 링컨은 개의 꼬리를 다리라고 부른다고 해서 개의 다리가 다섯 개가 될 수는 없다고 지적했다. 다우존스 평균주가를 산정하는 모든 종목은 지분 분산이 광범위하게 매우 잘 돼 있다. 철도 평균주가 산정 종목 가운데 자본금이 가장 큰 펜실베이니아 철도나 발행주식수가 550만 주에 달하는 U.S. 스틸의 경우 평균적인 투자자의 보유주식수가 100주에도 못 미친다. 그런 점에서 일반 투자자들은 이런 종목을 보유하는 게 안전하다.

"밸류에이션"과 시장 가격

이 장의 서두에서 언급했던 비판론자의 주장, 즉 과대계상된 자본에 대해 아무 말도 하지 않았다는 점에 대해 나는 그러면 당신이 말해보라고 반문하고 싶다. 그 역시 평균주가가 부풀려졌다고는 말하지 못할 것이다. 한걸음 더 나아가 뉴욕증권거래소에 상장된 어떤 기업의 주가도 부풀려졌다고는 말할 수 없을 것이다. 철도주의 경우 의회나 주간상업위원회(ICC)가 어떤 식으로 평가했든 이를 시장에서 매긴 가격과 비교할 수 없다.

 주식시장에서 가격을 조정하는 과정에는 우리가 알고 있는 모든 지식과 사실관계의 파악이 동원되고, 실질적으로 주가조작 세력의 영향력도 미치지 못한다. 생산시설과 부동산의 가치, 프랜차이즈 권리, 영업권, 철도부지를 비롯한 모든 요소가 자유시장의 추정치에 반영된다. 의회가 임명한 평가위원회는 이런 식으로 할 수 없다. 주간상업위원회가 평가한 철도노선의 가치는 그것이 의미가 있다 하더라도 이미 지나간 역사적 숫자에 불과하다. 자산의 진정한 가치를 추정하려면 어쩔 수 없이 일정 시점을 기준으로 해야 하고, 그러다 보면 그것이 발표된 시점에는 이미 한참 전의 숫자가 돼버린다. 그러나 뉴욕증권거래소의 주가는 날마다, 달마다, 해마다, 강세장이든 약세장이든, 제본스의 태양 흑점 주기가 시작해서 끝날 때까지 그 가치를 기록한다; 그리고 전 세계 금융인들이 이 가치를 인정하고, 이를 기초로 해서 돈을 번다. 주간상업위원회가 인위적으로 추정한 수치 따위는 전혀 고려하지 않는다.

부풀려진 주가라는 미신

주가 부풀리기에 대한 미신은 놀라울 정도로 단단하게 박혀있다. 자본의 과대계상을 주장하는 쪽에서는 주식이나 회사채로 미국 철도에 투자된 금액이 영국 철도에 비해 마일당 5분의 1도 되지 않는다고 말한다. 실제로 미국 철도에 투자된 금액은 마일당으로 따져 유럽 여러 나라와 영국의 식민지 국가들보다도 적다. 나는 여기서 분명히 밝히고 싶다. 미국 철도는 실제 가치에 비해 비경제적일 정도로 과소평가 됐다. 마찬가지로 뉴욕증권거래소에 상장된 산업주들의 경우에도 주가가 부풀려졌다는 주장은 터무니없는 것이다. 사실 뉴욕증권거래소에 상장된 기업의 주가는 1921년 약세장에서 과대평가의 여지를 충분히 없앴다. 부풀려진 부분만 없앤 정도가 아니라 제살마저 잘라냈다.

이 글을 쓰고 있는 현재 U.S. 스틸 보통주의 주가는 80달러도 채 안 된다. 그러나 이와 비슷한 실적과 자산가치를 보유하고 있는 다른 기업과 비교해 엄격히 그 주가를 산정해보면 U.S. 스틸 보통주는 261달러가 정상이다. 이 회사는 지난 20년 동안 신규 설비투자로 10억 달러를 썼다. 이 같은 신규 설비투자액 가운데 이익잉여금으로 충당한 금액은 2억7500만 달러에 불과하므로 자본이 과대계상될 여지는 거의 없었다. 또 당장 현금화할 수 있는 당좌자산 보유액만 6억 달러에 달하고, 이를 1주당 금액으로 환산하면 120달러에 이른다. 그런데도 주가가 부풀려졌다는 말인가? 물론 이 회사의 보통주 납입자본금 5억 5000만 달러는 꽤 큰 금액이다. 하지만 이건 어디까지나 상대적으로 큰 금액일 뿐이다. 앞서 이 회사의 탄탄한 성장을 내다본 J.P. 모간이 틀렸다는 말인가? 만약 그가 지금 이 회사의 실적을 다시 본다면, 자신의 성장 전망이 얼마나 보수적인 것이었는지 알고는 깜짝 놀랄 것이다.

하지만 대세상승기의 강세장에서 U.S. 스틸 보통주와 우선주는 제임스 R. 키니가 주도한 사상 유례없는 시세 조종의 대상이 됐다. 이 같은 시세 조종 행위는 어떻게 귀결됐는가? 결국 U.S. 스틸 보통주는 50달러, 우선주는 100달러까지 떨어졌다. U.S. 스틸의 주가가 이렇게 폭락했을 때 이 회사의 주식을 매수했다면, 대세하락 흐름이 그 어느 때보다 길게 이어져 주식시장이 바닥권을 형성했던 1921년 8월에도 별로 후회하지 않았을 것이다.

가치를 사라

내가 너무 극단적인 사례를 들어 U.S. 스틸 보통주에 대한 매수를 부추긴다고 비난할 사람이 있을지도 모르겠다. 하지만 이런 비난 역시 월 스트리트에 대한 뿌리깊은 편견에서 비롯된 것이다. 내가 지금까지 이야기한 것은 과거의 기록을 보면 누구나 알 수 있는 것이다. 최소한 주식시장이 바닥권에 머물러 있던 1921년에 U.S. 스틸 보통주를 팔아 치운 투자자라면 생생하게 기억할 것이다. 그러나 이들이 주식을 매도한 건 돈이 필요했기 때문이다. 당시 대부분의 사람들은 현금을 손에 쥐고 있기를 원했다. 워털루 전쟁의 결과가 나오기 일주일 전 로스차일드는 영국정부가 발행한 국채를 액면가의 54%에 매수했다. 한 친구가 그에게 묻기를 이렇게 전망이 불확실한 형국인데 어찌 그렇게 확신을 갖고 매수할 수 있느냐고 했다. 로스차일드는 이렇게 답했다; "전망이 확실하다면 이 국채가 액면가의 54%에 팔릴 수 있겠나?" 그는 불확실한 상황으로 인해 국채가 내재가치 미만으로 팔리고 있다는 사실을 알고 있었던 것이다. 그 시기는 누구나 현금을 원하던 시기였지만, 그는 이미 현금을 손에 쥐고 있던 몇 안 되는 사람 가운데 한 명이었다. 아무도 모르는 사실이지만 제이 굴드와 친하게 지냈던 러셀 세이지는 주식시장이 패닉에 빠졌을 때 월 스트리트의 어느 누구보다도 더 많은 돈을 확보해놓고 있었다. 그는 유동성이 높은 자산과 만기가 다 된 채권, 당좌예금처럼 언제든 현금화할 수 있는 자산만 갖고 있었다. 그렇다고 해서 그가 현금다발을 쌓아두려고 한 건 아니었다. 그는 사람들이 패닉에 빠져 가치는 생각하지 않고 무조건 팔려고 할 때 마음껏 주식을 사들이고자 했다.

러셀 세이지에 관한 일화

러셀 세이지와 그가 보여준 혀를 내두를 정도의 검소함에 관한 일화는 아직도 사람들 사이에 많이 회자된다. 물론 여기서 그가 어떤 사람이었는지, 또 그가 얼마나 구두쇠였는지 얘기하자는 건 아니다. 사실 그는 구두쇠와는 거리가 멀었다. 내가 그를 마지막으로 본 건 젊은 기자 시절이었다. 그 때 나는 그가 전국적으로 유명한 (악명 높은) 한 금융가와 함께 대주주 지분을 갖고 있는 철도회사의 보유재산 현황을 취재하던 중이었다. 월 스트리트에서는 절대 거짓말이라는 용어를 쓰지 않는다. 그런데 러셀 세이지와 동업관계에 있던 그 금융가가 나에게 정말 거짓말 같은 놀라운 정보를 주었다. 그래서 나는 이 거짓말 같은 정보에 대해 세이지가 어떤 식으로 말하는지 확인하기 위해 찾아갔던 것이다. 세이지라면 틀림없이 두 사람 사이의 이견이 무엇인지 분명히 말해줄 것이라는 게 내 생각이었다. 세이지는 언제든 신문기자를 환영하는 편이었다.

그는 친구처럼 나를 맞아주었다. 사실 그는 돈 문제만 아니라면 누구든 그렇게 대했다. 내가 그에게 질문을 던지자, 그는 곧장 화제를 돌렸다. "멜빵에 대해 좀 아는가?" 나는 화가 났지만, 차분한 목소리로 멜빵에 대해 잘 알지 못한다고 답했다. "내가 산 이 멜빵에 대해 어떻게 생각하나?" 그는 나에게 보통 기자들이 하는 멜빵보다 값싸게 보이는 멜빵을 보여주며 이렇게 물었다. "그게 어떻다는 겁니까?" 내가 반문하자 그가 다시 말을 이었다. "글쎄, 어때 보여? 내가 이 멜빵을 35센트에 샀거든." 나는 하도 어이가 없어, 어느새 내가 무슨 일로 그를 찾아왔는지조차 잊어버렸다. "완전히 바가지를 썼군요. 시장에 가면 25센트만 줘도 더 좋은 멜빵을 살 수 있습니다." 세이지는 나를 의심스러운 눈초리로 쳐다보더니, "설마 그럴 리가?"라고 말했다. 하지만 세이지의 표정에서 당혹스러움을 읽을 수 있었다. 사실 중요한 건 10센트 차이가 아니었다. 또 내가 시장에 가서 그 멜빵의 가격을 직접 확인한 것도 아니었다. 하지만 그건 원칙의 문제였다. 가치에 대한 그의 판단에 물음표가 던져진 것이었으니 말이다.

가치와 평균주가

이제 무슨 말인지 눈치챘을 것이다. 러셀 세이지는 철저히 가치에 입각해서 거래했다. 그는 반드시 가치를 알아내고자 했다. 그랬기 때문에 그가 죽었을 때 7000만 달러라는 재산을 남길 수 있었다. 주식시장 바로미터는 현재와 미래의 가치를 보여준다. 장기적인 주가흐름에서 평균주가가 진정한 가치보다 낮은지, 아니면 그 이상인지를 판단하려면 주식시장 바로미터를 제대로 읽어내야 한다. 1902년 말 찰스 H. 다우가 세상을 떠난 뒤 《월 스트리트 저널》에는 주식시장을 경제전반의 지표로 삼으려는 다양한 분석방법이 선보였다. 독자들도 알겠지만 그런 분석방법의 공통점 가운데 하나가 바로 평균주가를 활용한다는 것이었고, 내가 보기에 그건 상식이나 마찬가지였다. 이미 지나간 주가의 흐름을 가리키면서 "내가 그럴 거라고 말했잖아"라고 이야기하는 것처럼 어리석은 사람도 없지만, 어쨌든 주가는 개인의 의지와는 상관없이 움직인다.

조심스럽지만 정확한 예측

아마도 대세하락 흐름에서 대세상승으로 넘어가는 과도기의 평균주가를 제대로 해석하는 것만큼 어려운 일도 없을 것이다. 1902년 9월부터 시작된 약세장은 다음해 9월 저점을 찍은 뒤 대세상승 흐름이 확인되기까지 최소한 몇 주에서 몇 달의 기간이 소요됐다. 그러나 1903년 12월 5일자 〈월 스트리트 저널〉에서 나는 최근 들어 호전되고 있는 경제전반의 펀더멘탈을 돌아보면서 이렇게 지적했다:

> 최근 미국 경제가 이례적일 정도로 성장세를 타고 있다는 점을 감안한다면, 또 철도 노선의 확장 비율이 철도기업의 이익 증가율에 미치지 못하고 있다는 점을 고려한다면, 마지막으로 배당 가능한 이익잉여금의 증가율이 주가상승률을 웃돌고, 앞선 강세장이 시작됐을 때보다도 그 격차가 더 크다는 점을 떠올려본다면 약세장이 이미 최후의 바닥을 친 게 아닌가 하는 생각이 들 만하다. 내가 보기에는 적어도 이런 생각을 확인해 줄 몇 가지 증거는 있을 것 같다.

확인된 강세장

물론 평균주가를 분석하지 않고도 이런 의견을 낼 수 있다고 이야기할지도 모르겠다. 하지만 이 같은 시각은 어디까지나 주가의 흐름에서 읽어낸 것이었으며, 당시 주식시장은 약세장이 언제든 다시 시작될지 모른다는 불안감에 휩싸여 있었다. 이런 예측을 하려면 상당히 조심스럽지만 다행히 강세장을 정확히 예측했다. 물론 그래도 주식시장 분석은 여전히 걸음마 단계다. 그 때 내가 예측했던 강세장은 1904년 내내 이어졌고, 길게 보면 1907년 1월에 가서야 정점에 달했다고 말할 수 있다. 하지만 내가 평균주가의 흐름에 기초해 이 같은 분석기사를 쓴 뒤 9개월 만에 나는 다시 〈월 스트리트 저널〉에 이번 대세상승 흐름이 계속 이어질 것인가에 대해 분석했다. 당시 상승세는 비교적 완만했지만, 어쨌든 12개월이나 지속된 상태였고, 따라서 기업의 가치는 주가에 어느 정도 반영됐을 터였다. 나는 1904년 9월 17일자 〈월 스트리트 저널〉에서 이렇게 썼다:

> 철도주의 가치가 이미 상당히 오른 현재의 주가에 전부 반영됐다거나, 혹은 앞으로 철도주의 주가가 추가로 더 오를 것이라고 믿을 만한 근거는 전혀 없다. 올 겨울의 상황에 따라 달라질 것이다. 겨울이 되면 철도주의 전반적인 가치가 어떻게 될 것인지 분명히 드러날 것이다. 장기적으로 보면 가치가 가격을 결정한다. 철도주가 현재의 가치를 유지한다면 현재의 주가는 아직 고점에 이르지 않았다고 말할 수 있다.
>
> 반드시 기억해야 할 점은 금 생산이 계속해서 늘어나고 있다는 게 현재 강세장의 가장 중요한 동력이라는 사실이다. 금 생산이 늘어나는 한 주식의 가

격은 채권 같은 고정수익률 자산보다 더 높아질 수밖에 없다는 점을 잊어서는 안 된다.

다우 이론을 옹호하다

내가 쓴 분석기사의 마지막 문장에 주목하기 바란다. 이자율이 고정된 채권의 가격은 물가가 오르면 하락한다. 또 (금본위제 아래서) 금은 가치의 기준이 되므로 금 생산량이 많아지면 달러 가치는 떨어진다. 그러나 이렇게 되면 투기를 부추기게 되고, 주식시장은 내가 분석기사를 썼던 1904년에 그렇게 움직였다. 물론 당시에는 다우 이론이 초창기 단계에 있었고, 따라서 무조건 그렇게 되리라고 단언할 수는 없었다. 세월이 한참 지난 뒤에야 우리는 다우 이론이 주식시장의 상황과 향후 전망에 대해 우리가 생각한 것 이상으로 확실히 보여주었다는 사실을 알 수 있다. 그런 점에서 다우 이론에 입각해 주식시장을 제대로 읽어낼 때 주식시장 바로미터의 유용성도 곧 바로 드러난다는 점을 기억했으면 한다.

Chapter_10
바다 저 멀리 손바닥만한 작은 구름: 1906년

이런 주제를 논의하다 보면 당연히 반대주장이 있을 것이라는 점을 예상해야 하고, 또 명백하게 모순처럼 보이는 문제를 설명하는 것도 필요하다. 논리적으로 너무나도 잘 들어맞는 이론이나 가설만큼 쉽게 속아넘어가기 쉬운 것도 없다. 바로 이런 이론이나 가설에서 수없이 많은 고루한 도그마가 탄생했다. 심지어 시간이 지나 이론이나 가설이 잘못된 것이라는 사실이 입증된 뒤에도 도그마는 계속해서 생명력을 유지한다. 지금까지 주가의 움직임에 관한 다우 이론을 설명했다. 다우 이론에서는 주가의 움직임을 대세상승이나 대세하락과 같은 기본적인 주가 흐름, 그리고 대세상승이나 대세하락 과정 속에서 나타나는 2차적인 조정이나 랠리, 마지막으로 매일매일의 주가 등락으로 나누는데, 이 같은 다우 이론을 기초로 주식시장 바로미터를 읽어내는 매우 유용한 방법을 도출해낼 수 있다. 그러나 다우 이론을 너무 신뢰하는 게 아니냐는 비판이 있을 수 있다. 반면 예외 없는 법칙이란 있을 수 없으며, 오히려 예외가 있다는 것이 그 법칙의 타당함을 입증한다는 사실도 이해해야 한다.

샌프란시스코 대지진

1906년은 이런 점에서 매우 흥미로운 문제를 던져준 해였다. 다우 이론의 시각에서 보자면 그 문제란 기본적인 주가 흐름이 일시적으로 중단됐고, 2차적인 조정이 아주 격렬했다는 것이다. 대세상승이나 대세하락 흐름은 일단 시작되면 과도한 오버슈팅으로 연결되는 경우가 많다. 만약 주식시장이 전지전능할 정도로 완벽한 곳이라면, 예상할 수 있는 모든 것을 자동적으로 예측할 수 있으므로 당연히 과도한 급등이나 과도한 급락이 나타날 경우 스스로를 보호하는 조치를 취할 것이다. 그러나 이 점은 인정해야 할 것이다. 주식시장이 현재의 경제 상황은 물론 향후의 경기 변화에 미칠 모든 요인들을 전부 반영한다는 데 동의하더라도, 주식시장조차 예상할 수 없는 것에 대해서는 어쩔 도리가 없다는 점이다. 1906년 4월 18일에 발생한 샌프란시스코 대지진과 곧 이어 벌어진 대화재는 주식시장도 예상할 수 없는 것이었다.

주식시장에 미친 영향

샌프란시스코 대지진은 어느날 갑자기 발생했고, 이미 2차적인 조정 국면에 있던 주식시장에 충격을 던져주었다. 로이드의 선박보험약관을 보면 "신의 섭리와 전쟁으로 인한 피해"는 예외로 하고 있다. 샌프란시스코 대지진 같은 끔찍한 자연재해도 예외 대상이고, 그런 점에서 주식시장 바로미터의 역사에서 1906년이 예외적인 기간이라는 사실을 이해할 수 있을 것이다. 1903년 9월부터 시작된 강세장은 1906년 1월 고점을 찍을 때까지 이어졌다. 물론 이 기간 중에도 조정은 있었다; 대세상승의 정점에 이르게 되면 대규모 매물 출회를 경고하는 목소리조차 사라지는 경우가 많은 게 일반적이다. 특히 대세상승이 과도한 오버슈팅을 하게 되면 그렇다. 가까운 예로 1919년의 강세장 때도 그랬다. 주식시장은 1906년 봄 하락세를 나타냈지만, 그렇다고 대세상승이 이제 끝났다고 속단하기에는 아무런 근거도 없었다. 더구나 대지진이 발생했을 당시 주식시장이 과매수 국면이었다고 보기도 어렵다. 대지진의 피해가 얼마나 참혹했는지 떠올려보자. 땅이 갈라지고 건물들이 무너져내린 다음 대화재가 발생해 수많은 주택과 도시기반시설을 폐허로 만들어버렸다. 물론 이 대화재 역시 보험회사에서는 예외 대상으로 할 수 있는 것이었다. 그러나 미국과 영국 보험회사들은 충분히 법적으로 대항할 근거가 있었지만 피해자들을 돕기 위해 신속하게 보험금을 지급했다.

재난 속에서의 타당한 예측

주식시장은 대지진이라는 충격적인 소식을 접한 뒤 패닉이나 다름없는 폭락세를 보였다. 잘 분석해보면 패닉이란 기본적으로 충격이다. 그렇다고 해서 대지진이 발생한 1906년 4월 이후의 주식시장이 통제 불가능할 정도는 아니었다. 물론 하락세는 상당히 심각했다. 그해 1월 22일 138.36을 기록했던 철도 평균주가는 5월 3일까지 18포인트 이상 하락했다; 그해 1월 19일 103포인트를 넘어섰던 산업 평균주가 역시 5월 3일에는 86.45까지 떨어졌다. 주식시장이 이처럼 급락하게 되면 뒤이어 공통적으로 나타나는 현상이 있다. 패닉으로 인한 하락폭의 일정 부분을 만회하는 랠리가 나타난 다음 앞서의 급락세에 비해 훨씬 완만한 속도의 하락세가 이어지는데, 이 시기가 바로 주식시장의 체력이 얼마나 강한지 진정으로 시험하는 기간이다. 1906년 7월 6일자 〈월스트리트 저널〉에서는 이런 사실을 주목할 것을 지적하면서, 평균주가가 다시 회복세를 보일 것이라고 예상하고 있다;

과거 수 년간의 사례를 살펴보면 평균주가는 꼭 이런 식으로 움직였다. 패닉에 빠져 급격히 하락한 다음 앞선 낙폭의 40~60%를 만회하는 급격한 상승이 뒤따랐고, 다시 불규칙한 하락이 이어져 앞서 기록했던 저점 근처까지 떨어졌다. 샌프란시스코 대지진 당시의 급락세가 정확히 패닉 상황이었다고 말하기는 어려울지 모르겠다. 또 곧 이어 벌어진 랠리를 보면 철도 평균주가의 경우 131.05까지 상승해 대지진이 발생하기 이전에 비해 불과 1.61포인트 차이로 바짝 다가섰다. 그러나 이 때의 랠리는 1월 22일 이후 낙폭의 60% 수준에 해당하며, 시장의 흐름은 패닉 이후에 볼 수 있었던 그런 움직임과 흡사하게 움직였다. 패닉이 발생한 뒤에는 늘 이와 똑같은 현금화(주식 매도)가 필요했다고 추론해도 틀리지 않을 것 같다.

피해의 심각성

이미 상당한 세월이 지났기 때문에 샌프란시스코 대지진이 얼마나 심각한 피해를 낳았는지 잊었을지도 모르겠다. 당시 경제적인 피해규모만 6억 달러에 달했다. 애트나 화재보험은 대화재로 인한 보험금 지급액이 40년간의 보험료 수입과 맞먹었다고 털어놓았다. 미국은 물론 세계 최대의 화재보험회사 가운데 하나인 애트나가 이 정도 타격을 입었다면, 그 피해가 얼마나 심각했는지 충분히 이해할 수 있을 것이다. 물론 설익은 낙관론자들 가운데는 유리창이 전부 깨져버렸으므로 유리 공장과 유리 판매업자는 일거리가 늘어났을 것이라는 주장을 펴는 사람들도 있었다. 그러나 유리창이 깨지지 않았더라면 유리창을 새로 갈아 끼우는 데 들어간 비용을 다른 곳에 쓸 수 있었을 것이다. 설익은 낙관론자들의 주장이 옳다면 미국의 모든 도시를 불태워버리는 것이야말로 번영으로 가는 지름길이 될 것이다.

대지진으로 인한 하락폭은 철도 평균주가가 산업 평균주가보다 더 컸다. 이것은 당시 철도주들이 상대적으로나 객관적으로나 산업주들에 비해 거래가 활발히 이뤄지는 우량주였기 때문이다. 냉정을 유지할 수 없을 정도의 갑작스러운 폭락세가 벌어지면 사람들은 거래가 없어 팔 수 없는 종목 대신 그나마 거래가 이뤄지는 우량주들을 팔아버린다. 당시 〈월 스트리트 저널〉에는 이를 잘 묘사하는 기사가 실렸다; "패닉에 휩싸였을 때 처음으로 나타나는 폭락세는 두려움의 표현이다. 이어서 벌어지는 완만한 하락은 한꺼번에 몰려왔던 충격이 안도감으로 옮겨가는 과정을 표현한 것이다." 부연해서 설명하자면 7월 2

일의 주식시장은 이미 주가가 적정 가치를 훨씬 밑도는 수준이었고, 이것은 강세장을 예고해주는 신호였다.

대세상승 국면에서의 급락 이후 랠리

대세상승 국면에서 급락세가 벌어진 다음에는 랠리가 나타난다는 사실은 이미 입증된 것이다. 앞으로 좀더 설명하겠지만 1903년 9월에 시작된 강세장은 1906년 1월에 끝난 게 아니었다. 실제로 주식시장이 약세장으로 돌아선 것은 그해 12월이었다. 1906년 초 강세론자들은 주식시장이 박스권을 형성하고 있으며, 이는 물량확보를 위한 것이라고 주장했다. 이런 주장을 편 애널리스트들의 예측은 옳은 것으로 판명났다. 그 해 8월 21일자 〈월 스트리트 저널〉은 다시 한번 평균주가의 흐름에서 시장을 바라본 기사를 실었다. 당시 주식시장의 거래량은 대단히 폭발적이었다. 고작 두 시간 동안 열리는 토요일 주식시장에서도 160만 주가 거래됐는데, 이것은 어느 특정인의 시세 조종으로는 도저히 불가능한 일이었다. 앞장에서도 지적했던 것처럼 시세 조종이 시장에 그리 중요한 영향을 미치지 않는다는 사실은 이미 15년 전에 충분히 입증됐다고 말할 수 있다. 그런 점에서 〈월 스트리트 저널〉에 실린 이 기사는 음미해볼 만하다: "1월 22일부터 7월 2일까지의 길었던 하락세는 대세상승 국면에서의 2차적인 조정이 다소 연장된 것이었다고 생각할 수 있다."

평균주가에서 도출해낸 추론은 항상 맞다

이 말은 지나놓고 보니 옳았구나라고 이야기하는 게 아니라 바로 그 시점에서 옳은 것으로 판명이 났다는 것이다. 나는 찰스 다우가 그의 이론을 공식화한 이래 지난 20여 년의 기간을 돌아볼 때 평균주가에서 도출해낸 추론이 틀림없이 신뢰할 수 있는 것이라는 점을 쉽게 보여줄 수 있다. 다우 이론이 대세상승이나 대세하락의 정확한 시점을 집어낼 수 있다거나, 평균주가가 전혀 예기치 못한 사건을 예측하지 못한다고 말한다면 오히려 그런 주장 자체가 우습다. 매일매일 드러나는 주식시장 바로미터를 활용함으로써 훨씬 더 효과적으로 주가의 흐름을 분석할 수 있다; 이런 시각을 유지하게 되면 대세상승이나 대세하락이 진행되고 있을 때는 물론 자칫 속아넘어가기 쉬운 2차적인 주가 흐름이 진행될 때도 항상 옳은 판단을 할 수 있다. 이 점을 모르는 피상적인 관찰자들은 2차적인 조정이나 랠리를 보고서 대세상승 국면에서 약세론을 펴거나 대세하락 국면에서 강세론을 주장하기도 한다.

출처가 다소 불명확한 이야기이긴 하지만 제임스 R. 키니는 자신이 투자 결정을 내리는 시점 가운데 51%만 정확하다면 충분히 만족할 것이라고 말했다고 한다. 나는 그가 이런 말을 했다는 게 믿어지지 않는다. 그는 어떤 식으로든 이보다 훨씬 더 높은 정확성을 찾아냈을 것이다. 말 그대로 51%의 정확성에 만족했다면 그는 투자 원금을 유지하기는커녕 거래비용도 댈 수 없었을 것이다. 그러나 평균주가의 움직임이 보여주는 증거에 따라 도출한 추론은 정확했다. 지금까지의 기록에서 알 수 있듯이 거의 대부분의 경우 그랬다. 내가 기억하는 한 주식시장 바로미터가 완전히 잘못된 의미를 전달한 적은 단 한 번도 없었다. 주식시장 바로미터에 기초해 분석하게 되면 앞으로 경제 상황이 어떤 식으로 변화할 것인가에 대해 현재 일반 대중들이 어떻게 생각하는지 정확히 알 수 있다. 그것도 일반 대중들이 자신의 생각을 스스로 알아차리기도 전에 말이다. 물론 잘못된 결과가 나올 수도 있다. 그러나 그것은 전적으로 2차적인 시장 흐름을 정확히 예측한다는 게 현실적으로 불가능하기 때문이다. 2차적인 주가 흐름을 예측하는 것은 시장의 대세상승과 대세하락을 읽어내는 것보다 훨씬 더 어렵다. 이것은 마치 기상청에서 내일 아침 뉴욕 시내에 비가 내릴 것인지 여부를 정확히 예측하는 것이 다음주 미국의 동부 지역의 전반적인 날씨를 예보하는 것보다 어려운 것과 마찬가지다.

대세하락의 시작

강세장이 거의 정점에 다다랐을 때 〈월 스트리트 저널〉은 투자자들의 주의를 촉구하는 기사를 실었다. 1906년 12월 15일자 기사를 보면 철도 평균주가에서 특히 두드러지게 나타나는 "박스권"의 형성을 지적하면서, "박스권 하단을 뚫고 내려갈 가능성이 더 높은데, 이는 앞으로 닥칠 주가의 하락을 경고하는 신호"라고 밝히고 있다. 이 같은 예측은 3년이나 지속된 대세상승 국면에서 충분히 나타날 수 있는 2차적인 약세장의 시작을 경고하는 수준이 아니었다. 사실 이 때까지만 해도 시장의 기본적인 흐름이 대세하락으로 전환되리라고 말하기에는 좀 이른 감이 있었다. 그러나 1907년으로 접어들자마자 대형 철도회사들의 이익 전망이 고금리로 인해 상당 부분 퇴색할 것으로 보였다. 앞서 1906년에 해리먼이 지배하고 있던 철도회사들의 고배당 정책 발표에 힘입어 한껏 주목 받았던 대형 철도회사들에 관한 이 같은 좋지 않은 소식은 주식시장은 물론 경제 전반에 경고음을 울리기에 충분했고, 결국 우리가 다 알다시피 주식시장은 1907년에 심각한 위기를 겪게 됐다; 특히 기존의 은행시스템이 붕괴되면서 아무리 높은 금리로도 콜머니를 구할 수 없는 사상 초유의 사태가 벌어졌고, 급기야 1893년 패닉 사태 이후 처음으로 은행들이 어음청산거래소에 구제금융을 요청하기에 이르게 된 것이다.

1907년 1월에는 주식시장의 소위 프로 트레이더들이 대거 주식을 팔아치우고 있었다. 일반 투자자들도 정치적인 혼란에 겁을 집어먹기 시작했고, 기업의 설비 투자는 한 해 전부터 거의 이루어지지 않았다. 주가 하락은 이미 시작된 상태였다. 그런 점에서 시간을 거슬러 올라가 앞서 장기간 이어져왔던 대세상승 국면이 대세하락으로 넘어가게 된 시점을 추적해보는 것도 흥미로울 것이다. 늘 그렇듯이 1월에 주가가 하락한다는 것은 매물이 출회되고 있음을 의미한다. 왜냐하면 대개의 경우 1월에는 주식시장이 강세를 띠는 것이 보통이기 때문이다. 1월에는 통상 유동성이 풍부하고, 일반 투자자들도 전년도에 거둔 이익을 재투자하려고 한다. 더구나 한 해가 새로 시작되는 1월에는 시장에 비관적인 이야기를 하지 않는 게 월 스트리트의 불문율이기도 하다. 앞장에서도 지적했듯이 불길한 예언자는 결코 어느 곳에서도 환영받지 못하기 때문이다.

들떴던 시간과 추락하는 바로미터

강세장이 오랫동안 이어지면서 신규 기업 공개와 증자 등으로 엄청난 물량의 새로운 주식이 시장에 쏟아져 나왔다. "시장이 제대로 소화할 수 없는 주식 물량"이라는 유명한 말이 J.P. 모건의 입에서 처음 튀어나온 것도 이 무렵이었다. 미국인들은 이런 표현을 좋아하는 만큼 그것이 무엇을 의미하는지도 알아야 했다. 산업주들, 특히 U.S. 스틸의 그야말로 장밋빛 같은 순이익 행진은 계속 이어졌다. 철도주들도 매출액과 순이익 모두 아주 훌륭한 수준이었다. 그러나 1907년 1월에 평균주가가 급격하게 하락했다는 점은 주식시장 바로미터의 분석가들이 주목해야 할 사실이었다. 2차적인 주가 흐름에 불과한 단기적인 랠리나 조정을 예측하는 데 큰 관심을 두지 않는 분석가들은 특히 그랬다. 물론 이 시점에서 기본적인 주가 흐름의 전환을 이야기하기에는 너무 이르다. 사실 누구나 1월의 급격한 하락이 무슨 의미인지 생각하게 됐다; 그러나 대세하락이 시작됐다는 사실이 처음으로 공식화된 것은 3월 초였다. 다른 신문과 마찬가지로 〈월 스트리트 저널〉 역시 이 무렵 맥이 풀려버린 투자자들이 다시 원기를 회복할 수 있는 아주 멋진 기사를 실었다.

약세장을 가져오는 요인들

시장은 모든 사실들을 지켜보고, 이런 사실들이 궁극적으로 몰고 올 모든 결과를 주가에 반영한다. 1907년 3월 15일자 〈월 스트리트 저널〉

에는 약세장을 가져온 요인들을 설명했는데, 주의 깊게 읽어볼 필요가 있다:

1. 과도한 번영
2. 높은 생활비(이것은 주로 금 생산원가의 급격한 상승에 기인한다)
3. 금리 인상으로 인한 주식가치의 재조정
4. 부동산 투기로 인해 기업으로 흘러가야 할 유동성이 묶여버림
5. 시어도어 루즈벨트 정부의 기업 규제 정책
6. 여러 주에서 나타난 반(反) 철도 소요사태
7. 사회주의적인 분위기의 고조와 정당한 부에 대한 선동적인 공격
8. 해리먼의 조사 과정에서 철도회사들이 과다한 부채를 끌어다 쓴 잘못된 관행이 드러남
9. 대형 금융기관간의 과당 경쟁
10. 과도한 주식 발행
11. 샌프란시스코 대지진의 영향

이밖에도 약세론자들이 늘 인용하는 몇 가지 다른 요인들이 언급됐다. 사실 어떤 약세장이든 일단 시작되고 나면 뒤이어 밝혀진 사실들을 갖고 그럴 수밖에 없었다고 정당화한다. 그렇지 않은 경우를 본 적이 없다. 과연 이들 요인이 미치는 영향이라는 게 정말로 주식시장이 예상할 수 없을 정도로 지속적인 것일까? 적어도 우리가 상상할 수 있는 범위 안에서 말이다. 그 이후 주식시장이 어떻게 흘러왔는지 살펴보면 알 수 있듯이, 그것이 주식시장에 어떤 영향을 미치든 기업에 대한 과도한 규제 한 가지를 제외하고는 그렇지 않다고 말할 수 있을 것이다.

비정상적인 금융시장

뒤돌아보면 1907년은 개인적으로 내가 월 스트리트에서 보낸 기간 중 가장 흥미로웠고, 또 가장 많이 배운 시간이었던 것 같다. 1907년은 교훈과 경고로 가득 찼던 한 해다. 이와 관련해서는 가능한 한 아주 깊이, 또 넓은 범위에서 공부했으면 한다. 가장 훌륭한 교재는 알렉산더 다나 노이즈가 쓴 《미국 금융시장에서 보낸 40년Forty Years of American Finance》이다. 노이즈는 당시 〈이브닝 포스트Evening Post〉의 금융부장이었다. 1907년 초 경기는 붐을 타고 있었고, 철도회사들의 매출액과 순이익은 사상 최고 수준이었다. 주식시장 역시 3년이나 이어진 상승세에서 잠시 주춤하는 것으로 보였다. 더구나 주가는 여전히 자산가치를 밑돌고 있었다. 내가 그랬던 것처럼 노이즈도 비정상적인 금융시장에 주목할 수밖에 없었다. 이 시기는 금융시장이 흥청거려야 했을 때다. 그런데 2월이 되자 금융시장은 아주 경색됐다. 그 의미를 우리가 알아채기 한참 전에 주식시장은 미리 예측한 것이었다. 1907년의 대세하락은 이렇게 시작됐다.

손바닥만한 작은 구름

당시 내가 알고 지내던 주식중개인이 있었는데, 그는 지금 이 세상 사람이 아니지만 이 글을 쓰고 있는 지금도 그의 얼굴이 떠오른다. 그는 월 스트리트 물을 먹고 성장한 아주 전형적인 친구였지만, 표현하는 한마디 한마디가 무척 생생했고 지적 수준도 보통 이상이었다. 그는 음악에 조예가 깊은 음악 애호가였으며 아주 겸손했다. 어느 날 그는 나에게 멘델스존이 작곡한 오라토리오 「엘리야Elijah」를 들은 적이 있다고 이야기했다. 지금은 고인이 된 찰스 스탠리가 주인공으로 출연한 연주 공연이었는데, 그에게는 무척이나 감동적이었던 모양이다. 그는 하나님만을 따르는 선구적인 예언자 엘리야에 맞서다 궁지에 몰리게 된 바알의 예언자들에 대해, 또 궁지에서 벗어나려고 발버둥쳤던 이들의 헛된 노력에 대해 말했다. 그는 이 이야기를 비유를 들어서 표현했는데, "엘리야가 손에 쥐고 있는 주식을 공매도 했던 바알의 예언자들이 뒤늦게 공매도 물량을 환매하느라 광분했다"는 식이었다. 그는 엘리야가 바알의 예언자들을 극단적으로 조롱했던 방식, 즉 당신들이 믿는 신은 낮잠을 자고 있거나 어쩌면 여행을 떠났을지도 모른다고 말한 대목에서 특히 감동을 받았던 것 같다. 그러면서 그는 1907년 초의 상황을 묘사하는 한 구절이 뇌리를 때린다며 나에게 소개했는데, "보라, 바다 저 멀리 손바닥만한 작은 구름이 올라오는 것을!" 이었다. 이 손바닥만한 구름에 이어 1907년 가을에는 "엄청난 폭풍우"가 몰려왔다.

 경기 전반의 붕괴는 끔찍스러웠을 뿐만 아니라 눈 깜짝할 사이에 우리를 덮쳐왔다. 그해 말 나는 펜실베이니아 철도를 여행했는데, 당시 펜실베이니아 철도의 수석부사장이자 후에 사장이 된 새뮤얼 레아와 동행했다. 펜실베이니아 철도는 그 무렵 미국 철도 화물의 10%를 운반하고 있었다. 레아는 당시 곡물 물동량 등을 감안할 때 자기 회사에서 운반하는 철도 화물이 한 달 전 최고치를 기록했다고 말했다. 그런데 순식간에 피츠버그 지역의 모든 철도 경기가 급전직하하고 있는 것 같다고 털어놓았다. 실제로 우리는 필라델피아와 피츠버그를 잇는 철로 연변에 텅 빈 화차들이 널려있는 모습을 볼 수 있었다. 이 무렵 철도회사들은 이미 심각한 지경으로 빠져든 다음이었다.

정치권의 절망적인 행태

1893년의 경제 붕괴 이후 이렇게 처참하게 파국으로 몰린 적은 없었다. 당시 의회는 경제에는 무지했고 정략적인 이해관계만 챙겼다. 그토록 참혹했던 패닉의 와중에서도 의회는 서먼 은 구매법(Sherman Silver Purchase Act)을 통과시켜 자신들의 이익을 거둬갔다. 이것이 정치인들에게 하나의 교훈이 되었던 것 같다. 패닉에 이어 불과 몇 년 만에 거의 대부분의 철도회사와 관련 기업들이 부도를 냈고, 마침내 정치인들도 두려움을 갖게 됐다. 그리고 1907년에 패닉이 다시 찾아오기 전까지 10년 동안 정치인들은 경제를 악화시키는 행위를 자제했다. 그러나 정치인들은 1907년에 다시 그 비싼 구태를 그대로 반복했고, 이해가 끝나기 전에 자본의 파업이 일어났다. 누구든 잃을 수 있는 재산을 가진 사람이라면 모두 공포에 사로잡혔다. 뭘 좀 안다는 사람들은 누구나 관료적인 무능과 무지한 규제가 이 나라 경제에 어떤 영향을 미칠지 예상할 수 있었다. 이 책에서는 쓰지 않겠지만 나 역시 마찬가지였다. 이것은 지금 이 나라의 상황에도 그대로 적용된다. 지난 2년간의 주식시장은 바보 같은 정치의 귀결이 어떤 것인지 잘 보여주었다. 다른 측면에서 보자면 이미 평균주가의 흐름이 예측해주고 있듯이, 또 신규 채권발행을 통한 투자 수요가 늘어나고 있는 데서 알 수 있듯이 향후 경기 상황은 개선될 가능성이 있다. 현재 의회가 보여주고 있는 징후들은 결코 긍정적이지 않지만 시장은 경제가 다시 정상 궤도로 돌아갈 것이라고 예측하고 있는 것이다.

Chapter_11
주기적으로 반복되는 패닉

지금까지 주식시장 바로미터를 이해하는 데 필요한 자세한 내용들을 살펴봤다. 이번 장부터는 1910년에야 비로소 최저점을 통과했던 대세 하락 기간과 (제1차) 세계대전 발발에 이르기까지 매우 흥미로우면서도 많은 사람들이 제대로 이해하지 못하는 기간의 역사적 기록들을 좀 더 깊이 분석해볼 것이다. 우리는 인간사에 나타나는 "순환 이론"이나 경기 전반의 순환 이론에 대해 큰 관심을 기울이지 않았다. 앞선 장에서는 제본스의 기록을 토대로 18세기와 19세기에 발생했던 패닉들을 돌아보았고, 19세기에 벌어진 패닉들은 찰스 다우의 간략한 설명까지 곁들여 살펴봤다. 그러나 주식시장의 불규칙한 사이클에는 반드시라고는 할 수 없겠지만 결코 우연이라고 말할 수 없는 패닉이 포함돼 있음을 지적해두어야겠다. 사실 패닉은 주식시장 바로미터가 대세상승과 대세하락을 완성하는 큰 흐름 속에서 적어도 한 번 이상은 돌발적으로 출현하기 때문이다.

건전한 사이클과 순환 이론

주가의 흐름에 관한 다우 이론, 즉 평균주가에 반영된 주식시장 전반의 대세상승과 대세하락, 2차적인 조정과 랠리, 매일매일의 주가변동을 통해 우리는 주가의 흐름에 불규칙한 자리바꿈이 있다는 사실을 알 수 있었다. 그러나 더 이상 장기적이고 규칙적인 순환 이론은 없다. 사실 이 점이 이 책을 읽는 많은 독자나 비평가들이 집착하는 부분일 것이다. 하지만 보다 장기적이고 규칙적인 순환 이론이 있을 것이라는 이들의 믿음을 분석적인 방법으로 찾아내려는 노력은 아무도 하지 않는 것 같다. 단지 자신들의 그런 생각에 "무언가"가 있을 것이라는 막연한 느낌뿐이다; 그것은 사실이 아닌 것으로 판명됐지만 이들은 틀림없는 사실이라고 믿는다; 이들의 믿음대로라면 세계적인 패닉의 발생 시점은 정확한 주기성을 띠고 있어야 한다; 또한 과거에 이 같은 주기성이 있었다면, 앞으로도 그럴 것이라고 예상할 수 있을 것이다; 그렇다면 자신의 책임 아래 경제활동을 해나가는 우리 인간이란 (주기적으로 반복되는 패닉의) 역사적 기록으로 판단할 때 정말 너무나도 어리석은 존재일 수밖에 없다.

순환 이론의 배경

패닉이 규칙적으로 발생한다는 이론을 신봉하는 사람들이 분석적인 방법을 취하지 않는 이유는 아마도 이런 이유 때문일 것이다. 즉, 제본스에 따르면 18세기 중에는 정확히 10차례의 심각한 위기가 발생했고, 이들 위기의 발발 시점에는 평균 10년의 간격이 있었다는 것이다. 하지만 제본스가 빠뜨린 위기를 하나 지적하겠다. 잉글랜드의 스코틀랜드 침공으로 발생한 1715년의 위기다. 1715년에는 태양 흑점이 눈에 띌 정도로 나타나지 않았고, 따라서 제본스는 패닉과 태양 흑점 간의 높은 상관관계에 관한 자신의 이론을 뒷받침할 수 없었다. 반면 제본스는 1793년과 1804~05년을 위기가 발생한 해로 기록하고 있다. 그러나 19세기 들어 우리가 처음으로 경험했던 패닉은 1814년에 발생했다. 당시의 패닉은 영국군이 워싱턴 시를 점령한 여파로 일어난 것이었고, 어떤 순환 이론도 미리 예상할 수 없는 것이었다. 물론 전쟁마저도 순환 이론에 따라 예측할 수 있다고 주장하지 않는다면 말이다. 1814년의 패닉과 다우가 "위기에 근접했던" 상황이라고 말한 1819년을 포함하면 19세기에 미국에서 발생한 위기는 모두 10차례다.

그러면 순환론자—이런 표현이 맞는다면—는 이 문제에 어떻게 접근하는지 살펴보자. 영국에서 발생한 1804~05년의 위기와 19세기 들어 우리가 처음으로 겪은 1814년의 위기 간에는 10년의 간격이 있다. 그리고 1837년과 1857년에는 전국을 휩쓴 대단히 심각한 위기가 발생했고, 순환론자 입장에서는 무척 고무됐을 수도 있을 것이다. 하지만 제본스의 10년 주기설을 떠올려보면 1837년 위기는 19세기 들어 네 번째 발생한 위기가 되어야 한다. 또한 유럽에서 1847년에 발생한 위기의 경우 미국인들은 그렇게 심각했다고 기억하지 못한다. 이제 고집스런 순환론자는 1857년의 충격적인 패닉을 발견하고 무릎을 칠 것이다. "바로 이거야! 이제야 그 비밀을 발견했어. 큰 위기는 20년에 한 번씩 발생하고, 그 중간에 작은 위기가 한 번씩 벌어지는 거지. 이제야 비로소 이 아름다운 순환 이론을 뒷받침하는 만족스러운 사실들을 확신할 수 있게 된 거야."

잘못 잡은 날짜들

그렇다면 다음번의 충격적인 패닉, 즉 전세계를 강타할 정도의 파급을 몰고 온 패닉은 1877년에 발생해야만 했다. 그러나 안타깝게도 패닉은 1873년에 일어났다. 달러화의 과도한 발행이라는 어처구니없는 사태로 빚어진 이 때의 패닉은 사실 한 해 앞서 일어날 수도 있었다. 1872년에 미국의 밀 수확은 대풍작을 기록한 반면 러시아의 밀 수확량은 급격히 줄어드는 바람에 세계시장에서 밀 가격이 아주 좋았고, 덕분에 패닉이 한 해 늦춰진 것이다. 그러면 이제 큰 위기간의 간격을 줄여야 한다. 20년 주기설은 16년 주기설로 단축돼야 하는 것이다. 또한 1866년 런던에서 발생한 오버렌드-거니의 파산으로 인한 위기를 큰 위기 사이에 일어나는 작은 위기로 끼워 넣는 것도 너무 작의적이다. 1866년 런던에서 발생한 패닉의 여파로 뉴욕증권거래소의 주가도 대폭락을 했다. 그해 4월에는 미시간 서던 철도 주식 매집을 비롯한 격렬한 투기도 벌어졌다. 진실되고 매우 신중한 성격의 다우조차 당시 주식시장의 급락 사태에 대해 "정상을 벗어난 상태로 보인다"고 말했을 정도다.

그나마 1873년과 1884년, 1893년의 패닉은 10년 주기설과 20년 주기설에 다시 확신을 줄 만한 여지를 남겼다. 특히 1873년과 1893년의 위기는 거의 전 세계적인 충격을 몰고 왔고, 그 파급은 엄청난 것이었다. 순환론자들은 이렇게 말한다: "1857년 위기와 1873년 위기 간의 간격이 16년으로 줄어든 것은 단순한 우연일 뿐이거나, 순환론의 근저에 있는 몇 가지 법칙만 약간 수정하면 충분히 설명할 수 있는 문제다." 20년 주기설을 주장하는 순환론자들은 이런 예측을 덧붙일 것이다: "1873년 위기와 1893년 위기 간에는 20년의 간격이 있다. 20년 주기설이 정확히 들어맞은 것이다. 따라서 1903년에는 작은 규모의 위기가 발생할 것이며, 1903년, 늦어도 1904년까지는 대규모의 패닉이 나타날 것이다."

계속 수정해야 하는 순환론

사실 이런 식으로 확실하게 예측하지 못한다면 순환론이 무슨 의미가 있겠는가? 그러나 1893년 위기와 1907년 위기 간에는 14년의 간격이 있다. 20년 주기가 14년으로 줄어든 것인가, 아니면 10년 주기가 14년으로 늘어난 것인가? 과연 순환론을 확실히 뒷받침할 만한 주기가 존재하는 것인가? 순환론자들은 앞서 1903년이나 1913년에 위기가 발생할 것이라고 예단하면서도 사실 아무런 근거도 제시하지 못했다. 실제로 1903년과 1913년에는 전 세계 주식시장의 거래량 자체가 위기를 불러올 만큼 많지 않았다. 투기적 광기가 충분히 부풀려져서 그것이 정점을 지나며 엄청난 소음을 내지 않는다면 뒤따르는 충격 역시 크지 않다는 점은 틀림없는 사실이다.

이 모든 순환론이 경제를 예측하는 데 어떤 가치가 있는 것일까? 나는 아무것도 없다고 본다. 순환론은 끊임없이 수정하고 조정해야 하는데, 그렇게 되면 단순한 기록 이상의 아무런 가치도 없다. 순환론자들이 내린 단정적인 결론이 계속해서 수정돼야만 했던 사실을 우리는 살펴보았다. 그래도 순환론에 어떤 유용함이 남아 있다는 말인가? 나는 결코 회의론자가 아니다; 하지만 순환론자들의 논리와 예측은 내가 보기에 혼자서 하는 카드놀이처럼 자신을 속이는 우스꽝스런 놀음에 지나지 않는다. 나는 어느 게임의 규칙이 매우 엄격하거나, 독단적이거나, 심지어 비합리적이라고 해도 충분히 이해할 수 있다. 그러나 게임을 진행할 때마다 마음대로 그 규칙을 바꾸는 게임은 도저히 이해할 수 없다.

두 가지 힘은 똑같은가?

그렇다면 "작용과 반작용의 힘은 똑같다"는 주장의 타당성은 어떤가? 실제로 두 가지 힘은 똑같은가? 적어도 우리 인간사의 역사를 돌아보면 이 같은 주장을 입증할 만한 증거가 별로 없다. 물론 이런 주장을 펴는 논자들은 이렇게 응수할 것이다. "그래, 두 힘이 똑같지 않다면 결국 똑같아져야만 해." 나는 왜 똑같아져야만 하는지 그 이유도 알 수 없다. 나는 기독교인으로서 인간 본성의 완벽함에 대한 믿음을 갖고 있지만, 그렇다고 해서 위기가 사라져야만 한다고는 생각하지 않는다. 적어도 위기와 위기 간의 간격이 좀더 길어질 수 있다고 생각할 수는 있다. 1893년 위기와 1907년 위기 간의 간격은 14년이었고, 1920년에는 패닉이 일어나지 않았다.

패닉이 실제로 어떤 것인지 그 의미를 왜곡하지 않는다면, 1920년의 디플레이션으로 인한 매도 압력을 전형적인 위기라고 해석할 수는 없을 것이다. 그 파급 역시 1893년과 1873년, 1857년, 1837년의 위기와는 비교할 수도 없었다. 이해에는 패닉이 발생한 해의 특징조차 찾아볼 수 없었다. 감히 말하건대, 이 책을 쓰고 있는 현재 시점으로부터 5년 안에 극적인 경기 위축과 디플레이션이 엄습할 것이라고 나는 믿고 있다. 그것은 앞으로 나타날 모든 경제상의 어려움과 문제점들을 반영하게 될 것이다.

경제병리학도 필요한가

경제적인 문제에서도 과학적 병리학 같은 게 틀림없이 있을 것이다. 어쩌면 병리학적 심리학이라고 부르는 게 더 나을지도 모르겠다. 역사의 기록을 살펴보면 경제적으로 매우 중요한 문제들과 그것을 야기한 원인들에 대해 얼마나 부적절하게 설명하고 있는지는 앞선 장에서 지적했다. 그러나 우리는 비로소 그런 설명을 하게 된 병적인 증상에 대해 과학적인 지식을 얻기 시작했다. 그런 점에서 보자면 최근 30년간 이루어진 우리 지식의 진보는 카르타고인들이 고대 로마의 티레산 자색 직물을 교역했던 시절 이래 이루었던 것보다 더 대단한 것일지도 모른다. 우리는 이제 경제적인 문제가 야기하는 증상을 적절하게 진단할 수 있는 과학적 방법을 발전시킬 만한 단계에 와있다. 이런 방법은 1893년에도 없었다. 왜냐하면 그 때는 우리가 지금 사용하는 (다우존스 평균주가의) 기록이 존재하지 않았기 때문이다.

그런데도 왜 10년에 한 번씩, 20년에 한 번씩, 혹은 일정한 기간마다 한 번씩 위기가 찾아온다고 가정하면서, 우리 인류가 쌓아온 지적인 자산을 낭비하고, 과거의 역사가 남겨준 교훈을 잊어버리려 하는가? 패닉에 관한 한 한 가지 점은 분명하다. 패닉은 우리가 그것을 예측할 수 있다면 절대 일어날 수 없다는 사실이다. 우리가 쌓아온 지식과 분석의 정확성을 감안한다면 "신의 뜻과 적국의 침략"이라는 예측 불가능한 리스크를 제외하고는 충분히 믿을 수 있는 방법으로 패닉을 예측할 수 있을 테니 말이다.

연방준비제도라는 안전망

연방준비제도(Federal Reserve System) 하의 은행 시스템에는 너무나 많은 정치적 고려와 수많은 결점들이 숨어있다. 그러나 이 같은 시스템이 마련됨으로써 1893년과 1907년 위기 당시 정부가 어음청산소 증서를 발행해 금융기관의 파산을 구제할 수밖에 없었던 급박한 상황은 더 이상 발생하지 않을 것으로 보인다. 사실 완벽한 은행 시스템을 만든다는 것은 인간의 지혜를 넘어서는 일이다; 더구나 어느 상황에서는 완벽해 보이는 은행 시스템이라 하더라도 다른 상황에서는 전혀 적당하지 않은 은행 시스템이 될 수도 있다. 하지만 과거 미국의 은행 시스템에서 현재와 같은 연방준비제도 하의 은행 시스템으로 발전적인 이행을 하게 된 것은 건국 이후 가장 자랑할 만한 엄청난 도약이었다고 말할 수 있다. 그렇다면 순환론자들은 이 연방준비제도 하의 은행 시스템도 새로운 변동요인으로 고려해야 하지 않겠는가?

앞으로 더 이상 위기가 발생하지 않을 것이라는 생각은 단 한 순간도 할 수 없다. 오히려 그 반대로 위기는 틀림없이 다시 찾아올 것이다. 다만 만의 하나라도 우리가 바랄 수 있는 것은, 모든 지식을 전부 동원해서라도 최소한 부분적이라도 위기를 예측할 수 있는지, 또 위기로 인한 최악의 파급 영향을 근본적으로 줄일 수 있는지 하는 점이다.

선생님을 가르치기

비록 월 스트리트에 경제적인 이해관계가 없는 사람이라 해도 이 책에서 제시하고 있는 내용을 통해 지식을 늘리고, 그 지식이 다른 분야의 지식과 마찬가지로 월 스트리트에서도 그를 보호해준다면, 이 책의 교육적인 목표는 충분히 달성됐다고 할 수 있다. 필자가 이 책을 쓰면서 기대했던 교육적인 의미 한 가지는 주식시장의 흐름에 관해 지금까지 누구도 쉽게 활용하지 못했던 방식으로 설명하고자 했다는 점이다. 이 같은 나의 목표를 달성하는 데 핵심적인 요소는 바로 실용성이다. 즉, 매일매일 그것을 활용할 수 있어야 한다는 점이다. 다우 이론의 간명함을 떠올리면 알 수 있듯이 주식시장의 문제 역시 아주 간단하다. 주식시장에 대해 가르치는 선생님이 아주 건방지거나 돌팔이거나 사기꾼이거나 도박꾼이 아니라면, 주식시장에 대한 접근은 철저히 실용적인 방식으로 시작되어야 한다. 그런 점에서 하버드 대학교에서는 경제 전반의 상황에 관한 도표와 차트를 아주 훌륭하게 만들어냈다. 도표와 차트를 만들어낸 연구원들은 위험한 가정은 전혀 하지 않았다. 이들은 경제가 좋을 때나 나쁠 때나 국가의 부가 똑같은 비율로 증가한다는 예단을 갖고 "중간선"을 그리려는 집착을 하지 않았다. 만약 그랬다면 전쟁과 같은 충격적인 사태가 벌어졌을 경우 정상에서 벗어나 신경질적으로 마구 궤도를 수정했을 것이다.

물리학적 법칙은 적용되는가?

하버드 대학교에서 만든 시스템 역시 인간사에 작용하는 작용과 반작용의 힘이 똑같다는 전제에는 들어맞지 않는다. 작용과 반작용의 힘이 똑같다는 말은 일견 그럴듯하다. 하지만 여기에는 인간의 본성만큼이나 불안정하고 미묘한 대상에 물리학적 법칙을 적용하려고 할 때 요구되는 모든 요소보다 더 많은 계산할 수 없는 증거가 필요하다. 다우존스 평균주가가 입증해준 수많은 사실들 가운데 유독 눈에 띄는 게 하나 있다. 주가의 흐름에 관한 한 작용과 반작용의 힘은 똑같지 않다는 점이다. 강세장의 상승기간과 뒤이은 약세장의 하락기간이 똑같았던 경우는 단 한 번도 없었다. 마찬가지로 대세상승 국면과 대세하락 국면에서의 상승폭과 하락폭도 똑같았던 경우는 없다. 우리가 앞서 살펴보았듯이 일반적으로 강세장의 지속기간이 약세장의 지속기간보다 좀더 길었다는 정도다. 강세장과 약세장의 균형을 자동적으로 맞춰주는 등식 따위는 없다. 인간사의 어느 부문에서도 그런 등식은 존재하지 않는다고 나는 확신한다. 역사를 살펴봐도 그런 기록은 절대로 찾을 수 없다.

지속기간과 등락폭은 계산할 수 없다

분명한 사실은 주식시장 바로미터로 강세장과 약세장의 지속기간이나 등락폭을 계산할 수는 없다는 점이다. 주식시장의 주기적 전환은 그 규칙성을 근사치로라도 잴 수 있는 방법이 없으며, 그 진폭이나 속도의 크기도 가늠할 수 없다. 대세하락 국면에서 다우존스 평균주가가 40포인트 하락했는데, 뒤이어 나타난 대세상승 국면에서는 50포인트 상승했고, 기간도 대세상승 국면이 대세하락 국면보다 두 배나 길었던 경우를 볼 수 있다. 또 대세하락 국면에서 60포인트나 하락했는데, 뒤이은 대세상승 국면에서 45포인트 만회하는 데 그치고, 다시 또 나타난 대세하락 국면에서 35포인트 하락한 다음 대세상승 국면에서 20포인트도 채 오르지 못하는 경우도 있다. 그런가 하면 대세상승 국면에서 산업 평균주가는 60포인트 가까이 상승했는데, 철도 평균주가는 30포인트도 오르지 못했다거나, 두 가지 평균주가의 대세상승과 대세하락 국면의 지속기간이 달랐을 수도 있다. 개략적인 설명이었지만 이것은 최근 30년간의 기록에 의한 것이다. 물론 주가의 흐름에는 어떤 주기 같은 게 있다. 그러나 수학적으로 계산할 수 있는 규칙적인 "사이클"로 얽어 매기 시작하면, 다음의 대세상승 혹은 대세하락 흐름을 계산하느라 혼란만 가중될 뿐이다. 그렇게 한다면 결국 공허한 이론과 텅 빈 지갑만 남게 될 것이다.

겉만 번드레한 신비스러움

나는 이것만이 유일한 진실이라고 집착하려 하지 않는다. 물론 나는 이 주제에 대해 가능한 한 대중이 관심을 가질 수 있도록 과학적으로 접근하고자 했다. 요즘은 이 주제에 관심을 갖는 사람들이 어느 때보다도 많아졌지만 말이다. 무슨 일이든 가르치는 사람이 부딪치는 한 가지 문제이자 모든 선생님이 안고 있는 도덕적 위험은 교사라는 직책에 수반되는 권위로 인해 자신의 전문분야를 뭔가 신비스러움으로 치장한다는 것이다. 혹시라도 부딪칠지 모를 경쟁자를 미리 없애려는 무의식적인 바람으로 인해 자기 분야에 필요한 지식을 얻어나가는 과정에서 너무나 많은 어려움에 직면한다고 부풀리게 된다. 인간사를 돌아보면 아주 간단한 문제를 순식간에 아주 복잡하고 대단한 문제처럼 확대하는 경향이 있다는 사실을 알 수 있다. 모든 종교가 성직자제도를 갖고 있는데, 어느새 구원보다도 성직자의 후계자 선정작업이 더 중요한 행사처럼 되어버렸다. 영국의 관습법과 교회법을 보면 전문가에 대해 신비스럽다는 표현을 쓴 구절을 발견할 수 있다. 심지어 당신 집을 수리하러 온 배관공은 무겁게 들고 온 온갖 장비와 여기저기 늘어놓은 기기들을 당신이 바라보고는 자신이 하는 일이 얼마나 어려운 것이며, 그가 보낼 말도 되지 않는 계산서가 충분히 그럴만한 근거가 있음을 알아주기를 바란다. 문외한인 당신 입장에서는 배관공이 벌려놓은 것들이 많을수록 어렵기만 할 테니 말이다.

비밀정보 제공자와 내부거래자

나는 주식과 관련된 비밀정보를 드러내놓고 제공하는 사설기관과 관련된 사람들을 몇 명 알고 있다. 이들이 제공하는 정보는 나름대로 시장이 있다. 이들은 또한 호감이 가는 사람들이고, 아주 뛰어난 판단력을 갖고 있다. 더구나 주식시장에 관한 한 절대로 약세론자의 입장에 서본 적이 없다. 이들은 강세장에서 성공을 거두기도 하고, 큰 돈을 벌기도 한다. 내가 생각하기에는 잘 나갈 때 벌어둔 돈으로 벌이가 시원찮은 약세장을 견뎌내는 것 같다. 이들은 과학적 사고와는 거리가 먼 투기자에게 접근해 그들이 알고 싶어하는 것을 얘기해준다. 물론 투기자들이 알아야 할 것을 말해주는 게 아니다. 때로는 대충 말해주고 끝낼 때도 있다. 그러나 반드시 덧붙이는 사실은 주식시장의 흐름을 읽어내는 일 자체가 아주 신비하다며 그럴싸하게 포장하는 것이다. 이들이 주식시장 전반의 흐름에 관해 알려주는 사실이 진실된 것이라면, 개별종목에 관한 이야기들도 진실일 것이다. 이들과 마찬가지로 "내부거래자들"도 늘 주식을 매수하는 쪽이다. 그동안 많은 내부거래자들을 알고 지냈던 나의 경험으로 볼 때, 소액 투기자의 입장에서 이들은 맞는 경우보다 틀리는 경우가 훨씬 더 많았다.

사실 이들 내부거래자들은 기업에서 실제로 사업을 하는 자연인이므로 시시각각 변하는 주식시세를 바라보고 있기에는 너무 바쁜 사람들이다. 특정 주식을 거래하기에는 시간적인 한계나 여러 제약이 많다 보니 시장이 방향을 전환할 때 올바른 판단을 내리기 어렵다. 이들은 대개 자신이 몸담고 있는 기업에 강세 마인드를 갖고 있는데, 자기 회사의 엄청난 가능성과 성장성을 믿고 있다면 당연한 입장일 것이다. 하지만 해당 기업의 주가에 영향을 미치는 경제 변수는 워낙 다양하다. 주식시장에서 거래되는 철도주나 산업주 전부가 그렇다. 그런 점에서 이들의 시각은 한계가 있을 수밖에 없다. 이것은 단순히 냉소주의에 사로잡혀서 하는 말이 아니다. 월 스트리트에서는 누구든 확실한 내부자 정보로 인해 파멸할 수 있다는 게 정설이다.

단지 그렇다는 정도가 아니라, 정말로 사실과 딱 들어맞는 말이다. 물론 대기업의 최고위급 경영자라면 자기 회사 바깥 사정에 대해서도 객관적인 지식을 갖고 있어야 한다. 마땅히 그런 지식을 공부해야 한다. 보다 객관적인 시각을 갖기 위해 필요하다면 책을 읽을 수도 있다. 그러나 변호사나 의사처럼 아무리 좋은 대학교에서 아무리 훌륭한 교육을 받은 사람이라 해도, 자신의 현재 직업은 균형감각을 유지하는 데 엄청난 장애가 된다.

신뢰할 만한 가이드

이것이 바로 주식시장 바로미터가 왜 그토록 유용한지 설명해주는 이유다. 주식시장 바로미터는 일정한 주기나 시스템을 찾기 어렵고, 흥미롭지도 않고, 논리 정연한 추론도 없으며, 일반적인 유행에도 휩쓸리지 않는다. 단지 이 모든 것들이 유용할 때는 차용하고, 마찬가지로 다른 모든 정보들도 필요할 경우 반영한다. 주식시장의 흐름은 우리가 수집할 수 있는 현실 세계의 모든 정보를 반영하고, 매일매일의 주식거래는 왕겨를 체로 쳐서 곡식을 골라내는 작업이다. 그렇게 골라낸 곡식이 좋지 않은 것이라면, 시장은 낮은 가격으로 그 가치를 반영할 뿐이다. 체로 쳐낸 곡식이 훌륭하다면, 누구보다 부지런하고 경제 전반의 최신 동향을 꿰뚫고 있는 사람이 그 결과를 예측하고 차트를 그려내기 한참 전에 가격은 오르기 시작한다. 우리들 가운데 케플러나 뉴턴 같은 천재는 극히 드물다. 그러나 하루하루를 살아가는 데 꼭 필요한 앞날을 예측하는 데 도움을 줄 수 있고, 또 그렇게 함으로써 스스로를 보호할 수 있는 유용한 원칙들을 만드는 일은 가능하다. 이게 바로 주식시장 바로미터가 하는 기능이다. 주식시장 바로미터는 절대로 그릇된 결론을 내리지 않는다. 물론 인간사에 관련된 것이기에 어쩔 수 없는 한계는 있다. 그러나 그런 점을 감안하더라도, 주식시장 바로미터는 지금까지 고안된 어떤 경제적 지표도 근처조차 따라오지 못했을 정도의 뛰어난 예측력을 갖고 있다고 솔직히 자신할 수 있다.

Chapter_12
강세장을 예측하다: 1908~09년

우리는 계속해서 주가의 흐름에 관한 다우 이론의 타당성을 검증할 것이다. 하지만 주식시장 바로미터의 예측 능력이 얼마나 가치 있는가는 매우 중요하면서도 결정적인 주제다. 이 주제와 관련해 1907~08년 중 〈월 스트리트 저널〉에 비정기적으로 실렸던 평균주가에 관한 분석 기사들을 살펴보는 게 좋을 것 같다. 이들 기사는 기록으로서의 의미도 있지만 나에게는 개인적인 이유로 기억에 남는 것이기도 하다. 1907년 초 지금은 고인이 된 세레노 S. 프랫이 〈월 스트리트 저널〉 편집국장을 그만두고, 뉴욕상공회의소 의장으로 가게 됐다. 프랫 국장은 경제적인 식견이 풍부하고, 신문기자로서 진실된 품성과 탁월한 능력을 겸비한 분이었는데, 뉴욕상공회의소 의장직은 중량감은 있지만 그 분에게 딱 어울리는 자리는 아니었다.

객관적인 칼럼

신문 칼럼에는 당연히 그것을 쓴 개인의 서명이 들어가지 않지만, 그것을 감안하더라도 정치인의 연설이나 정책 제안에 비해 개인적인 취향이 훨씬 덜 배어있다. 물론 칼럼을 쓴 편집자는 개인적으로 그 칼럼에 대한 책임을 진다. 신문사 차원에서는 물론이고, 공익적으로, 또 형사상으로 법적인 책임을 져야 한다. 필요할 경우 그가 쓴 칼럼에 대해서는 신문사 내부의 "해당 분야" 전문가가 검토할 수 있고, 전문가가 지적한 부분에 대해서는 칼럼을 쓴 편집자가 다시 수정할 수 있다. 훌륭한 신문이라면 지면에 칼럼이 나가기 전까지 여러 명의 쟁쟁한 인물들이 칼럼을 읽고 잘못된 점을 지적한다. 그런데 내가 프랫의 뒤를 이어 편집국장을 맡은 다음 가만히 생각해보니, 평균주가에 관한 나의 칼럼이 어디까지 나의 개인적인 견해를 반영하는 것인지 선을 그을 수 없었다. 물론 확실한 정답이 있는 문제도 아니었고, 편집국장으로서 나의 암묵적인 압력이 편집국 내의 다른 간부들에게도 영향을 미쳤을 것이다. 프랫과 나는 어쨌든 〈월 스트리트 저널〉이 창업자 찰스 H. 다우로부터 물려받은 평균주가를 읽어내는 방법에 관해서는 이견이 없었다.

약세장의 끝자락을 탐색하다

1907년 내내 짧지만 아주 격렬했던 대세하락 국면이 이어져 그해 11월 21일에야 바닥을 쳤다는 사실은 앞선 장에서 이미 이야기했다. 11월의 마지막 주에는 산업주들이 급반등했고, 대세하락 국면에서의 2차적인 랠리가 나타나는 것처럼 보였다; 그리고 어떤 바로미터든 가장 어려운 문제, 즉 시장의 반전 시점을 찾아내야 하는 순간이 다가왔다. 12월 5일자 〈월 스트리트 저널〉은 이렇게 썼다:

> 다우존스 철도 평균주가는 11월 21일 최저점을 기록한 이후 어제의 강력한 반등이 끝날 때까지 7.70포인트 상승해 현재 89.11까지 왔다. 지난 열흘 동안 하락한 날은 불과 이틀밖에 되지 않는다. 그런 점에서 아주 의미있는 랠리였고, 매우 빠른 상승세였다고 여겨질 것이다. 물론 아직도 평균주가의 절대적인 수준은 거래량의 위축 등으로 인해 저평가돼 있는 게 사실이지만 말이다.

12월 23일에는 그주의 시장 상황을 전하면서 평균주가에 관해 그냥 지나치듯 언급했다. 필자의 입장에서 보자면 시장의 변화에 대해 너무 단정적인 것 같았고, 너무 서두른 예측일 수도 있었다. 당시의 기사를 보자:

> 철도 평균주가가 보여준 최근의 전형적인 주가 움직임은 주목해서 들여다볼 필요가 있다. 철도 평균주가는 지난 7월 20일부터 11월 21일까지 26포인트나 하락했다. 그 후 2주 만에 9포인트 반등하는 데 성공했다. 다시 열흘 동안 4포인트가 떨어졌지만, 지난주에는 2포인트 올랐다. 평균주가의 아래위 출렁임이 짧아지며, 조금씩 균형점에 접근해가고 있는 것이다.

스스로 바로잡는 바로미터

일단 여기서 2차적인 주가흐름에 관해 몇 가지 이야기할 필요가 있을 것 같다. 지금 논의하는 주제에 필수적이기도 하지만 매우 간단하고, 명확한 사례가 될 수 있기 때문이다. 약세장의 바닥에서 랠리가 나타난 다음 곧바로 이어지는 조정은 직전 저점에 닿기 이전에 멈춘다는 사실을 알게 될 것이다. 또한 개별종목의 주가를 살펴보면 산업 평균 주가를 구성하는 20개 산업주의 주가가 거의 비슷하게 같은 방향으로 움직인다는 사실도 알 수 있을 것이다. 바로 앞에서 인용한 기사의 맨 마지막 문장은 2차적인 주가흐름의 의미와 기능을 아주 명확하게 보여준 것이다. 그런 점에서 우리의 주식시장 바로미터는 스스로를 조정하고자 한다고 말할 수 있다. 약세장의 전환 시점에서는 온갖 종류의 이론과 정보가 난무하고, 각종 의견이 난마처럼 꼬여 헤어나올 수 없을 지경이 된다. 이런 상황에서 주식시장 바로미터는 서서히 스스로 질서를 되찾아가는 것이다. 그러면 투자자와 투기자들은 시장의 흐름을 예측하려고 하는데, 가끔은 너무 멀리까지 내달리는 우를 범하기도 한다.

옳았으나 너무 빨랐다

월 스트리트에서는 옳기는 했지만 너무 빨랐기 때문에 돈을 날린 사람들의 예를 수없이 발견할 수 있다. 그 중에서도 아주 교훈적인 사례를 하나 소개하겠다. 맥킨리 대통령의 재선을 앞둔 1900년 여름 강세장이 진행되고 있을 무렵이었다. 뉴욕증권거래소의 유명한 플로어 트레이더가 한 명 있었는데, 그는 당시 차익거래를 전문으로 하는 회사의 파트너였다. 그 회사는 이미 오래 전에 문을 닫았지만, 혹시 잘 모르는 독자를 위해 차익거래를 전문으로 하는 회사가 어떤 곳인지 설명하겠다. 런던증권거래소에서 오후 시간이면 뉴욕증권거래소에서는 오전인데, 이들 회사는 런던 주식시장의 거래상황을 전신을 통해 받은 뒤 두 시장간의 주가 변동에서 발생하는 차이를 이용해 이익을 내는 것이다. 그런데 그해 여름에는 거래량이 한산한 편이어서 차익거래를 전문으로 하는 회사를 포함해 월 스트리트의 모두가 별로 일거리가 없었다. 원래 하루 300만 주 이상이 거래되던 시절이었는데, 어떤 경우에는 하루에 10만 주도 채 거래되지 않을 정도로 시장이 위축됐다.

그러나 지금 소개하는 루이스 웜서라는 트레이더는 이런 상황에서도 매우 적극적인 플로어 트레이더였다. 그해 여름 내내 그는 강세 마인드를 견지했다. 이렇게 한산한 시장에서도 모멘텀을 갖고 움직이는 주식은 있게 마련인데, 다른 트레이더들은 그가 싸돌아 다니며 그나마 남아있는 이런 주식들까지 망치고 있다고 불평을 해댔다. 그는 뉴욕증권거래소의 정회원이자 플로어 트레이더인 만큼 그의 권리범위 내에서는 무슨 일이든 할 수 있었다. 주식시장의 거래량은 대통령 선거 몇 주 전까지 활기를 되찾지 못했다. 당시 웜서의 시각은 옳은 것이었고, 시장은 곧이어 올라가기 시작했다. 마치 그가 시장의 강세를 이끌어낸 게 아닌가 할 정도였다. 선거가 끝난 지 3일 만에 주식시장의 강세는 확실해졌다. 시장이 워낙 강했기 때문에 그는 이제 강세장이 맥킨리 대통령의 재선을 충분히 반영했다고 확신했다. 그는 곧 약세 마인드로 돌아섰다. 그리고 불과 며칠 만에 지난 5개월간 강세 마인드를 견지하며 벌어뒀던 돈을 전부 날려버렸다. 이 때의 강세장은 우리가 알다시피, 노던 퍼시픽 주식 매집과 곧 이어 벌어졌던 패닉 등 심각한 사태가 있었음에도 불구하고 1902년 9월 정점에 도달하기까지 지속됐다. 시장은 모든 것을 보고 있는데, 그는 단지 하나만 보았을 뿐이다. 또한 주식시장 바로미터를 믿었다면 끝까지 신뢰해야 한다는 점을 알려주는 극명한 사례다. 사실 그 시절의 열악했던 시장 상황을 감안한다면 웜서의 탁월함은 작은 웅덩이에서 뛰노는 덩치 큰 개구리였다. 어쨌든 그는 주식시장이 상승세를 타기에 앞서 거래가 극히 한산하던 무렵에도 유일하게 시장을 움직여갔음은 부정할 수 없으니 말이다.

용기 있는 예측

1908년과 1909년의 강세장으로 돌아가보자. 〈월 스트리트 저널〉은 1907년 12월 25일자에서 분명히 강세장의 시작을 예측하는 기사를 실었다. "모든 가능성을 고려해볼 때 우리는 이미 저점을 확인했다." 〈월 스트리트 저널〉은 또한 온 나라가 여전히 1907년 패닉의 충격에서 헤어나오지 못하고 있던 1908년 1월 10일, 주식시장 바로미터 단 하나의 판단에 근거해 결정적인 랠리가 도래했음을 알렸다. 〈월 스트리트 저널〉은 시장에 새로운 움직임의 단초가 나타났음을 전하면서 이렇게 썼다. "이 같은 주가 흐름은 시장이 최저점을 찍은 뒤에 이어지는 급격한 움직임이며, 아주 길거나 어느 정도 긴 장기간의 파동이 방향을 틀기 직전에 보여주는 확실한 모습 가운데 하나다." 이런 표현은 상당히 용기 있으면서도 분명한 예측이라고 할 수 있다. 보수적인 기업인이라 하더라도 이처럼 주식시장 바로미터에 기초해 내려진 이런 예상에 이끌릴 것이다. 사실 다우 이론은 투기자의 수익률을 높여주려고 고안된 시스템도 아니고, 주식시장을 예측하는 절대진리의 법칙도 아니다. 평균주가는 순수한 마음으로 읽어야 한다. 평균주가에 대한 고려보다 자신의 바람이 더 강하다면, 또 그런 바람으로 평균주가를 바라볼 때 다우 이론은 속기 쉽다. 아무것도 모르는 초심자가 마법사의 지팡이를 함부로 건드렸다가 악마를 불러오는 옛날이야기를 많이 들어보지 않았는가?

경기 침체를 되돌아보기

강세장의 초입 단계에서는 주가 예측이 결코 쉬운 일이 아니다. 왜냐하면 그 무렵에는 누구도 그렇게 확신을 갖고 예측하려 하지 않기 때문이다. 앞선 장에서 1907년의 경기 침체가 갑작스럽게 엄습하면서 느껴야 했던 압박감을 설명했다. 〈월 스트리트 저널〉은 1908년 1월 24일자 칼럼에서 당시의 상황을 회고하면서 놀라울 정도로 변해버린 시장 여건을 이렇게 썼다:

> 이 나라의 경기 변동 속도가 너무나 빨라 하룻밤 사이에 최고의 호황과 최악의 침체를 번갈아 겪는다고 생각해보자. 그러면 무슨 일이 벌어질까? 며칠 전 월 스트리트에는 패닉이 몰아 닥쳤는데, 대표적인 철도회사의 고위 임원이 한다는 말이 바로 어제 철도 운임 수입이 최고치를 기록했다는 것이다. 얼마

• 뒤에는 똑같은 임원이 다시 철도 수요가 급격히 떨어졌다고 말한다. 이런 이야기는 얼마든지 나올 수 있다.

월 스트리트에 실제로 패닉이 엄습한 지 불과 3개월이 지났다. 이 정도 기간이면 국가 경제 전반에 혁명적인 변화의 파고가 밀려들기에 충분하다. 3개월 전만 해도 도로에는 화물을 싣고 나를 차량조차 부족했다. 지금은 수 만 대의 화물차들이 도로변과 터미널에 줄지어 서 있다. 3개월 전까지도 철강 생산량과 교역량은 사상 최고치 수준이었다. 그로부터 5~6주 만에 철강 수요가 끊기고 제철소들이 가동을 중단했다. 지난 10주 동안 철강 생산량 추이를 차트로 나타내면 거의 급전직하하는 수직선을 발견할 것이다. 너무나 갑작스럽고 끔찍한 경기 위축이다.

강세장을 인식하다

이 같은 칼럼 내용은 1908년 초부터 봄까지 전국적인 경기 상황이 침체의 가장 깊은 수렁으로 빠져들어 있었으며, 그런데도 불구하고 주식시장 바로미터는 일관되게 강세장을 알려주었다는 사실을 떠올리면 더욱 극명하게 이해될 것이다. 경기 침체는 이미 모두가 알고 있었다; 그러나 주식시장이란 현재 시점의 상황에 따라 움직이는 것이 아니라, 주식시장이 내다볼 수 있는 먼 장래까지의 모든 상황을 반영해 움직인다는 사실은 절대로 가려질 수 없었다. 〈월 스트리트 저널〉도 이 칼럼에서 이미 알려진 사실들을 인용하고 있다. 차트를 보면 당시 경기 침체의 최저점을 확인할 수 있을 것이다. 이해 11월까지도 경기 확장을 의미하는 중간선 위로 올라오지 못하고 있다. 그러나 주식시장은 12개월 전에 이미 이런 상황을 예상하고 있었고, 우리가 신뢰하는 주식시장 바로미터는 멀리 수평선 너머로 한줌의 맑은 하늘도 보이지 않을 때 경기 회복을 예측했다.

"별 것 아닌" 경기 회복을 비난하다

일찌감치 강세장을 예측했던 그 시절을 돌아보면, 당시 말할 수 없을 정도로 악의에 가득 찬 비난이 쏟아졌음에도 불구하고 다우 이론이라는 든든한 버팀목이 나를 지지해주었다는 점에 감사할 따름이다. 주식시장의 선동가들은 자신의 예상과 틀린 방향으로 움직이는 월 스트리트를 용납하지 못한다. 그 무렵 미국은 온통 규제와 억제, 통제 등 경제를 죄악시하는 분위기였다. 실업으로 인한 고통이 전국을 얼어붙게 만들었고, 여기저기서 불만이 터져 나왔다. 그 때 받은 편지들 가운데는 주식시장의 강세를 예측한 내 기사를 원색적으로 비난한 것들이 꽤 있었는데, 지금 보면 우습지만 당시에는 결코 웃어넘길 수 없었다. 우리는 마치 시골 장날에 가면 종이에 뚫어놓은 구멍 밖으로 얼굴을 내민 채, 1센트만 내고 자신을 향해 물대포를 쏘라고 하는 어릿광대가 되어버린 느낌이었다. 그나마 가장 신사적인 공격이 "로마는 불타고 있는데 월 스트리트는 여전히 흥청거린다는 말이냐"는 것이었다. 가장 많았던 비난은 우리가 불법적인 주가조작 세력과 결탁했다는 식이었다.

지난 25년간의 주가 및 거래량을 기록한 차트를 꺼내보면, 내가 기사를 썼을 때의 거래량이 1904년 이후 가장 적은 수준이었다는 사실을 알 수 있을 것이다. 이렇게 거래량이 적은 시장에서는 시세 조종이 가능하지도 않고, 시도해봐야 실익도 없다. 그러나 대세하락 국면에서 새로운 상승세로 전환하는 시기가 되면 항상 우리를 향해 이 같은 비난이 쏟아졌다. 시세 조종이 실제로 행해지고 있다는 사실은 매우 많은 요소들을 통해 확인할 수 있지만, 앞서 지적한 거래량 지표만 보더라도 당시 시세 조종은 불가능했음을 충분히 알 수 있을 것이다. 하지만 우리를 공격하는 고집불통들은 그렇게 생각하지 않았다. 이들은 몇 달 동안이나 나를 비난하는 편지를 보내왔고, 내 휴지통은 이들의 편지로 가득 찼다. 적어도 한동안은 강세장이 사람들에게 사랑을 받지 못했다.

거래량과의 관계

강세장일 때의 거래량은 약세장일 때의 거래량보다 늘 많다는 점을 여기서 지적해두는 게 좋을 것 같다. 주가가 오를 때는 거래량이 늘고, 주가가 내릴 때는 거래량이 줄어든다. 잠시만 생각해보면 그 이유를 알 수 있을 것이다. 주식시장이 오랫동안 침체에 빠져들면 많은 사람들이 손실을 입는다. 실제로 돈을 잃었거나, 아직 실현하지 않은 평가상의 손실을 입었거나 마찬가지다. 또한 투기적인 펀드든, 투자펀드든 시장이 침체되면 위축될 수밖에 없다. 반대로 주식시장이 상승세를 타게 되면 많은 사람들이 실제로 돈을 벌었거나, 평가상의 이익을 거둔다. 특히 강세장의 막바지 단계가 되면 모두들 자신이 가진 돈보다 더 많은 돈을 주식에 투자하는데, 이것은 경험에 비춰보면 거의 항상 그렇다. 대세상승 국면에서는 늘 이런 일이 벌어지고, 결국 2차적인 조정 국면에서 큰 타격을 입게 된다. 강세장에서 급격한 조정이 나타나면 종종 거래량이 늘어나기도 한다. 이 같은 극적인 조정이 나타났던 사례는 1901년 5월을 들 수 있는데, 당시의 거래량 기록은 한동안 깨지지 않았을 정도였다. 이 때 하루 평균 거래량은 180만 주를 넘어섰고, 불과 두 시간 동안 열리는 토요일에도 그랬다. 노던 퍼시픽 주식 매집으로 야기된 패닉 사태가 벌어졌던 5월 9일에도 엄청난 거래량을 기록했다. 2차적인 조정에 대해서는 다음 장에서 자세히 살펴볼 것이므로, 여기서는 이 정도 설명으로 그치도록 하겠다.

편향되지 않은 투자 마인드

일이 그렇게 됐으니까, 지나고 나서 "내가 이미 그렇게 말했잖아"라고 하는 게 아니냐고 공격할지도 모르겠다. 부연설명으로서가 아니라 이런 비난에 대한 적절한 응수로서, 주식시장 바로미터를 실제로 활용할 때의 자세를 알려줄 필요가 있다. 사실 내가 주식시장을 정확히 예측했다고 해서 대단히 자랑스러워 한 경우는 거의 없다. 주식시장 바로미터의 원칙을 확실히 이해하고서 평균주가의 흐름을 과학적으로 분석한 사람이라면, 누구나 스스로 이런 추론을 이끌어냈을 것이다. 편향된 투자 마인드를 정말로 갖고 있지 않았다면 말이다. 주식시장에 이해관계를 갖고 있을 경우 십중팔구는 판단력이 흐려진다. 인간이란 자신이 바라는 대로 전망하게 마련이다. 주식을 매수한 사람은 주가가 오르기를 바라고, 공매도한 사람은 주가가 내리기를 바란다. 그러나 다른 투자자들을 위해 주가의 흐름을 분석하는 애널리스트는 절대로 객관적이어야 한다. 이런 자세를 갖지 않으면 수많은 함정에 빠질 수 있다. 특히 이미 검증된 원칙에 기초하지 않은 자신만의 독단적인 추론에 의지할 경우 더욱 위험해진다. 주식시장에서 가장 많은 투기자를 파멸의 길로 몰고 가는 요인은 자신의 의견에 대단한 자부심을 갖는 것이다. 이것이야말로 투기자를 파멸시키는 다른 모든 요인을 전부 합친 것보다도 더 위험하다.

불운한 추측

잘못된 길로 들어서는 가장 손쉬운 방식은 두 가지 평균주가가 아닌 한 가지 평균주가만 보고 판단을 내리는 것이다. 뉴욕에서 발행되는 허스트 계열의 잡지 〈아메리칸American〉은 1921년 5월 10일자 금융면에 과감한 예측기사를 실었다. 이 기사의 필자는 자신의 예측이 확실하다는 것을 뒷받침하기 위해 다우존스 평균주가의 차트를 함께 게재했다. 사실 이 차트나 기사에서 인용한 다우존스 평균주가는 아무런 허락도 받지 않은 것이었다. 하지만 옳지 않은 방법으로 돈을 벌어서는 절대 진정한 부자가 될 수 없다는 믿음을 가진 사람이라면 이 기사를 쓴 필자가 자신이 내세우는 근거조차 제대로 이해하지 못하고 있다는 사실을 알 수 있었을 것이다. 그는 기사에서 산업주의 강세를 주장하면서, 지금까지 주식시장 바로미터를 기초로 한 어떤 예측도 시도하지 않았던 상승의 한계까지 지적했다; 철도주는 "제자리 걸음을 하고 있다"고 표현했다. 이 기사는 가장 불운한 추측으로 끝나고 말았다. 산업 평균주가는 그 후 13포인트나 더 떨어졌고, 6월 들어서는 신저점까지 기록했다; 반면 철도 평균주가는 얼마 후 제자리 걸음에서 벗어나 주목할 만한 반등세를 보여주었다.

평균주가는 반드시 서로를 확인해주어야 한다

이 사례는 철도 평균주가의 움직임이 확인해주지 않은 산업 평균주가의 강세 조짐만 보고 잘못된 판단을 내린 경우다. 당시 산업 평균주가는 박스권을 형성하고 있었는데, 약세장에서의 2차적인 랠리가 나타난 뒤 강세 조짐을 보여주고 있었다. 이제 박스권을 상향돌파한다면, 박스권에서 물량 확보가 이루어졌다고 판단할 수 있다. 그리고 이와 똑같은 움직임을 철도 평균주가에서도 확인해야 한다. 그러나 그런 주가 흐름은 없었다. 〈아메리칸〉에 실린 기사의 독자들이 제발 그 예측을 따르지 않았기를 바랄 뿐이다; 산업 평균주가가 박스권을 뚫고 강세장의 도래를 확인해준 시점은 이 기사가 나간 뒤 7개월이나 지난 12월 2일이었다.

그러나 이 기사의 필자가 주식시장 바로미터를 피상적으로 이해한 것은 아니라고 너그럽게 생각해볼 수도 있다. 어쩌면 그는 마음속으로 1919년 강세장을 떠올렸는지도 모른다. 당시 산업주는 철도주의 주가와는 전혀 상관없이 그냥 올라갔다. "법칙을 입증해주는 예외"라는 제목을 붙인 제16장에서 자세히 설명하겠지만, 이런 경우는 정부가 철도기업의 소유권을 인수하고 최저 수익을 보장하는 일이 다시 벌어지지 않는 한 불가능하다. 이 같은 상황에서 철도주는 전혀 투기의 대상이 될 수 없었고, 고정이자를 받을 수 있는 채권 같은 다른 유가증권처럼 하락세를 이어갔다. 즉, 우리가 알다시피 당시 물가수준은 **빠른 속도로 높아지고 있었으므로** 채권이나 다름없는 철도주의 주가는 떨어질 수밖에 없었다.

두 가지 평균주가는 그 강도 면에서는 차이가 날 수 있지만 그 방향에서는 결정적으로 다를 수 없으며, 특히 대세상승이나 대세하락 국면에서는 그렇다. 앞서 소개한 사례가 이 점을 여실히 보여주고 있다. 두 가지 평균주가가 처음 고안돼 지금에 이르기까지의 전기간 동안 이 법칙의 신뢰성은 충분히 검증됐다. 주식시장의 대세상승과 대세하락 국면에서는 반드시 그랬을 뿐만 아니라 2차적인 조정이나 랠리에서도 대체적으로 그랬다. 물론 하루하루의 주가 변동에서는 그렇지 않을 수 있고, 개별종목의 주가를 예상하는 데 이 법칙을 활용하려 했다면 틀리기 십상이었을 것이다. 한 가지 평균주가의 흐름만 관찰하게 되면 오히려 더 매혹적으로 보일 수 있다. 나 역시 이로 인해 그 대가를 톡톡히 치러야 했다; 꽤 오래 전 일이기는 하지만 나도 이런 식으로 분석한 기사를 적어도 한 번 이상 썼다. 주식시장 바로미터를 신뢰하는 데서 오는 잘못은 믿음이 과도해서가 아니라 믿음이 부족하기 때문이라는 사실이야말로 주식시장 바로미터의 신뢰성을 더욱 높여주는 것이다.

논점을 벗어나지 않아야

주식시장의 큰 흐름을 좌우하는 요인들, 즉 경기침체나 경기회복, 과도한 확장이나 위축 등에 대해 논의가 필요하다고 지적했다. 1907년 패닉의 원인에 대해서는 내 나름대로의 견해를 갖고 있다. 나와 비슷한 수준으로 인정받고 있는 필자들이 당시의 패닉을 E.H. 해리먼과 1901~06년 사이에 진행된 미국 철도산업의 "과도한 확장" 때문이라고 설명하는데, 나는 여기에 동의하지 않는다; 영란은행이 금리를 거의 충격적으로 인상해 1906년 말에 7%까지 끌어올린 직접적인 원인이 미국 철도주 투기 때문이었다고 과연 누가 생각하겠는가? 1907년 4월 이집트 알렉산드리아에서 벌어진 패닉 사태가 해리먼으로 인해 야기됐다고는 결코 상상할 수 없다; 한 달 뒤에는 일본에서도 패닉이 발생했다; 그해 10월에는 독일 함부르크에서 패닉이 벌어져 영국의 경제 주간지 〈이코노미스트Economist〉가 "1857년 이후 이 도시에서 발생한 최악의 금융재난"이라고 썼다; 칠레에서도 패닉이 있었다. 이 모두가 그해 10월 말의 미국 금융위기에 앞서 발생했다. 제임스 J. 힐이 언급한 것처럼 철도 산업의 발전 추세가 이어졌다면 1906년에는 10억 달러가 투자됐겠지만, 결국 투자계획은 거의 전부 연기됐다. 이처럼 철도 산업의 발전이 정체됐다는 사실은 E.H. 해리먼이 추진했던 철도회사들간의 상호 주식보유 계획보다 국가 경제에 훨씬 더 심각한 것이었다. 실제로 E.H. 해리먼의 계획은 주간통상위원회(ICC)에서 철도 운임을 조정할 수 있었기 때문에 일반 국민들에게는 큰 위협이 되지 않았다.

하지만 이 모든 것은 논점에서 벗어난 것이다. 나는 지금 주식시장 바로미터에 대해 쓰고 있는 것이지 일기예보에 대해 쓰고 있는 게 아니다. 그런 일이 벌어진 뒤 14년이나 더 지나, 당시의 제반 사실을 알고 있는 데다 어느 정도는 그 일에 관련됐던 사람이 역사를 되돌아보면 참으로 이상하게 느껴진다. 여기서 역사를 돌아보는 것은 필요하지만, 논점을 벗어나지 않도록 설명을 계속 해나가겠다.

Chapter_13
2차적인 주가 흐름의 성격과 활용법

앞의 몇 개 장에서는 주식시장 바로미터의 효율성을 주제로 설명했는데, 이를 보여주는 역사적인 실례를 다시 소개하기에 앞서 2차적인 주가 흐름을 살펴보는 게 좋을 것 같다. 대세상승이나 대세하락과 같은 주식시장의 큰 흐름은 그것이 잉태되는 단계에서 성공적으로 진단하는 것이 가능하다고 설명했다. 그러나 다우 이론에서 2차적인 주가 흐름이라고 부르는 시장 움직임은 전혀 다른 문제다. 우리는 역사적 분석을 통해 주식시장에는 세 가지의 주가 흐름, 즉 뚜렷하게 구분되면서도 동시에 진행되는 주가 흐름이 있다는 다우 이론의 정확성을 검증했다. 세 가지의 주가 흐름은 대세상승과 대세하락 같은 기본적인 주가 흐름, 강세장에서의 조정과 약세장에서의 랠리 같은 2차적인 주가 흐름, 그리고 매일매일의 주가 등락이다. 이번 장의 내용은 주식시장 바로미터를 경제 전반을 전망하는 데 지침이나 경고등으로 활용하려는 사람들보다 오히려 투기자나 잠재적인 투자자들에게 더 도움이 될지도 모르겠다.

방향의 변화를 어떻게 판단하는가

대세상승과 대세하락의 국면 전환을 판단하기가 어렵다면, 2차적인 주가 흐름이 막 출현한 시점에 이를 구별해내기란 더욱 어렵다고 말할 수 있다. 물론 아무리 어렵다 해도 2차적인 주가 흐름이 끝나고 대세상승이나 대세하락 추세가 재개됐다는 사실을 판단할 방법은 있다. 우리는 2차적인 주가 흐름이 얼마나 지속될 것이며, 그 등락폭은 얼마나 될 것인지 일률적으로 미리 재단할 필요는 없다. 1906년 샌프란시스코 대지진 당시 나타났던 강세장에서의 2차적인 조정을 살펴보면 극명하게 드러나듯이, 이런 조정은 새로운 대세하락 추세가 시작됐다고 잘못된 판단을 유도하기 쉽다. 1901년 노던 퍼시픽 주식 매집으로 인한 패닉 당시에도 그랬던 것처럼 이런 조정은 워낙 격렬하고 확실해 보여 노련한 트레이더들조차 강세장이 이제 끝났다고 성급하게 판단할 수 있다.

다우는 2차적인 주가 흐름의 지속기간을 대략 40~60일로 추정했는데, 그 이후 지금까지의 경험을 돌아보면 이렇게 긴 경우는 사실 매우 드물고, 2차적인 주가 흐름의 지속기간은 거의 40일 미만인 것으로 나타났다. 매일매일의 주가 등락도 상당히 큰 폭으로 일어날 수 있는데, 비록 그것이 아주 중요한 것이라 하더라도 거의 대부분은 2차적인 조정이나 랠리를 더욱 강화하는 경우다. 가령 1917년 12월 말, 정부가 철도기업을 전부 인수할 것이라는 사실이 알려지자 철도 평균주가는 단 하루 만에 6포인트 이상 상승했다. 물론 이 같은 극적인 주가 등락을 수반하지 않는 2차적인 주가 흐름도 있다. 2차적인 주가 흐름을 공부하면서 잊어서는 안 될 사실은, 시장의 큰 추세에 변화를 주는 2차적인 조정이나 랠리는 갑작스럽게 출현하는 반면, 2차적인 주가 흐름을 끝내고 대세상승이나 대세하락 추세로 복귀하는 과정은 느리게 진행된다는 점이다. 특히 기본적인 주가 흐름으로 복귀하는 것인지의 여부는 강세장에서는 물량 확보를 위한 박스권이, 약세장에서는 매물 출회를 위한 박스권이 형성되는지를 보고 미리 판단할 수 있다.

별보다 많은 운석

추세를 반전시킬 만한 급격한 주가 등락을 과연 누가 예측하겠는가? 급격한 주가 등락은 해당 종목의 주가와 가치 간의 차이를 야기하는 모든 요인들을 반영하는 것으로, 기본적인 주가 흐름의 대표적인 기능과 필요성은 바로 이 같은 주가와 가치 간의 조정이라고 할 수 있다. 따라서 주가의 급등락은 일반 대중이 알고 있는 지식을 선별해 반영하는 것이라기 보다는 기술적인 시장 상황을 나타내는 것이다. 즉, 전문가들의 표현을 빌자면 강세 마인드를 가진 아주 거대한 집단이 출현한 것이다; 혹은 그 반대로 모두가 약세장을 예상하고 공매도에 나서는 것이다. 주식시장에서 투기를 하는 사람들이 조언을 요청했을 때 내가 내키지 않아 했던 경우는 여러 번 있었다. 그것은 아주 간단하고 돈도 들지 않는 합당한 태도였다. 하지만 더 중요한 이유는, 자유로운 미국 시민으로서 자신이 성공에 필요한 자질을 갖추고 있으며, 특히 성공을 유지할 수 있다고 믿는 사람들에게 굳이 투기의 어려움을 부각시켜가며 조언하고 싶지 않았기 때문이다. 투기를 한다는 것은 월 스트리트가 아닌 다른 곳에서 특히 두드러지듯이 모든 시험 중에서도 가장 어려운 것이다. 경제라는 하늘에 수많은 운석이 떠있지만, 그 자리에서 계속 반짝이는 별은 아주 드물다.

   프로 투자자들이 아마추어 투자자들보다 실질적으로, 또 거의 항상 우월한 입장에 설 수 있는 경우가 바로 주식시장이 2차적인 주가 흐름을 보일 때다. 이 시점이 되면 프로 투자자들은 기술적인 경험을 통해 급박한 상황을 알아챈다. 전문적인 "시세 읽기"는 일종의 육감을 길러준다. 증권거래소의 플로어에서 전념을 다해 주식을 거래하는 트레이더들은 시세만 읽는 트레이더들보다 임박한 변화의 바람을 더 빨리 느낄 수 있다. 물론 아마추어가 프로보다 더 나은 성적을 내는 게임도 있고, 아마추어나 프로나 큰 차이가 나지 않아 보이는 게임도 많다. 그러나 장기적으로 보면, 거의 모든 게임에서 프로는 아마추어보다 승률이 더 좋다. 특히 프로는 판돈이 상당히 클 때 이기는 경우가 더 많고, 손실이 불가피할 때도 지는 경우가 더 적다.

전문가의 유리함

브리지 게임에서 좋은 카드를 잡게 되면 80%의 우위는 확보했다는 조사결과가 있다. 따라서 카드를 잘 하지 못하거나 대충 하는 사람도 게임에서 이길 수 있다. 좋은 카드가 계속 들어오고, 행운을 기꺼이 즐길 자세가 돼 있고, 함께 카드를 하는 상대들도 이를 즐거워해준다면 누구든 한동안 연속해서 이길 수 있다. 그러나 나머지 20%가 바로 어쩔 수 없는 하수와 전문가 간의 결정적인 차이를 만드는 요소다. 게임에 참가한 사람들에게 좋은 카드가 돌아갈 확률이 모두 같아질 정도로 충분히 오랜 시간 동안 카드 게임을 한다면 반드시 일류 프로 선수가 이긴다. 더구나 그는 불공정한 수법은 전혀 쓰지 않고도 승리를 거둔다. 만약 다른 사람과 짜고서 카드 게임을 이긴다면, 그런 사람은 협잡꾼일 뿐 진정한 일류 프로 선수가 아니다. 속임수의 유리함은 늘 과대평가돼 왔다. 속임수를 쓰는 사기꾼은 어느 정도 치명적인 결함을 갖고 있거나, 실은 사기를 치지 못하는 경우도 있다. 나는 월 스트리트에서 활동한 몇 사람의 사기꾼을 우연히 만난 적이 있다. 이들 가운데는 프로 급도 있었고 아마추어 급도 있었는데, 곧 이들의 정체는 탄로났고, 속임수로 얻은 우위를 잃게 되자 결국 바닥으로 추락해버리고 말았다. 누구도 한번에 프로가 될 수는 없다; 프로 선수는 사실 조금씩 성장한다.

프로의 차별성

많은 성공적인 투기자들 가운데 증권거래소의 정식 회원도 아니고, 증권회사의 파트너도 아닌 순수한 개인투자자들은 증권회사에 내는 수수료도 전부 자신의 부담으로 해야 하고, 시장 흐름의 변화 역시 본인이 직접 판단해야 한다. 따라서 이들은 스스로 생존의 길을 찾아야 하고, 기간의 차이는 있지만 열의만 있다면 프로의 수준에 오르게 된다. 이들은 기꺼이 투기의 세계에 전념한다. 그리고 어느 사업분야에서든 성공을 위해서는 반드시 애정과 열정을 쏟아 부어야 한다. 그러나 주식시장에 "가끔씩 발을 담그는" 개인투자자들은 제아무리 머리가 잘 돌아가고 정보에 민감하다 해도, 프로 투자자들과 맞설 수밖에 없는 2차적인 주가 흐름에서는 돈을 날리게 된다. 이들은 시장의 변화를 재빨리 알아차리고 그에 따라 행동을 바꿀 수 있을 만큼 민첩하지 못하다; 이들은 대개 얼마 전까지 자신의 판단이 옳았던 시장에서 손실이 나기 시작하면 체질적으로 이를 인정하지 못한다. 반면 프로 투자자들은 가장 빠른 시점에 자신의 행동을 수정하고, 따라서 2차적인 조정이나 랠리에 금방 적응할 수 있다.

월 스트리트는 일반적으로 강세 마인드다

똑똑한 아마추어 투자자라면 강세장에서 2차적인 조정을 거친 뒤 거래량이 줄어들었을 때 프로 투자자들과 같이 움직일 수 있다. 월 스트리트의 수많은 격언 가운데, "거래량이 한산한 시장에서는 절대 팔지 말라"는 말이 있다. 하지만 이 말은 대세하락 국면에서는 잘못된 조언이 될 수 있다. 왜냐하면 대세하락 국면에서 급격한 랠리가 나타난 뒤에는 일단 거래량이 줄어들게 되기 때문이다. 이 때 노련한 트레이더들은 다시 한번 공매도를 하기도 한다. 그러나 월 스트리트는 태생적으로 강세 마인드를 갖고 있다. 그 한 가지 이유는 증권가라는 곳이 약세장에서는 돈을 벌지 못하기 때문이다. 많은 사람들은 월 스트리트가 이미 이익을 챙긴 다음 충분히 유리한 입장에 서 있을 때 교활하게도 시장을 약세로 돌린다고 생각하지만 실제는 그렇지 않다. 월 스트리트는 수수료 덕분에 살아간다. 공매도를 해서 올린 수익으로 살아가는 게 아니다. 거래량이 많아질수록 수수료 수입도 늘어난다. 대규모 거래량과 엄청난 수수료 수입은 강세장에서 볼 수 있는 모습이지, 약세장의 단면은 아니다. 그런 점에서 월 스트리트는 일반적으로, 또 상식적으로 강세 마인드를 갖고 있는 게 사실이다. 처음에 약세장에 베팅해 성공을 거둔 걸출한 트레이더들이 가는 길은, 강세 마인드로 태도를 바꾸거나 아니면 시장에서 퇴출되는 두 가지 경우뿐이다.

우리는 앞서 기본적인 주가 흐름을 공부하면서 대세상승 국면이 대세하락 국면에 비해 좀더 오래 지속한다는 사실을 배웠다. 또한 대세상승과 대세하락의 평균적인 지속기간이 대체로 비슷해질 정도로 장기적인 주가 흐름을 관찰해보면, 시장은 우상향하는 경향이 있으며, 적어도 지금까지는 국가 전체의 부가 증가함에 따라 함께 상승해왔다는 사실을 알 수 있을 것이다. 나는 개인적으로 전쟁조차도 이 같은 기저에 깔려있는 사실을 변화시킬 수 없다고 믿는다. 특히 지칠 줄 모르는 미국과 같은 나라에서는 철도산업에 특별한 제약이 가해진다 해도, 나중에 보다 자세히 살펴보겠지만 기껏해야 잠시 가정을 수정하는 정도에 불과하다.

제임스 R. 키니

지금까지 시장의 약세에 베팅한 트레이더들 가운데 가장 유명한 인물은 제임스 R. 키니일 것이다. 나는 그가 약세장에 베팅해서 벌어들였던 돈은 그 후 전부 날려버렸다고 확신한다. 그가 죽을 때 남긴 재산과 경마에 걸었던 돈은 모두 그가 보유했던 주식의 가치가 큰 폭으로 오른 덕분이었다. 나는 사실 그와 그렇게 친하지 않았다. 이제 시간이 꽤 지났으니, 나처럼 언론사의 책임자급 간부가 그런 큰손 프로 투기자와 굳이 관계를 돈독히 하지 않았다고 이야기한들 별 관계는 없을 것이다. 그 시절 같았으면 개인적으로 아무리 떳떳하다 해도 그런 관계는 오해 받기 십상이었다. 더구나 월 스트리트는 워낙 가십과 스캔들이 넘쳐나는 곳이라 그런 관계를 맺은 기자는 큰손의 대변인 노릇이나 한다는 소리를 듣기 쉬웠다. 제대로 된 신문사라면 이런 소문은 절대로 용납할 수 없었을 것이다.

물론 그렇다고 해서 브로드 스트리트에 있던 그의 사위 탤보트 J. 테일러의 사무실 한쪽 편에 자리잡은, 아무나 함부로 접근하지 못했던 그의 고급스런 접견실에 드나든 신문사 사람들을 폄하하고자 하는 것은 아니다. 사람들이 키니를 좋아할 이유는 많았다. 그는 영화나 신문의 머리기사에 올라오는 금융업자처럼 피도 눈물도 없는 냉혹한 인물이 아니었다. 그는 아주 매력적인 성격에 신뢰할 만한 인물이었다. 물론 자신과 거래하는 상대방이나 약속을 지키지 않는 사람에게는 인정사정 없이 대했다. 우리 모두는 그가 아들 폭스올에게 쏟는 한없는 애정과 그의 애마를 사랑하는 스포츠맨의 자세에 감탄했다. 키니와 친하게 지냈던 신문기자 가운데는 당시 〈뉴욕 글로브New York Globe〉에서 일했던 에드윈 르페브르가 있었다. 하지만 르페브르 역시 키니에 대해 아주 잘 알고 있었다기 보다는 그저 그런 친구 정도였다고 하는 게 맞을 것이다. 그는 무척 재미있는 방식으로 키니를 연구했는데, 나중에 그가 쓴 소설 《월 스트리트의 샘슨 록Samson Rock of Wall Street》과 《골든 플러드The Golden Flood》에 나오는 월 스트리트 이야기의 극중 인물로 묘사했다. 그의 이런 소설은 이제 한물 간 것들이지만, 그래도 20년 전의 월 스트리트가 어떤 곳이었는지 아는 사람들에게는 꽤 흥미로운 읽을거리다.

애디슨 카맥

약세 마인드를 가진 투기자들을 향해 공매도로 시장을 무너뜨렸다는 비난이 쏟아지는 이유는 또 있다. 이들에게 날아드는 공격의 화살은 이들이 실제로 공매도한 정도를 훨씬 넘어서는 것이다. 이들도 강세장을 이끌 수 있고, 강세에 편승하기도 한다. 하지만 약세장에서 벌어지는 "황소와 곰의 싸움" 은 너무나 극적이어서, 이들의 진짜 모습처럼 굳어져버린다. 애디슨 카맥은 이미 오래 전에 활동했던 인물이지만, 많은 사람들이 아직도 그의 공매도에 대해 이야기한다. 그의 공매도는 성공한 적도 있고 실패한 적도 있지만, 그가 주식의 가치에 대한 뛰어난 판단력을 갖고 있지 않았다면, 또 이 나라의 성장과 번영에 그토록 관심을 갖고 투자하지 않았다면 시장에서 살아남지 못하고 곧 파멸했을 것이다. 그는 노던 퍼시픽이 재건하는 시점에 이 회사 주식을 주당 7달러에 산 덕분에 큰 돈을 벌 수 있었다. 그는 미국의 잠재력에 대해 진정한 믿음을 갖고 있었고, 월 스트리트의 맹목적인 애국심을 비난하는 비평가들을 무시할 수 있었다.

상품을 공매도하기

주식시장에서 하락에 베팅하는 투기자는 친구가 거의 없다. 그가 돈을 벌려면 다른 투기자가 돈을 잃어야 하므로 당연한 일인지도 모른다. 그런데 주식시장에서 공매도를 하는 투기자를 향해 던지는 곱지 않은 시선을 상품시장에서 밀이나 면화 같은 상품을 공매도하는 투기자에게까지 던지는 것은 매우 비논리적이다. 사실 밀의 가격이 오르는 데 베팅하는 투기자나 밀의 가격이 떨어지는 데 베팅하는 투기자나 별반 다를 게 없다. 오히려 밀을 공매도한 투기자 덕분에 밀가루와 빵의 가격이 낮아져 밀을 소비하는 일반 근로자들이 혜택을 입는다면, 국가적으로 더 큰 이득이 될 수 있다. 물론 투기자의 공매도 물량이 밀이나 면화의 가격을 움직인다는 것은 사실상 불가능하다. 하지만 주가는 오르는데, 상품가격은 떨어지는 경우가 있다. 더구나 어떤 투기세력이 특정 상품을 매집할 때 공매도로 이를 무너뜨리는 투기자는, 비록 그것이 자신의 이익을 챙기기 위한 것이었다 할지라도 공공의 이익에 부합하는 것이라고 할 수 있다.

농민들이나 농촌지역 출신 정치인들은 이런 주장을 말도 되지 않는다고 폄하할 것이다. 이들은 밀 가격이 부셸 당 5달러를 넘어선다면 마치 대단한 부와 번영이 찾아올 것처럼 이야기한다. 하지만 그렇게 되면 오히려 가난과 굶주림이 더 확산될 것이다. 농민들과 농촌 출신 정치인들은 1919년에 밀 가격을 부셸 당 3달러 이상으로 유지하기 위해 직접 투자 풀을 조직했지만, 당시 농촌 출신 연방 상원의원들로 구성된 "블록"의 적극적인 지원에도 불구하고 초당파연맹(Non-Partisan League)의 부실한 리더십으로 인해 끝내 실패했고, 그 이후 이들은 매우 민감하게 대응하고 있다. 이들의 투기적 매집이 실패로 돌아갈 수밖에 없었다고 말한다고 해서 농민들에게 야박한 것은 아니다. 1920년에 시장이 어떻게 됐는지 돌아보면 농민들의 투자 풀은 도저히 성공할 수 없었다. 밀은 대풍작이었고, 부셸 당 2달러면 어디서나 밀을 구할 수 있었다.

스스로 조정하는 주식시장 바로미터

잠시 상품시장에 대해 이야기했지만 그렇다고 논의에서 벗어난 것은 아니다. 면화나 곡물시장의 약세도 그것이 경제적인 의미를 갖고 있는 한, 주식시장의 2차적인 조정이나 반등에 충분히 영향을 미칠 수 있다. 사실 2차적인 주가 흐름에 영향을 미치는 일시적인 여건이나 환경은 기본적인 주가 흐름에 비해 훨씬 더 많다. 그러면 꼭 이런 질문을 던진다. "평균주가는 과연 신뢰할 만한 방식으로 2차적인 주가 흐름을 예측할 수 있는가?" 당연히 그런 예측은 가능하다. 대세상승 흐름에서 두 가지 평균주가가 박스권을 형성한 뒤 주가가 지지선을 뚫고 내려간다면 2차적인 조정이 나타날 것이다; 반대로 박스권을 형성한 뒤 주가가 저항선을 뚫고 올라간다면 2차적인 랠리가 나타날 것이다.

그러나 지금까지의 경험을 보면, 박스권이 형성되는 것은 통상 2차적인 조정이나 랠리가 나타나기 이전이 아니라 그 이후였다. 그런 점에서 이 박스권은 투기자에게 매우 유용하다. 가령 앞서 주식을 판 투기자라면, 물량확보를 위한 박스권이 진행된 뒤 저항선을 뚫는 강세 조짐을 보고 2차적인 조정이 이제 끝났다는 신호라고 판단할 수 있다. 당연히 그는 새로운 상승세의 시작에 맞춰 시장에 재진입할 것이다. 이런 식으로 만들어지는 신고가야말로 강세장이 다시 시작하는 가장 확실한 증거였다.

그러나 지금 여기서 설명하는 내용은 투기자를 위한 것이 아니라, 경제전반의 방향을 알려주는 지침으로서 주식시장 바로미터를 연구하고자 하는 사람들을 위한 것이다. 주식시장 바로미터를 연구하고자 한다면 당연히 2차적인 주가 흐름의 진짜 의미는 무엇이며, 어떤 유용성이 있는지 물어볼 것이다. 은유적으로 풀어서 설명하자면 2차적인 주가 흐름은 나침반을 조정하는 데 필요한 도구라고 할 수 있다. 배가 항구를 떠나면서 큰 원을 그리는 모습을 보고 이상하다는 생각을 가져봤을 것이다. 비유란 결코 완벽할 수 없지만, 2차적인 주가 흐름이 주식시장 바로미터를 교정해주는 매우 귀중한 존재라는 점에서 이것이야말로 아주 완벽한 비유다. 주식시장 바로미터는 적어도 그 정도까지는 스스로 조정하는 능력을 갖고 있다. 우리가 다루는 것은 온도계 안에 들어있는 수은처럼, 그 성질이 이미 알려진 대로 일정한 것이 아니다. 주식시장 바로미터는 헤아릴 수 있는 모든 변수를 전부 반영한다. 특히 가장 유동적이며, 끊임없이 바뀌고, 좀처럼 예단할 수 없는 인간의 본성 그 자체도 반영한다. 그러므로 우리는 물리학에서나 가능한 기계적인 정확성을 주식시장 바로미터에 기대해서는 안 된다.

너무 정확하면 진실이 될 수 없다

주식시장 바로미터가 너무 정확하게 들어맞으면 혹시 의심이 들지도 모른다. 마치 경찰이 내세운 증인들이 한마디도 어긋나지 않고 모두 똑같은 증언을 하게 되면 판사가 그 증거능력을 의심하듯이 말이다. 이런 증거는 너무나 훌륭해서 진실이 될 수 없는 것이다. 나는 시장이 변곡점을 맞았을 때, 그날의 고점이나 저점에 대해 확신하느냐는 질문을 수없이 받았다; 가령 지금은 확실해졌지만 1921년 6월에 기록했던 저점이 과연 약세장의 진짜 바닥이었는지, 아니면 그 뒤 8월에 산업평균주가 한 가지만 기록했던 새로운 저점이 진짜 바닥이었는지 하는 질문이다. 두 가지 평균주가는 반드시 서로를 확인해주어야만 한다고 말해왔다. 두 가지 평균주가를 모두 보고 판단하고자 한다면, 또 그렇게 하는 게 몸에 배였다면 당연히 그렇게 해야 할 것이다. 두 가지 평균주가를 모두 보고 판단한다고 해서 결정적으로 잘못되는 경우는 없다. 가령 U.S. 스틸 보통주처럼 시장에서 활발하게 거래되는 개별종목이 강세나 약세 흐름을 보이다 반전하는 지점을 수학적으로 아주 정확하게 보여주는 차트를 나도 본 적이 있다. 하지만 나는 별로 대단하게 여기지 않았다. 이런 차트는 주식시장 바로미터처럼 오랜 세월에 걸친 검증과정을 견뎌내지 못할 것이기 때문이다.

아주 쉽게 주식시장 바로미터의 이론적 근거에 흠집을 내려는 비평가들도 있다. 이들은 단지 우리 이론을 믿고 싶지 않고, 논쟁을 좋아하기 때문에 그러는 것이다. 이들은 대개 2차적인 주가 흐름을 찾아내고는, 우리의 주식시장 바로미터가 틀렸다고 주장한다. 그게 무슨 문제인가? 그들이 주장하는 그렇게 정확한 도구는 우리 인간에게는 불가능한 것이다. 사실 현재 우리의 지적 발전 수준으로는 그런 정확성 자체를 신뢰할 수 없다는 게 내 솔직한 심정이다. 이 세상을 파멸의 길로 몰아넣는 한 가지 방법은, 우주를 운영할 수 있는 권한을 창조주의 손에서 빼앗아 이 세상 최고의 이타주의자에게 넘겨주는 것이다.

Chapter_14
1909년, 그리고 역사의 몇 가지 오류들

이 책의 목적은 어디까지나 주식시장 바로미터를 제대로 이해하는 것이라고 전제했다. 그런 점에서 아직도 남아있는 현실적인, 혹은 비현실적인 문제에 부딪친다 해도 겁먹을 필요는 없다. 이미 얼마나 많은 문제들을 이해하고 넘어왔는지 돌아본다면 틀림없이 기운이 펄펄 솟구칠 것이다. 우리가 받는 보상은 목표지점을 향해 달리는 과정에서 얻는 것이지, 결승점에서 주어지는 상이 아니다. 그렇다고 해서 단순히 이 책을 읽는 것만으로 독자들의 지적 능력이 엄청나게 높아진다는 말은 아니다. 다만 지금까지의 과정만 돌아봐도 우리는 주가의 흐름에 관한 다우 이론의 틀을 이해했을 뿐만 아니라 다우 이론이 제시하는 유용한 바로미터를 추론해낼 수 있었다. 이 바로미터야말로 장기적인 경기예측에 더할 나위 없이 훌륭한 것이다. 우리가 논의하는 이론은 반드시 마음속 깊이 이해해야 한다. 새삼 강조하지만 주식시장에는 세 가지 움직임이 있다. 1~3년간에 걸친 장기간의 상승 흐름 또는 하락 흐름; 경우에 따라 며칠에서 수 주에 걸쳐 진행되는 2차적인 조정 또는 랠리; 하루하루의 주가 등락이 그것이다. 이들 세 가지 주가 움직임은 동시에 나타난다. 마치 조수가 해안가로 점점 밀려들어오는 만조 시간에도 파도가 물러나는 경우가 있는 것과 마찬가지다. 마치 우리가 자연법칙에 맞서는 행동을 하는 경우에도 자연법칙은 여전히 현실적으로 작용하는 것처럼, 2차적인 주가 흐름도 기본적인 주가 흐름이라고 하는 거대한 조수의 움직임을 잠시 붙들어둘 수 있다고 말할 수 있을 것이다. 지금 내가 글을 적고 있는 이 펜도 사실은 중력의 법칙에 의해 책상 밑으로 떨어질 수 있다. 물론 내가 붙잡고 있으므로 이런 일은 벌어지지 않지만, 그래도 중력의 법칙은 여전히 작용하고 있는 것이다. 다시 말하지만 기본적인 주가 흐름과 그 방향이 어긋나는 2차적인 주가 흐름이 동시에 나타난다 해도 여전히 주가의 큰 흐름은 유지되는 것이다.

불균형 등식

앞서의 논의에서 경기 차트와 기록을 살펴보았지만, 이런 데이터를 수집하고 정리하는 사람과 더 이상 논쟁을 벌이지 않을 것이다. 내가 말하고자 하는 바는 이 같은 차트와 기록은 절대로 유용한 바로미터가 되지 못한다는 것이다. 이런 데이터는 단지 미래를 희미하게 비춰줄 뿐이다. 비록 작용과 반작용의 힘이 똑같다는 물리학적인 법칙에 기초해 이런 데이터를 만들었다고 해도 그렇다. 내가 보기에 여기에는 등식을 짜맞추기 위한 요소만 잔뜩 나열돼 있을 뿐이다. 경기 차트의 경우 세계대전에서 독일이 승리할 수도 있었을 가능성이 전혀 반영되지 않았다. 주식시장이 종전 한 해 전인 1917년에 약세장을 나타낸 것은 모든 가능성을 염두에 두고 전부 반영한 결과였다. 물론 과거에 발생했던 사건들을 확실히 파악하지 않으면 미래에 어떤 일이 벌어질지 가늠하기 어려운 게 사실이다. 사건 발생의 이유가 유사하면 그 결과 역시 유사하기 때문이다. 하지만 아무런 기준도 없이 무조건 과거의 경험에 의존해 예측한다면 기업을 하는 사람 입장에서는 큰 실수를 저지르거나 섣부른 결론을 내리기 십상이다. 한 예로 이 같은 경기 차트를 발표하고 있는 한 기관은 지난 10년간의 순이익과 배당금에 기초해 특정 기업의 주식을 매수하라고 목소리를 높였다. 그러나 이 기업은 경영상의 잘못된 판단이 수 차례 반복되면서 펀더멘털마저 크게 변해 있었고, 결국 이 기업의 주식을 매수한 투자자들은 심각한 손실을 입어야 했다. 가령 1920년에 어떤 투자자가 아메리칸 슈가 같은 기업의 주식을 단지 많은 배당금을 지급했다는 과거의 기록만 보고 매수했다면 현재 어떻게 됐겠는가?

불충분한 전제

이런 식의 판단은 그 근거가 너무나 빈약하다. 이래가지고서는 전혀 앞날을 내다볼 수 없다. 마치 어떤 환자를 보고는 그 증상과는 관계없이, 지난 10년간 아주 건강했으니 곧 회복될 것이라고 말하는 것이나 마찬가지다. 기본적인 전제가 불충분한 대표적인 사례다. 과거에 비해 경영진이 달라졌을 수도 있고, 다른 여건이 바뀌었을 수도 있다. 이로 인해 앞서의 훌륭했던 배당금 지급능력이 크게 손상됐을 수 있다. 설령 과거의 데이터를 신봉하는 이들처럼 모든 경영 환경이 평균화됐다 치더라도, 그것은 기록일 뿐 바로미터는 될 수 없다. 기상청의 데이터만큼 신뢰할 수 있는 자료는 없다. 하지만 기상청도 내년 여름이 건조할 것이라든가, 내년 겨울이 따뜻할 것이라고는 예보하지 않는다. 더구나 내년 1월의 뉴욕 날씨가 추울 것이며, 내년 7월의 뉴욕 날씨는 무더울 것이라는 사실은 누구나 경험을 통해 알고 있다. 이 같은 사실은 굳이 기상청의 예보 없이도 추론해낼 수 있다. 또한 기상청의 단기 예보가 틀리는 경우도 있다. 내일모레 야유회를 가려고 하는데 기상청에 정확한 날씨를 물어본다 해도 확실한 답은 얻을 수 없다. 마찬가지로 어느 농부가 밭에 옥수수를 심을지, 혹은 감자를 심을지 고민하다가, 기상청에 다가올 여름이 얼마나 무더울 것이며, 혹시 가뭄은 들지 않을지 물어본다 한들 기상청이 뾰족한 대답을 내놓을 수는 없는 노릇이다. 기상청은 단지 과거의 기록과 확률을 알려줄 수 있을 뿐이다; 농부는 스스로 판단을 내려야 한다; 마찬가지로 내일모레 야유회를 떠날지 여부는 순전히 확률에 기대 판단해야 한다.

최고의 투자자도 거의 알고 있지 못하다

우리는 주식시장 바로미터의 예측력을 알고 있다. 주식시장 바로비터는 앞으로 수 개월 후 경제 전반에 어떤 일이 벌어질지 알려준다. 주식시장 바로미터는 한 걸음 더 나아가 국제적인 위험성까지 경고해준다. 이 같은 경고는 과거의 자료에 기초해 추론해낸 경기 전반의 모든 평균적인 예상치마저 뒤흔들어버린다. 주식시장 바로미터는 알 수 있는 모든 사실들을 전부 반영한다는 점을 다시 강조할 필요는 없을 것 같다. 나는 최근에 금융시장의 환경에 관한 아주 탁월한 식견과 시장을 움직이는 막강한 영향력을 가진 인물을 만난 적이 있는데, 그는 과대포장하기를 좋아하는 일부 언론인들로부터 월 스트리트에서 가장 위대한 금융인으로 손꼽히는 인물이었다.(저자가 여기서 지칭하는 인물은 J.P. 모건이다-옮긴이) 나는 그에게 시장에 반영되는 사실들 가운데 몇 퍼센트나 알고 있느냐고 물어보았다. 그는 이렇게 대답했다. "전혀 가늠할 수 없다네. 하지만 내가 만약 주가의 움직임에 반영되는 모든 사실들 가운데 50%만 알고 있다면, 월 스트리트에 있는 다른 누구보다도 훨씬 더 뛰어난 실적을 거둘 수 있을 것이라고 확신하네." 이 말은 다름 아닌 철도와 산업 부분 양쪽에서 미국 최대의 기업금융을 주무르며, 국제금융시장에서도 누구보다 우월한 지위를 가진 은행가의 입에서 나온 것이다. 나는 사실 그가 보기에 그리 어리석어 보이지 않는 사람이고, 따라서 그 역시 굳이 속이려고 하지 않았을 것이다. 그런 점을 감안한다면 정치인들이 그렇게도 떠들어대기 좋아하는, "금융시장의 구석구석을 전부 꿰뚫고 있는" 두려운 존재란 표현은 얼마나 우스운 것인가?

불필요한 정확성

다우 이론에 기초한 주식시장 바로미터를 이해하기 위해 꽤 멀리까지 왔다. 평균주가가 "박스권"에서 움직일 때, 즉 상당히 긴 기간에 걸쳐 꽤 많은 거래량을 기록하면서 주가가 좁은 범위 안에서 움직이는 경우는 틀림없이 물량을 축적하고 있거나 물량이 출회되고 있는 것이라는 사실을 알았다; 또한 평균주가가 아래쪽으로든 위쪽으로든 박스권을 뚫고 움직이게 되면 주식시장 전반의 방향이 바뀌는 신뢰할 수 있는 신호며, 그것은 2차적인 주가 흐름이 될 수도 있지만 기본적인 주가 흐름이 바뀌는 경우가 될 수 있다는 점도 설명했다; 그리고 이런 판단은 반드시 두 가지 평균주가가 서로를 확인해줄 때 내려야 한다는 점 역시 부연했다.

두 가지 평균주가가 꼭 같은 날, 혹은 같은 주에 박스권을 동시에 깨고 움직이지 않는다 하더라도 평균주가가 시차를 두고 서로를 확인해주면 된다. 같은 방향을 확인해주기만 하면 충분하다. 경험을 통해 알 수 있듯이 기본적인 주가 흐름에서 나타나는 저점이나 고점이 두 가지 평균주가에서 반드시 같은 날 나타날 필요는 없다. 우리가 필요로 하는 것은 두 가지 평균주가가 확인해주는 시장의 변곡점이다. 한 가지 평균주가가 이미 저점이나 고점을 찍었는데, 다른 평균주가가 뒤늦게 저점이나 고점을 추가로 경신한다 해도 관계없다. 두 가지 평균주가의 앞서 기록했던 저점이나 고점이 바로 시장의 방향 선회를 알려주는 가장 확실한 기준점이다.

이 점은 평균주가가 수학적으로 완벽할 정도로 정확하기를 바라는 많은 사람들을 혼란스럽게 만드는 어려운 과제이기는 하지만, 내가 생각하기에 그런 완벽함은 불필요하다. 한 주식분석가는 내가 최근의 약세장에서 저점은 1921년 6월에 기록했다고 말한 것을 들어 틀렸다고 지적했다. 왜냐하면 두 달 뒤인 8월에 산업 평균주가가 저점을 경신했기 때문이다. 그러나 철도 평균주가는 6월에 기록했던 저점을 경신하지 않았다. 그런 점에서 덧붙이자면 내가 갖고 있는 견해로는, 이 분석가가 굳이 내 말처럼 6월이 아니라 8월부터 기본적인 주가 흐름이 상승세로 반전했다고 판단한다 해도 크게 틀린 것은 아니다.

1909년의 이중천정

여기서 주식시장이 약세장으로 전환했던 1909년의 상황을 돌아보는 게 좋을 것 같다. 이 시기의 시장 상황은 너무 세세한 것까지 챙기는 분석가들에게 다소 혼란스러울 수도 있다. 왜냐하면 철도 평균주가는 1909년 8월 134.46을 기록하며 앞선 강세장의 고점을 경신한 반면, 산업 평균주가는 1909년 9월에 100.12로 신고점을 찍은 뒤 다시 10월 초에 100.50을, 11월 초에는 100.53을 기록하며 연중 최고치를 기록했다. 산업 평균주가가 최후에 보여준 고점은 이중천정의 전형적인 예라고 할 수 있다. 이중천정이나 이중바닥은 늘 정확히 들어맞는 것은 아니지만 유용하게 활용할 수 있다; 평균주가가 이중천정이나 이중바닥을 만든 다음에는 지금까지의 상승세나 하락세가 끝나는 경우가 많다는 사실을 우리는 경험을 통해 알고 있다. 하지만 당시 강세장이 1909년 8월에 고점을 기록했으며, 그 이후 약세장으로 돌아섰다고 말하는 사람을 향해 굳이 약세장은 그해 11월에 시작됐다고 강변할 필요는 없다. 그게 무슨 의미가 있겠는가? 우리가 이미 배웠듯이 박스권에서는 대규모 물량이 출회되거나 확보된다는 사실을 떠올리면서 그 시기의 시장 상황을 살펴보라. 그러면 시장의 결정적인 하락 반전에 앞서 나타나는 물량 출회를 확인할 수 있을 것이다. 박스권이 무너지면서 나타나는 새로운 주가 흐름은 2차적인 조정일 수도 있지만 당시에는 기본적인 주가 흐름이 약세로 반전한 것이었다. 이처럼 시장 흐름의 반전 여건은 늦어도 1909년 11월 첫 주에 이미 모두 완성됐다고 할 수 있다.

강세장의 경고음은 뚜렷했다

내가 보기에 실수를 저지를 수밖에 없는 타고난 인간 본성을 감안한다면 당시 강세장의 경고음은 아주 뚜렷하게 들렸다. 아마도 강세장의 최고점에서, 혹은 최고점보다 약간 떨어진 수준에서 이익을 실현할 수 있었던 기회는 1909년 같은 경우가 다시 없을 것이다. 이미 언급했듯이 1907년에 시작된 강세장도 사실은 상당히 이례적인 것이었다. 앞선 약세장에서 사람들은 누구나 기업의 시련기가 오래 갈 것이라고 예상했는데, 이 같은 예상은 당시 시어도어 루즈벨트 대통령이 "위대한 부의 훼방꾼들"에 대한 그의 신랄한 비난이 경제에 얼마나 악영향을 미칠 것인지 전혀 생각하지 못했고, 또 대통령 자신보다 무지하고 순수하지도 못한 사람들에게 얼마나 참담한 느낌을 불러일으킬 것인지도 내다보지 못한 데서 비롯된 것이었다.

비평가를 비평하다

1908년부터 1909년까지 이어진 강세장은 그 시절 사람들로부터 꽤 존경을 받아왔던 유능한 비평가들에게 달갑지 않은 것이었다. 내가 어디를 가나 추천하는 책 가운데 《미국 금융시장 40년사》가 있는데, 이 책을 쓴 알렉산더 D. 노이즈는 1909년 초에 나름대로 결론적인 판단을 내렸다. 그는 당시 강세장이 진행되고 있다는 주장을 엄중히 꾸짖었다. 그런 점에서 그는 철도 평균주가로 치자면 그해 8월까지, 또 산업 평균주가를 기준으로 하자면 그해 11월까지 계속된 강세장을 제대로 내다보지 못했다. 심지어 당시의 강세장이 이미 정점을 지난 뒤인 1909년 12월 31일에도 철도 평균주가는 130선을 지켰고, 산업 평균주가는 고점보다 불과 1포인트 낮은 수준이었을 정도로 강했다. 그럼에도 불구하고 노이즈는 당시의 강세장에 대해 이야기하면서 틀릴 수밖에 없는 예측을 내놓았다:

> 주식시장의 상승 조짐은 1909년이 시작되면서 끝났다고 말할 수 있다. 갑작스럽게 여러 가지 돌발적인 사건들이 나타났고, 철강 및 여타 원자재 가격이 하락했으며, 동시에 주식시장의 열기도 식어버렸다. 다시 말해 일련의 조짐들은 1908년이 저물면서 함께 사라졌다고 말할 수 있다; 이번 국면은 그것으로 끝이다.

그러나 우리가 평균주가의 기록을 통해 이미 보았듯이, 당시의 국면은 노이즈의 말처럼 그렇게 끝나지 않았다. 간단히 말해 강세장은 1909년 8월, 혹은 11월까지 계속 이어졌다. 하지만 뒤따를 경기침체를 예견해줄 약세장이 "굉음을 울리며" 들이닥친 것은 1910년 1월이 되어서였다. 그러면 여기서 주식시장 바로미터가 보여주는 기록이 얼마나 탁월하며 심오한 것인지를 보여주는 또 하나의 사례를 살펴보자.

너무 짧은 기록

주식시장 바로미터의 지난 역사를 공부하려는 사람에게는 그 기록이 너무나 짧다는 점이 늘 아쉬움으로 남을 것이다. 우리가 갖고 있는 다우존스 평균주가의 기록은 30년 남짓에 불과하다. 더구나 각각 20개 종목으로 구성된 철도 평균주가와 산업 평균주가의 흐름이 반드시 서로를 확인해주어야 한다는 우리의 전제는 모두 합쳐 40개밖에 되지 않는 종목으로는 시장 전체의 흐름을 반영할 수 없다는 점을 인정하는 것이기도 하다. 물론 이 책에서도 종종 나오지만, 1860~80년으로 거슬러 올라가 당시 평균주가의 월간 고점과 저점을 살펴볼 때는 15개의 종목으로 평균주가를 산정한 것이다. 따라서 이 시기의 평균주가 기록이 과연 주식시장 바로미터를 배우는 데 도움이 될 것인지 여부는 나 자신도 확신하지 못한다; 다만 그것이 뒤늦게 기록으로 정리됐다 해도, 우리가 지금 사용하고 있는 두 개의 평균주가처럼 경기를 예측하는 매우 신뢰성 있는 시사점을 제공한다면 당시 사건들을 반영하는 척도로서의 의미를 갖고 있다고 할 것이다.

역사는 얼마나 잘못된 것들을 기록하고 있는가

역사에 대한 이야기를 하자면 사실 단순한 기록의 길이보다 더 중대한 문제점을 발견할 수 있다. 고대 이집트로부터 그 이전의 선사시대에 이르기까지 우리가 접할 수 있는 모든 역사적 기록을 살펴보면 너무나 잘못된 것들을 기록해놓고 있다. 고대의 역사가 우리에게 전해주는 것은 주로 파라오 왕조에 관한 것들일 뿐, 그 왕조가 그처럼 찬란한 부를 누릴 수 있었던 기초를 제공하고, 또 그들에게 지배권력을 행사하도록 토대를 마련해준 중산층의 지적 생산성과 경영능력에 대해서는 아무런 언급도 없다. 지배층이 있었고, 전쟁이 있었다는 사실은 우리도 알고 있다. 노예와 일반 노동계층이 누린 자유의 정도가 달랐다는 점도 알고 있다. 그러나 노동이 모든 것을 창조했다는 칼 마르크스의 과대 포장된 전제를 터무니없는 것으로 치부하지 않더라도, 인간이 만들어낸 부의 큰 부분은 단순 노동이 아니라 지적 생산성이라는 사실도 우리는 알게 됐다. 공산주의자들의 구호에 자주 쓰이는 과거의 "민중"에 대해서도 우리는 익히 알고 있다. 옥스포드 대학교의 토롤드 로저스 교수는 오래 전 영국의 튜더 왕조 시대 이후의 노동자 임금변화 추이를 기록한 적이 있다. 그렇지만 최상부 지배계층에 대한 역사적 기록에 비해 기층 민중에 대한 역사적 기록은 그야말로 보잘것없다. 틀림없이 국가의 경제적 활동을 주도하며 지적인 역량을 발휘했을 중산층에 대한 기록은 거의 없다.

경제적 기록은 어디에 있는가?

과연 카르다고인들에 대한 역사적 기록을 어디서 찾아야 하는가? 카르타고인들은 당대의 가장 번성했던 무역국가를 만들어낸 주인공들이었다. 그러나 역사적 기록을 살펴보면 온통 한니발과 두 차례의 포에니 전쟁에 대한 설명들뿐이다. 카르타고 상인들이 해외무역을 했다는 기록은 불과 1년치에 불과하다. 오늘날의 역사서도 마찬가지다. 《로마제국 쇠망사The History of the Decline and Fall of the Roman Empire》에서 얻을 수 있는 당시 경제상황에 대한 지식은 기원전 250년에 쓰여진 한 상인의 회계장부에서 얻을 수 있는 정보에도 못 미친다. 더구나 《로마제국 쇠망사》에는 카르타고에 관한 기술이 잠시 나오지만 그 시대의 상거래가 어떻게 이뤄졌는지에 관한 설명은 눈을 씻고 찾아봐도 없다.

그렇다면 당시 카르타고인들은 어떻게 상거래를 했을까? 이들은 영국의 콘월 지방에서 주석을, 레바논의 타이어 지방에서 염료를 수입했다. 카르타고인들은 또 서쪽으로는 영국까지, 동쪽으로는 인도에 이르기까지 각 지역에 무역망을 건설했다. 그렇다면 이들은 주석과 염료를 거래하면서 금화나 은화만 사용했을까? 그랬을 수도 있고, 상황에 따라 물물거래를 했을 수도 있다. 해외무역에서 불가피하게 발생하는 대차거래는 어떻게 했을까? 어음을 발행해 정산했을까? 여기에 관해서는 아무런 기록도 없지만 내가 생각하기에는 그랬을 것 같다. 역사는 이처럼 내가 알고 싶어하는 것들에 대해서는 아무런 기록도 남겨놓지 않았다. 과연 카르타고인들은 국제수지의 균형을 어떻게 맞추었을까? 누구든 국제수지의 균형은 맞춰야 한다. 알렉산드리아나 시돈의 상인들은 회계장부를 갖고 있었다. 그들은 카르타고에서 얼마나 수입했으며, 얼마를 수출했는지 기록해놓았다. 당시 로마는 카르타고에 채무를 지고 있었고, 삼각무역이 행해지고 있었으므로 복식부기가 불가피했다. 또한 한 나라의 통화와 다른 나라 통화의 환율 문제도 있었을 것이다. 그런데 역사적 기록은 우리에게 무엇을 알려주고 있는가? 정말로 아무것도 없다. 당시의 경제상황에 대한 지식은 무한한 가치를 가지며, 우리가 실수를 저지르지 않도록 해준다. 이런 지식이야말로 크세노폰의 전쟁 이야기보다 훨씬 더 중요하다.

크세르세스는 어디서 자금을 조달했는가?

역사는 테르모필레(그리스의 아테네에서 테살리아로 통하던 험준한 길)에서 벌어졌던 엄청난 전투의 교훈을 전해준다. 300명 군사가 500만 대군을 무찔렀다는 영웅담도 전해진다. 그러나 이 전쟁에서 "500만" 대군을 동원한 페르시아의 크세르세스 왕이 어떻게 이 같은 대군을 먹이고 입힐 수 있었는지에 대한 설명은 없다. 그저 "마라톤 평원이 있었고, 이곳에서 아테네 군대가 페르시아 군대를 격파했다"는 식이다. 페르시아 대군을 실어 날랐을 선박의 건조비용에 대한 설명은 전혀 없다. "지금도 전해지는 고대 스파르타의 전무(戰舞)인 피로스 댄스를 떠올려보면 고대 스파르타의 전사들이 대규모였을 것임을 알 수 있을 것이다." 이들은 하루 세 끼 식사를 했을 것이고, 어디선가 식량을 수입할 수밖에 없었을 것이다. 그렇다고 내가 헨리 포드처럼 역사를 폄하하고자 하는 것은 아니다. 역사는 결코 "허튼소리"가 아니다; 하지만 서기 301년에 디오클레티아누스(고대 로마의 황제)가 물가를 동결하는 칙령을 내렸을 때, 그 경제적 파급이 어떠했는지에 관한 신뢰할 만한 분석은 어디서도 찾을 수 없다.

그리스인들은 무슨 돈으로 해군 함정을 건조할 수 있었을까? 선박 건조에 필요한 재료를 구입하면서 어떻게 결제했을까? 금화나 은화로 지불했을까, 아니면 양피지에 금액을 명시한 어음으로 지불했을까? 또 이 어음은 한 상인에게서 다른 상인에게로 유통이 됐을까? 이 모든 것은 고대 역사는 물론 현대의 역사 기록에서조차 안타깝게도 공란인 상태로 남아있다. J.R. 그린이 영국의 왕조 역사가 아닌《영국 민중의 약사A Short History of The English People》를 쓴 것은 19세기 중엽이 되어서였다. 하지만 이 책은 너무 얇다; 정작 중요한 영국 민중의 경제활동은 아주 짧게 축약됐다. 마그나 카르타에 서명하게 된 일련의 사건들을 이렇게 축약할 역사가는 없을 것이다. 하지만 나는 영국의 왕들에 대해서는 그리 큰 관심이 없다. 내가 정말로 알고 싶어하는 역사는 월터 스콧(18세기 초 스코틀랜드의 민요와 전설을 수집해 역사소설을 쓴 작가)의 작품에 나오는 상거래와 금융거래의 기록이다. 진정한 역사적 가치를 따지자면 플랜태저넷 왕조(12세기부터 14세기에 걸쳐 노르만 왕조의 뒤를 이어 250년간 영국을 지배했던 왕조–이상 옮긴이)의 왕권보다 억압받던 하층 유대인들의 땀방울이 더 값지다.

중세의 은행업은 어떻게 이루어졌는가?

역사를 더 거슬러올라갈수록 역사가들이 정작 중요한 것은 외면했다는 사실에 놀라지 않을 수 없다. 정치에 관련된 계층을 제외하고는 동시대의 계층에 관해 거의 아무것도 기술하지 않았기 때문이다. 제임스 앤소니 프루드(19세기 영국의 역사가)는 그의 역사서에서 캐서린 왕비(스페인 공주로 영국의 헨리 8세와 결혼했다-이상 옮긴이)에 대해서는 여러 장을 할애했지만, 정작 두 왕가의 결혼에 따른 지참금 문제와 같은 아주 단순한 금융거래에 대해서는 일체 언급하지 않았다. 신문사에서 일하는 한 언론인은 나에게 이렇게 말한 적이 있다. "가장 흥미로운 뉴스는 절대 지면에 실리지 않는다." 냉소적인 말이지만 이 문제에 관한 한 아주 적절한 비유다. 우리가 정말로 배워야 할 역사적 사실은 결코 역사에 실리지 않으니 말이다.

비록 책으로 출간되지는 않았지만 새뮤얼 페피스의 일기는 17세기 후반 왕정복고시대에 관해 당대는 물론 그 후대에 쓰여진 어떤 역사서보다 우리가 알고 싶어하는 것들을 더 많이 전해주고 있다. 그 시절 은행업이 어떻게 이루어졌는지에 대해 우리가 개략적으로나마 파악할 수 있는 것이나, 2세기 반 이전에 런던의 은행업이 어떤 상황이었는지 이해할 수 있는 것은 그의 일기 덕분이다. 역사가들이 기록한 공식적인 사료에 의존해서는 영란은행이 설립된 17세기 말의 상황을 전혀 알 수 없다. 그 이전의 금융거래와 은행업이 어떤 방식으로 이루어졌는지 도저히 알 길이 없다. 네덜란드, 스페인, 포르투갈이 식민지를 확대하면서 영국과의 무역거래가 틀림없이 늘어났을 것이며, 이탈리아의 도시국가인 제노바나 베네치아와의 무역거래도 있었을 것이다. 그러나 근엄한 역사가들은 이처럼 왕성하게 뻗어나가는 무역거래와 이를 뒷받침하는 데 꼭 필요한 금융시스템보다는 왕가의 가족사가 더 중요하다고 생각했던 것 같다.

신용은 얼마나 새로운가?

은행업, 심지어 여러 지점을 둔 은행망이 적어도 2000년 전 중국에 존재했으며, 어음이나 신용을 비롯한 은행시스템이 비록 아주 단순한 형태로나마 이루어지고 있었다고 나는 확실히 말할 수 있다. 물론 오늘날의 은행 신용시스템은 이와는 비교가 되지 않을 정도로 현대적이다. 하지만 단지 우리가 역사에 무지해서 현재의 신용시스템을 현대적인 것이라고 말할 수는 없다. 카르타고와 제노아, 베네치아의 무역거래는 주로 물물교환 방식이었다. 그러나 전부가 물물교환 형태로 이루어졌다고 말할 수는 없다. 성경은 물론 교회법에서도 고리대금업을 중죄로 언급하고 있다. 하지만 고리대금업 자체는 이자를 받는다는 것을 의미하고, 이자는 신용이 행해지고 있음을 의미한다. 동전이 사용됐다는 사실이 곧 화폐를 매개로 거래가 이루어졌음을 의미하는 것과 마찬가지다. 고리대금업이라고 해서 전부 전당포는 아니었다; 그렇다고 해서 중세시대에 현대적인 은행업이 존재했던 것도 아니다. 분명한 사실은 이자를 지급하고 이자를 수령하는 사람들이 있었다는 점이다. 그 시대의 상인들도 요즘 상인들과 마찬가지로 이론가들이라기 보다는 실용적인 감각에 따라 행동한 사람들이었을 것이다. 따라서 중죄에 해당되는 고리대금과 법적으로 허용되는 이자를 틀림없이 구분했을 것이다. 문제는 최근에 이르기까지 역사가들이 돈을 빌려주는 행위를 마치 자신이 성직자인양 바라보아왔다는 점이다. 그들은 자신들도 모르는 사실에 대해 무척이나 독선적인 자세를 취했던 셈이다. 내가 생각하기에는 중세 초기가 "암흑의 시대"가 아니라 역사가들이 캄캄했던 것 같다. 예술적으로나 문학적으로 그 문명이 진정으로 달성한 수준에 비춰볼 때 13세기 초의 유럽은 우리가 살고 있는 현대와 비교해 전혀 손색이 없다는 내 친구 제임스 J. 월시 박사의 입장에 나는 전적으로 동의한다. 비록 월시 박사가 경제시스템의 실질적인 가치에 대해서는 아무것도 언급하지 않았지만 그래도 내 생각은 마찬가지다.

사회주의의 잘못된 가정

인간사의 가장 중요한 부분에 대해 역사가들이 우리에게 남겨준 지식은 이 정도다. 그렇다면 세금을 납부해왔고, 또 국가의 세금 징수를 가능케 했던 사람들에 대한 역사는 어떤가; 자신의 노동에 대한 대가는 아주 적게 받았지만, 그것을 다시 열 배로 키워낸 사람들의 역사는 어떤가; 그것을 현대적인 방식으로, 즉 무역과 금융, 산업생산에 관한 기록을 도표로 만들어 일반화한다는 것 자체가 얼마나 어려운가! 그런 점에서 최근에 출간된 H.G. 웰스의 저서 《역사개론The Outline of History》은 우리 인간들이 어떻게 살아왔는가에 관해 진지하게 생각해보지 못했던 많은 사람들에게 역사책을 펼쳐보도록 하는 아주 탁월한 책이다. 하지만 이 책에는 잘못된 내용도 포함돼 있는데, 인류는 결국 국제적인 사회주의를 향해 암중모색하며 전진해나갈 것이라는 맹목적인 가정이 그것이다. 웰스 자신은 물론 우리 모두가 믿고 따를 수 있는 역사책의 어느 부분에 과연 이런 가정이나 전제가 있는가? 역사는 오로지 생산적인 개인이 계속 발전해왔음을 알려주고 있을 뿐이다. 웰스 자신도 생산과정에서 경영이라는 요소의 중요성을 무시하지 않았다. 경영은 현재는 물론 역사의 전과정에 걸쳐 늘 중요한 요소였다. 인간은 먼 옛날부터 수확물 가운데 일부를 비축해두어야 한다는 사실을 배웠다. 그래야 다가올 겨울을 지낼 수 있고, 또 자신이 생산하지 못한 다른 물건과 교환할 수 있기 때문이었다.

건전하면서도 보수적인 예측

1909년 시장의 전환점에서 주식시장 바로미터의 유용성을 언급한 경우를 그해 9월 11일자 〈월 스트리트 저널〉에서 읽을 수 있는데, 철도 평균주가가 고점을 기록한 지 한 달 만에 쓰여진 이 기사는 다음과 같다:

> 지난 목요일 급락세를 보였던 평균주가의 움직임은 이제 시장이 하락 추세로 반전됐음을 알려주는 신호가 될 수 있다. 물론 아직까지는 이 같은 시그널이 신뢰할 정도로 그렇게 확실하지는 않다. 그러나 우리가 "부정적인 뉴스는 이미 다 나왔다"며 강세장이 다시 시작될 것이라고 생각한다 할지라도, 평균주가의 흐름은 긴 강세장이 이어져왔던 지난 2년 동안 보지 못했던 약세 분위기를 띠고 있는 게 분명하다.
> 비관적인 시각은 우리 신문이 취해온 입장이 아니었다. 그러나 시장이 천정에 도달했을 때 우리 신문은 제발 보수적인 시각을 가져달라는 진지한 기사를 실었다. 그리고 지금까지 이 같은 목소리를 낮출 만한 어떤 일도 일어나지 않았다.

앞서도 살펴봤지만 그 이후 시장은 상당히 건조한 흐름을 이어갔고, 그해 말까지 기껏해야 2차적인 조정의 기미만 보여주었다. 하지만 〈월 스트리트 저널〉은 계속해서 평균주가가 전해주는 경고의 의미를 실었다. 그해 10월 28일자 기사에서는 다시 강세장으로 되돌아가려면 반드시 일정 기간의 랠리가 필요하다고 지적한 뒤 이렇게 썼다:

> 여기서 제시한 기술적인 분석이 지난 수 년간의 평균주가 흐름에 기초했다고 해서 다른 시각으로 시장을 바라보는 의견까지 무시할 이유는 전혀 없다. 그러나 평균주가라는 바로미터가 의미하는 약세장의 징후는 현명한 투자자라면 충분히 고려할 만한 가치가 있을 것이다.

주식시장 바로미터의 유용성은 더욱 커지고 있다

"1910년에는 강세장이 펼쳐질 것"이라는 생각이 얼마나 광범위하게 퍼져 있었는지는 당시 여전히 인기 없는 약세론자의 시각을 유지했던 〈월 스트리트 저널〉의 1909년 12월 18일자 기사를 보면 잘 알 수 있는데, 당시 두 평균주가는 고점에서 불과 몇 포인트 떨어진 수준에서 움직이고 있었다. 재미있는 사실은 그 무렵 약세론을 이야기하면서 평균주가의 흐름과는 별도로 높은 물가수준까지 지적했다는 점이다. 특히 12월 28일자에서는 새해가 시작되면 항상 증권가를 맴도는 1월 랠리 현상에 대해 이번에는 그렇지 않을 것이라고 못을 박아버렸다. 이런 예는 사실 얼마든지 들 수 있다. 하지만 여기서는 이 정도로 그치고, 다음 장에서는 세계대전이 발발하기에 앞서 주식시장이 4년 동안이나 지루한 등락을 되풀이했던 과정을 설명하도록 하겠다. 지금까지의 설명만으로도 주식시장 바로미터가 이미 10여 년 전에 얼마나 신뢰할 만한 도구인지 스스로 입증했음을 충분히 이해했을 것이다.

Chapter_15
박스권과 1914년의 경우

앞서 주식시장 바로미터를 설명하면서 "박스권"의 중요성을 강조한 바 있다. 단 하루의 거래 결과를 놓고 주식시장의 가치를 논한다는 것은 있을 수 없다. 비록 그날의 거래량이 아무리 많았다 하더라도 하루의 거래는 시장 전반의 흐름을 알려주지 못한다. 매일매일의 주가 등락은 평균주가에 기초한 다우 이론에서 정의한 세 가지의 주가 흐름 가운데 중요성이 가장 떨어지는 세 번째 움직임이다. 그것은 마치 조류의 흐름과는 상관없이 끊임없이 밀려들었다가 부서지는 파도의 움직임과 같다. 바다는 그대로 있는데, 엄청난 파도가 바닷가를 덮치기도 하고, 또 숨죽인 듯 파도소리마저 잠잠할 때가 있다. 바다가 정말로 크게 일어나거나 밀려나기 위해서는 시간이 돼야 하는 법이다.

박스권의 출현

따라서 박스권이란 대세하락 흐름에서 급격한 반등을 하기에 앞서, 혹은 대세상승 흐름에서 상당한 조정을 받기에 앞서 자주 나타나며, 드물기는 하지만 기본적인 주가 흐름이 전환할 때도 가끔 나타난다고 말할 수 있다. 박스권이 대규모 물량을 확보하거나 대규모 물량을 출회하는 구간이라는 점은 여러 가지 점에서 아주 자명하다. 박스권을 유지하는 기간 동안에는 매도세력과 매수세력 간에 균형을 이룬다. 평균주가의 지난 기록을 보면 가장 중요한 박스권의 사례를 발견할 수 있다.

전쟁을 내다본 박스권

평균주가가 주식시장 바로미터로서 갖고 있는 예측력의 특별한 가치는 월 스트리트가 일반적인 의미에서 알지 못하고 있거나 아직 깨닫지 못한 사실들까지도 내다본다는 점이다. (제1차) 세계대전이 발발하기 직전인 1914년 5월부터 7월까지 철도 평균주가와 산업 평균주가는 아주 보기 드문 박스권을 형성했는데, 여기서 자세히 설명하겠다. 아마도 평균주가의 예측력을 검증하는 데 이보다 더 좋은 사례는 없을 것이다. 전쟁 발발은 그야말로 전 세계를 경악시켰다. 과연 주식시장은 전쟁을 예상했을까? 그렇다고 말할 수도 있을 것이다. 그러나 독일군이 벨기에 국경을 침공한 게 그해 8월 3~4일이었으니, 7월 말 이전의 어느 시점에 전쟁을 예측했느냐를 따지면 정확히 대답하기가 어려워진다.

주식시장은 1912년 10월 이후 대세하락 흐름을 이어왔다는 사실을 상기해보자. 두 평균주가는 1914년 5월부터 이례적일 정도로 긴 박스권을 만들기 시작했다. 철도 평균주가는 101에서 103사이에서 움직였고, 산업 평균주가는 79에서 81사이에서 등락을 거듭했다. 이 기간 중 박스권에서 이탈한 것은 단 한번, 7월 25일에 철도 평균주가가 100선으로 떨어졌던 경우다. 이 때도 바로 다음날 박스권으로 복귀했고, 이후 철도 평균주가는 7월 18일까지, 산업 평균주가는 7월 27일까지 박스권 안에서 움직였다. 결국 독일군이 벨기에를 침공하기 8일 전에 산업 평균주가도 박스권을 하향 돌파함으로써, 이미 박스권을 이탈한 철도 평균주가의 움직임을 확인해주었다고 할 수 있다.

박스권의 정의

1914년 5월 1일부터 7월 30일까지의 평균주가를 보면 많은 답을 얻을 수 있다. 다른 박스권들도 마찬가지지만 이 때 형성된 박스권도 물량 확보가 아니면 물량 출회를 위한 것이었다고 생각할 수 있다. 대세하락 흐름은 그해 4월 말까지 19개월째 계속되고 있었고, 전쟁만 없었다면 이 때의 박스권은 물량 확보를 위한 것이었다는 추론이 가능하다. 실제로 전쟁 발발 후 폐쇄됐던 뉴욕증권거래소가 다시 문을 연 그해 12월부터 강세장이 시작됐다.

당시의 평균주가를 자세히 살펴보면 거래일 기준으로 산업 평균주가는 66일간, 철도 평균주가는 71일간 박스권을 이어갔는데, 이론적으로 봐도 무척이나 긴 것이었다. 박스권을 이탈한 뒤 산업 평균주가는 하루에 3포인트나 떨어졌고, 상대적으로 주가 변동폭이 크지 않은 철도 평균주가는 4포인트나 급락했다. 이것은 매우 이례적인 것이었다. 결국 이 때의 박스권은 물량 출회를 위한 것으로 판명이 났는데, 실제로 시장에 엄청난 매물이 쏟아지자 뉴욕증권거래소는 1873년 금 패닉(gold panic) 이래 처음으로 폐쇄조치를 단행했다.(뉴욕증권거래소가 폐쇄되기 하루 전인 7월 30일 산업 평균주가는 71.42로, 철도 평균주가는 89.41로 각각 마감했다—옮긴이)

무슨 일이 벌어졌던 것인가?

그렇다면 과연 박스권이 진행되는 동안 무슨 일이 벌어졌던 것일까? 미국 주식을 보유하고 있던 독일 투자자들과 정보가 가장 빨랐던 유럽의 은행가들은 미국 주식시장에서 팔아치우고 있었다. 만약 전쟁이 발발하지 않았다면 미국 투자자들은 이 모든 주식들을 아주 싼값에 사들이는 기회가 됐을 것이다. 1914년 7월까지 대세하락 흐름이 22개월간이나 지속됐으니 말이다. 사실 미국 투자자들은 그 다음해까지도 매물을 모두 소화해냈다. 당시 유럽 투자자들은 전쟁을 앞두고 주식을 팔아치웠고, 또 전쟁이 진행되는 동안에도 전비 부담에 따른 매물이 흘러나왔다. 이 같은 주식 공급은 사실 월 스트리트의 기본적인 기능이라고 할 수 있는 신규 주식의 공급을 대체하는 역할을 했다. 월 스트리트는 끊임없이 기존 기업의 신규 발행 주식과 신규 상장 기업의 주식을 팔아 투자 기회와 저축 수단을 제공하는 게 소임이기 때문이다. 지금 되돌아보면 경제적인 범죄 행위처럼 받아들여지지만 당시 철도기업들에 가해졌던 과도한 규제는 전쟁이 발발하기 한참 전부터 이들이 신규 자본을 조달할 수 있는 길을 막아놓고 있었다. 그러다 보니 일반 투자자들은 인플레이션을 등에 업은 석유 관련주 같은 산업주로 눈을 돌릴 수밖에 없었고, 이로 인한 투기적 조짐까지 나타난 현상이 무려 5년간이나 이어졌다. 그런 점에서 세계전쟁의 발발과 유럽 투자자들의 미국 주식 매도는 미국이 채무국에서 채권국으로 선회하는 계기가 됐으며, 전쟁과 매물 출회가 없었다면 미국 투자자들은 이렇게 좋은 투자 기회를 찾기 어려웠을 것이다; 바로 그렇기 때문에 7월 말 갑작스런 뉴욕증권거래소 폐쇄 이후 12월에 주식시장이 다시 문을 열었을 때 비교적 작은 하락으로 마무리 지은 뒤 곧 이어 사상 유례없는 강세장으로 접어들 수 있었던 것이다.

거래량과의 관계

지식은 우리가 무엇을 해야 할지 말해줄 뿐만 아니라 무엇을 하지 말아야 할지도 알려준다는 점에서 귀중하다. 소위 말하는 내부자 정보는 월 스트리트에서 무척 위험한 것이다. 내부자 정보에 따라 주식을 거래할 경우에는 특히 그렇다. 내부자 정보의 유용성은 기껏해야 실현 가능성이 전혀 없는 루머를 구별해주는 정도다. 평균주가를 열심히 공부하면 "박스권"이 전해주는 정확한 정보를 확실하게 읽어낼 수 있다. 가령 박스권의 의미가 매물 확보를 위한 것일 수 있다. 이 같은 정보는 주식을 거래하는 데 유용할 뿐만 아니라 주식시장을 통해 경기 전반의 흐름을 예측하는 데도 매우 중요하다.

그러면 이제 주식 거래량에 대해 이야기해두는 게 필요할 것 같다. 사실 거래량은 일반적으로 생각하는 것보다 그렇게 결정적인 요소는 아니다. 거래량은 전적으로 상대적인 개념이다. 거래량이 아주 많은 활황장에서는 신규 주식 공급이 넘쳐날 정도라도 무난히 소화해낼 수 있다. 물량 확보를 위한 박스권이 진행 중이라면 하루 거래량이 30만 주가 됐든, 300만 주가 됐든 주식 공급 물량을 전부 흡수한다. 비가 내린다고 해도 강우량이나, 비가 오는 지역, 비가 내리는 시간 등은 얼마든지 다를 수 있다. 하지만 비가 내리는 것은 대기 중의 습도가 포화점에 도달했기 때문이다. 어느 한 지역에만 내리든 전국적으로 내리든, 아니면 다섯 시간 내리고 그치든 닷새나 계속해서 내리든 비는 비일 뿐이다.

강세장을 어떻게 알 수 있는가?

이런 질문을 던질 수 있을 것이다. 2차적인 랠리가 나타났는데 이것이 언제쯤 대세상승으로 발전할 수 있을지 어떻게 알아낼 수 있는가? 지그재그 형태를 만들어가며 움직이는 평균주가를 관찰하면 그 답을 얻을 수 있다. 대세하락 국면이 바닥을 만들었지만 앞서 기록했던 저점을 깨지는 않은 상태에서 곧 이어 2차적인 랠리가 나타났다면, 또 이렇게 진행된 2차적인 랠리가 앞선 반등 국면에서의 고점을 갱신했다면 일단 대세상승 흐름으로 접어들었다고 판단할 수 있을 것이다. 물론 주식시장 바로미터로 대세상승이나 대세하락 흐름의 지속기간까지 예측할 수는 없다. 마치 아무리 훌륭한 기압계를 갖고 있다 해도 일주일 뒤의 날씨를 정확히 예측할 수 없는 것과 같은 이치다.

바로미터의 한계

우리는 기압계를 사용하면서 전지전능하기를 바라지는 않는다. 기압계를 보고 예측한 날씨가 종종 틀리는 경우가 있지만, 바다를 항해하면서 기압계조차 보지 않는다면 그것이야말로 매우 위험한 일일 것이다. 주식시장 바로미터도 마찬가지다. 전지전능한 존재는 아니지만 지혜롭게 읽어내야 한다. 요즘 의사들은 X-레이 사진을 많이 활용하는데, 덕분에 우리들은 더 오랫동안 건강한 삶을 누릴 수 있게 됐다. 하지만 X-레이 사진은 반드시 전문가들이 판독해야 한다; 전문적인 의학지식이 없는 사람이 X-레이 사진을 보고 진단한다면 오히려 잘못된 판단을 내릴 수 있다. 가령 X-레이를 찍었더니 치아의 뿌리가 썩어있었다고 하자. 하지만 전문가나 치과의사가 아니라면 이 사진에서 아무런 의미도 발견할 수 없을 것이다. 이처럼 의사들이 X-레이 사진을 판독하는 기술을 익혀야 하듯 주식시장에 관심을 갖고 있는 사람이라면 누구나, 비록 직접 주식에 투자하고 있지 않더라도 주식시장 바로미터를 읽어낼 수 있어야 한다.

투기의 필요성과 기능

아무런 지식도 없이 주식투기에 나섰다가 실패의 쓴맛을 본 뒤, 주식시장이란 이런저런 속임수가 난무하는 도박판이나 다름없다고 생각하는 많은 사람들에게 월 스트리트는 베일에 가려진, 도저히 이해할 수 없는 곳으로 여겨진다. 내가 여기서 말하고자 하는 것은 투기의 도덕성에 관한 문제가 아니다; 가령 투기가 도덕적인 행위인지, 혹은 투기와 도박의 경계선은 어디에 있는지, 종교적으로 투기와 도박을 용인해도 되는 것인지, 심지어 갖고 있지도 않은 주식을 팔아치우는 공매도가 범죄 행위인지 여부에 관한 문제는 이 책의 주제가 아니다. 내 개인적인 의견을 밝히자면, 우리가 가진 재산의 범위 안에서 투기를 한다면 도덕적으로 문제될 게 없다는 것이다. 투기의 도덕성은 우리가 합법적으로 기업을 하는 것과 마찬가지다. 주식이 아니더라도 기업을 운영하면서 투기적인 모험을 할 경우가 있을 것이고, 이런 투기적 행위가 과연 도덕적인 것인가의 여부는 학문적 연구대상일 뿐이다. 사실 투기는 국가 경제가 발전하는 데 가장 중요한 요소 가운데 하나다. 투기를 이끌어내는 정신을 보다 고상하게 표현하자면 모험 혹은 사업이라고 말할 수 있다. 모두들 안전한 투자만 하려 하고 더 큰 이익을 위해 투기적 위험을 감수하려고 하지 않았다면, 미국의 철도망은 동부 해안지역에서 멈췄을 것이고, 우리가 어린시절 "아메리칸 대사막"이라고 불렀던 중부지역의 곡창지대는 지금도 그대로 사막으로 남아있을 것이다.

루드야드 키플링은 영국 군대가 늘 충분한 지원만을 기대했다면 대영제국은 마게이트(템스강 하구의 해안가―옮긴이)에서 멈췄을 것이라고 말했다. 자유시장이라면 어디나 마찬가지지만 주식시장에서의 투기도 현실적인 문제지 이론적인 문제가 아니다. 투자자들은 태생적으로 충분한 지원을 바라지 않는다. 자유시장을 포기하고, 또 자유시장을 유지하는 데 꼭 필요한 자유로운 투기를 그만둔다면 그것은 국가적으로 비극이며, 국가경제가 성장을 멈추고 위축되기 시작하는 출발점이 될 것이다.

어렵지만 불공정하지는 않다

장기적으로 보면 외부 투기자들은 월 스트리트에서 항상 돈을 잃는다는 말이 있는데, 이것은 틀린 말이다. 필자의 경우 (나는 신용이나 미수로 주식을 거래하지 않는다) 그렇지 않은 사례를 얼마든지 들 수 있다. 그러나 투자 원금을 지켜내기 위해서는 투기에 필요한 자본이나 용기, 판단력, 신중함, 여기에 열심히 연구해서 얻어낸 정보를 갖추어야 함은 물론 다른 어느 사업을 할 때와 마찬가지로 세심한 주의가 요구된다. 월 스트리트에서 확률에 기대 투기를 하게 되면 반드시 실패한다. 어떤 게임을 하면서 룰조차 이해하지 못한 채 전문가와 대결을 벌인다면 이길 확률은 제로가 될 것이다.(이런 경우 상대방인 전문가는 아무런 속임수도 쓸 필요가 없다.) 사실 포커 게임에서 어떤 카드가 더 높은 것이고, 베팅은 어떻게 하는지도 모른다면 전문가들이 벌이는 포커판에 함부로 뛰어들지 않을 것이다. 설사 누가 돈을 대준다 해도 손사래를 치며 물러설 것이다. 그러나 이런 사람조차 월 스트리트에서는 무모하게 투기판에 뛰어든다. 이런 사람이 돈을 날린다면 과연 그것이 놀라운 일일까?

시장은 누가 움직이는가?

이제 문제의 본질에 가깝다고 할 수 있는 질문에 답할 차례인 것 같다. "시장은 누가 움직이는가?" 시세를 조종하는 세력인가? 주식시장에 신규 주식을 상장하는 대형 투자은행들인가? 증권거래소 플로어에서 주식을 거래하는 전문적인 트레이더들인가? 엄청난 이익을 올렸다며 신문지상에 이름이 오르내리고, 가끔 의회 청문회에도 나가 증언하지만 손실을 본 경우는 말하지 않는 주식시장의 "큰손" 개인투자자들인가? 누구도 아니다. 시장은 저축하고 투자하는 미국인 전부가 만드는 것이다. 처음에도 그랬고, 지금도 그렇고, 앞으로도 그럴 것이다. 투자를 하는 대중들이 전부 디플레이션을 우려하고, 기업의 이익이 감소할 것으로 예상하고, 경기가 나빠질 것이라는 시각을 갖고서 투자자금을 회수하려고 하는 시기라면, 어떤 세력이 나서서 온갖 선전선동을 다한다 해도 강세장을 만들어낼 수 없다. 전문적인 시세조종 세력이 할 수 있는 일이라고는 기껏해야 특정 종목의 강세를 연출하거나, 투자 매력이 부각되고 있는 특정 업종의 주식들을 띄우는 정도다. 하지만 이것도 대중들의 분위기와 일치해야 한다. 아주 멋지게 시세를 조종했던 세력에 대해 들은 적이 있을 것이다. 지금은 세상을 떠난 제임스 R. 키니가 1901년과 1902년에 U.S. 스틸과 어맬거메이티드 코퍼의 주가를 조종했던 게 대표적인 사례다; 그러나 시장의 전반적인 흐름에 맞서 시세를 조종하려고 했다가 결국 한푼의 이익도 건지지 못한 채 실패로 끝난 수많은 사례들은 거의 공개되지 않았다. 대형 투자은행들의 경우 대개는 주식을 파는 입장이다. 이들의 업무 자체가 신규 기업의 주식을 상장시켜 대중의 자본을 주식시장으로 끌어 모으는 것이기 때문이다. 월 스트리트에서 대규모 자본을 움직이는 개인투자자들에 대해 말하자면, 적지 않은 실수를 저질러왔다고 단언할 수 있다. 수많은 이름을 열거할 수 있지만 여기서는 이미 고인이 된 J. 피어폰트 모건과 E.H. 해리먼, 이렇게 두 사람만 지적하겠다.

투기의 건전한 측면

주식시장은 모든 미국인들이 자신의 사업에 대해서는 물론 자신의 옆에서 벌어지고 있는 사업에 대해 알고 있는 총합을 투명한 방식으로 반영한다. 이점은 앞서 설명했다. 누군가 자기가 일하고 있는 기업이나 자신이 운영하는 공장의 이익이 늘어나고 있다는 사실을 알게 되면, 그는 늘어난 이익을 언제든 현금화할 수 있는 증권의 형태로 투자하고자 할 것이다. 이 같은 이익 증가 현상이 경제 전반에 걸친 것이라면 그것은 시장에 반영될 것이고, 또한 시장은 그런 예상에 따라 움직일 것이다. 왜냐하면 이 사람은 상반기의 이익 증가분으로 7월에 증권을 살 수 있고, 또 하반기의 이익 증가분으로 연말에도 증권을 살 수 있지만 굳이 연말까지 기다릴 필요가 없기 때문이다. 그는 자신이 7월에 알게 된 정보를 연말쯤에는 모두가 알게 될 것이고, 따라서 그 때는 가격에 반영될 것이므로 7월에 돈을 빌려 증권을 사두려고 한다. 마치 공장에 필요한 원재료의 가격이 쌀 때 원재료를 사두듯이 증권도 가격이 쌀 때 미리 사두려는 것이다. 이런 심리는 '감(感, sentiment)' 이라는 말로 표현하는 게 가장 적합할 것 같다. 감이라는 단어는 라틴어 센티레(sentire)에서 온 말로 "감각이나 마음속으로 인지된, 느끼거나 생각하는" 이라는 의미다. 여기서 말하는 감은 월 스트리트에서 전혀 도움이 되지 않는 감상주의(sentimentalism)와는 완전히 다른 것이다.

감이란 무엇인가?

감이 무엇을 의미하는지 월 스트리트는 알고 있다. 감이란 어떤 가치 있는 목적을 향해 과감한 기획이나 모험, 대단한 노력을 기울이는 것이다. 이 같은 감이 있었기에 아르고너츠(the Argonauts)라고 불린 모험가들이 1849년에 황금을 캐기 위해 록키산맥을 넘어갔던 것이다. 감은 우리가 먼 옛날 선조로부터 물려받은 것이다. 아무도 항해하지 못했던 바다로 나아간 것도 이 같은 감이 있었기 때문이며, 스페인 함대를 물리치고 버진 여왕의 이름을 붙인 미지의 대륙 땅에 대농장을 건설한 것도 감 덕분이었다. 오스틴 돕슨이 노래했듯이, 듀이 제독은 이렇게 물어볼지 모른다. 버지니아는 지금 그대로 있는데, 스페인 함대는 대체 어디로 갔느냐고 말이다. 감은 국가가 성장하도록 생명을 불어넣는 역할을 한다. 역사를 돌아보면 위대한 희생으로 그 이름이 명예롭게 전해지는 경우를 수없이 발견한다. 우리 민족을 지켜준 무명 용사들에게 장엄한 장례식을 치러준 것은 감이 있었기 때문이다. 매년 전몰군인기념일이면 런던 전체가 2분간 묵념을 올리는 것 역시 감이 있기 때문이다. 나는 1919년 11월 런던의 금융중심가에서 2분간의 숭고한 의식을 목격했다. 냉정하기 이를 데 없는 신문기자들조차 눈물을 흘릴 정도로 정말 감동적인 광경이었다.

주가의 큰 흐름은 결코 앞서가는 몇몇 개인들이 선택하거나, 이들이 이끌어간다고 해서 결정되는 것이 아니다. 시장의 흐름은 이보다 훨씬 더 크고, 훨씬 더 심오하다. 적어도 월 스트리트에서 경험을 통해 이런 경구를 깨우친 사람에게는 그렇다.

"영민하기 이를 데 없는 사람들조차 얼마나 어리석으며,
대단한 존재라는 사람들조차 얼마나 보잘것없는 인간들인가."

Chapter_16
법칙을 증명해주는 예외

속담 한 구절에는 많은 사람들의 지혜와 번뜩이는 재치가 숨어있다. 논쟁을 좋아하는 친구 가운데는 속담을 가리켜 당연한 말이라거나 지나치게 일반화한 것이라고 치부하는 경우도 있다. 프랑스의 한 철학자는 일반화란 "이 말을 포함해" 전부 오류에 빠질 수 있다고 이야기했다. 그러나 당연한 말이란 그것이 비록 하찮은 것이라 할지라도 진실을 전제로 한다. 예외 없는 법칙은 없다는 속담이 있지만, 그렇다고 해서 너무 예외가 많으면 그 자체로 또 하나의 법칙을 만들 수 있다. 경제 법칙의 경우가 특히 그렇다. 그런 점에서 이 책의 주제와 가장 잘 어울리는 속담을 들자면 예외가 법칙을 증명해준다는 말이 될 것이다. 이 속담이야말로 주식시장의 평균주가 흐름에서 나타나는 결정적인 예외에 딱 들어맞는다.

주가의 흐름에서 도출해낸 결론이 의미를 가지려면 반드시 철도 평균주가와 산업 평균주가가 서로를 확인해주어야 한다. 지난 수십 년간 주식시장이 걸어온 길을 돌아보면 두 가지 평균주가는 늘 함께 움직였다는 점을 확인할 수 있다. 그러나 이 법칙에도 단 한 번 예외가 있었다. 그리고 이것이야말로 우리가 믿는 이 법칙을 증명해주는 예외라는 점에서 더욱 값지다고 할 수 있다.

필요한 약간의 역사

주가의 흐름은 한참의 시간이 흐른 뒤에는 너무나도 자명해 보이지만 현재 시점에서 그 의미를 설명하려면 당시의 역사적 사실들을 살펴보는 "일탈"이 필요한데, 이런 과정은 여기서 다룰 주제를 더욱 흥미롭게 해준다. 미국이 (제1차) 세계대전에 참전한 것은 1917년 4월이었다. 이로부터 9개월 뒤인 1918년으로 접어들자 두 평균주가는 2차적인 랠리와 함께 대세상승을 이어가 그해 말까지 강세장이 계속됐다. 철도 평균주가는 그해 내내 상승세를 보여주었지만 곧 이어 차익실현이 우세해졌고, 1919년에는 대세하락 국면으로 거의 기울었다. 반면 산업 평균주가는 1919년에도 무척 강했다. 그러다 보니 두 가지 평균주가의 움직임에 기초한 다우 이론 전체가 틀렸다는 비난의 편지가 이 시기에 쏟아졌다. 그러나 이것이야말로 법칙을 입증해주는 예외가 아닌가?

평균주가를 산정하는 산업주와 철도주는 기본적으로 투기에 따라 움직인다는 사실을 잊어서는 안 된다. 물론 투자원금을 보전하고 고정적인 배당소득을 받는 게 첫째 목적인 사람들도 주식을 보유하겠지만, 이런 주식 투자자들은 매우 적다. 주식이 투기적이 아니라면 주식시장 바로미터 역시 아무런 의미도 없다. 산업주가 1919년 내내 강세장을 이어갔음에도 불구하고 철도주가 이 기간 중 강세장에 동참하지 못한 이유는, 정부가 철도산업의 소유권을 인수하고 주주들에 대한 배당을 최저수준으로 보장했기 때문이다. 즉, 진정한 의미에서 철도주는 적어도 일시적으로 투기적인 성격을 잃어버렸다. 이런 상황에서 철도주의 주가는, 시장이 강세든 약세든 상관없이 정부가 보장한 최저수준의 배당금 가치를 할인한 가격 이상으로는 움직일 수 없다.

손상된 바로미터

평균주가는 이로 인해 1년이 넘는 기간 동안 주식시장 바로미터로서의 가치가 반감됐다. 사실 철도주의 투기적인 움직임 없이 산업주만 움직였으므로, 두 평균주가의 흐름이 서로 일치해야 한다는 점에서 보자면 그 가치를 절반 이상 상실했다고도 말할 수 있다. 당시의 평균주가를 확인해보면 철도주는 투기적인 주식시장이 아니라 채권시장과 동조해서 움직였다. 철도주는 정부가 보장한 최저 배당수익 외에는 바랄 게 없었다. 철도주 보유자들은 말도 되지 않는 정부의 철도기업 소유권 인수로 인해 철도기업들의 이익 창출 능력이 떨어지고 결국은 붕괴되지 않을까 우려하는 게 전부였다. 이 기간 중 철도주가 우연히 산업주와 같은 방향으로 움직인 경우도 있었는데, 이 때 역시 철도주는 정부가 보장한 최저 배당수익을 현재가치로 할인한 수준에서 움직였다; 철도주의 흐름은 결국 이 기간 내내 채권가격을 결정하는 요인들에 따라 결정됐던 것이다.

중요한 차이

여기서 채권과 주식 간의 결정적인 차이점을 설명해야 할 것 같다. 주식은 기업의 소유권인 반면, 채권은 기업의 부채다. 기업이 문을 닫을 경우 주식 보유자의 권리보다 채권 보유자의 권리가 우선한다. 주식 보유자는 사업을 함께 하는 일종의 파트너들이라고 할 수 있지만, 채권 보유자는 기업에게 돈을 빌려준 대여자들이다. 예를 들자면 채권 보유자들은 기업이 고정자산에 투자하는 데, 즉 철도기업이 부동산을 구입하거나 제조업체가 공장을 건설하는 데 돈을 빌려준 것이다. 그러나 채권의 가장 중요한 요소는 보유자에게 투기적인 측면이 있다 하더라도 부수적이거나 사실상 없다는 점이다. 채권 보유자는 이자 소득을 얻는다. 그러므로 채권가격은 전적으로 이자 소득의 구매력에 따라 움직인다. 시중 금리가 떨어지면 채권가격은 올라가고, 시중 금리가 올라가면 채권가격은 떨어진다. 따라서 채권가격은 돈의 가치, 즉 금리에 따라 움직인다고 생각하면 쉽지만 그렇게 간단하지만은 않다. 시중 금리는 매일매일 변동하고, 장기채권의 경우 장기적인 금리 변동 추정치를 반영하는데, 이 추정치는 그야말로 추정치일 뿐 틀리기 십상이기 때문이다.

초보자를 위한 정의

좀더 쉽게 설명하자면 채권처럼 고정소득을 얻을 수 있는 유가증권의 가격은 물가수준과 반비례한다고 말할 수 있다. 물가수준이 높으면 채권처럼 고정소득을 얻을 수 있는 유가증권의 가격은 낮아진다. 그래야 유가증권의 명목 수익률이 커지기 때문이다. 물가수준이 낮으면 고정소득을 얻을 수 있는 유가증권의 가격은 높아지고, 유가증권의 명목 수익률은 작아진다.

정부 보장의 효과

정부는 철도기업의 소유권을 인수하면서 1917년 6월 30일까지 3년간의 평균이익에 기초해 최저 배당소득을 보장했고, 이로써 철도주는 고정소득을 얻을 수 있는 유가증권으로 그 성격이 바뀌어버렸다. 만약 정부가 철도기업의 소유권을 인수하지도 않고, 최저 배당소득을 보장하지도 않았다면 철도주는 투기적으로 움직였을 것이고, 물가수준이 아니라 철도기업의 이익 창출 능력에 따라, 특히 향후 이익 전망에 따라 주가가 결정됐을 것이다; 주식시장은 현재의 여건을 반영하는 게 아니라 모든 사람들이 예상할 수 있는 가장 먼 장래까지 포함하는 기간의 여건을 반영한다는 점에서 그렇다.

　그러면 철도주에 이 같은 영향을 미쳤던 세계대전 기간 동안의 역사를 살펴보자. 미국이 세계대전에 참전한 것은 1917년 봄이었다. 이 때까지만 해도 정부와 철도기업 간의 협상은 확실한 게 하나도 없었다.

따라서 철도주의 주가는 투기적인 흐름을 이어갔다. 정부가 철도기업의 소유권을 인수한다는 발표가 나온 것은 그해 크리스마스 다음날이었다. 이날 발표는 주식시장이 끝난 다음 나왔기 때문에, 정부의 철도기업 소유권 인수가 주가에 반영된 것은 12월 27일이었다. 철도 평균주가는 이날 78.08로 마감해 전날보다 6.41포인트나 급등했다. 그 이전에도 정부가 본격적인 참전에 앞서 철도기업의 자본 확충과 부채 상환을 위해 자금을 투입할 것이라는 전망이 없었던 것은 아니지만, 월스트리트는 발표가 나오기 하루 전까지도 철도기업에 대한 정부의 소유권 인수를 매우 심각한 사태로 받아들이고 있었다. 발표 당일 뉴욕에서 발행된 조간신문에서는 정부가 철도기업들의 과거 5년간 평균이익에 기초해 보상할 것이라는 계획과 함께 그 파장을 다뤘다. 당시 윌슨 대통령의 심중을 속속들이 헤아리기는 불가능하겠지만, 그날은 물론 그 이후에도 정부의 철도기업 인수가 철저한 계산 아래 이뤄졌으며, 목적을 달성할 때까지 계속 이어질 것으로 받아들여진 게 사실이다.

두 평균주가는 어떻게 엇갈렸는가

세계대전 발발 이후 처음으로 시작된 대세상승 흐름은 1916년 10월 정점에 도달한 뒤 대세하락으로 바뀌었지만, 1918년으로 접어들자 랠리가 이어졌고, 이 기간 동안 철도 평균주가는 산업 평균주가와 함께 꾸준히 상승했다. 그러나 투자자들이 점차 정부의 철도기업 경영과 최저 배당수익 보장에 대해 우려하면서 두 평균주가의 움직임은 어긋나기 시작했다. 철도 평균주가는 결국 1918년 10월에 고점을 찍은 뒤 조정 국면으로 접어든 반면 산업 평균주가는 1919년 11월 정점에 이르기까지 대세상승 흐름을 이어갔다. 철도 평균주가는 1919년 5~7월 사이 정부의 최저 배당수익을 겨냥한 매수세가 일며 반짝 상승세를 타기도 했지만, 그 뒤 다시 하락세로 돌아섰다. 반면 산업 평균주가는 대세상승 흐름을 지속해 1920년 급락세가 나타나기 전까지 두드러진 상승세를 계속해서 이어갔다. 철도 평균주가는 1920년에도 산업 평균주가와 달리 하락세를 보이지 않았는데, 그해 가을에는 오히려 상승세를 타면서 산업 평균주가와 완전히 상반된 움직임을 보였다. 이 시기는 채권가격이 뚜렷한 회복세를 탔던 기간과 정확히 일치한다.

철도운송법

철도주가 1919년에는 하락세를 보이다가 1920년에는 회복세로 돌아선 모습은 당시 채권시장의 40개 대표종목의 평균가격 흐름과 일치한다. 즉, 철도주의 움직임은 인플레이션 시기에는 하락세를, 디플레이션 시기에는 상승세를 보여주었다. 1919년 봄과 여름에는 비록 윌슨 대통령이 유럽을 순방 중이었지만, 정부의 철도기업 소유권 인수 이후 예상하지 못했던 원가 상승과 비효율성 문제에 대해 대통령이 실망하고 있으며, 철도기업의 소유권을 가능한 한 빨리 민간에 돌려주려 한다는 보도가 자주 나왔다. 특히 윌슨 대통령은 하원이 1919년 8월 1일까지 관련법안을 처리해줄 것으로 기대하고 있다는 이야기도 흘러나왔다. 실제로 당시 하원에서는 철도운송법을 입안하고 있었는데, 이 법안은 그해 여름과 가을에 최종 작업을 마치고 11월 16일 하원에서 통과됐다. 윌슨 대통령은 12월 초에 이듬해 1월 1일까지는 철도기업의 소유권을 민간에게 돌려줄 것이라고 공식적으로 밝혔다. 그러나 철도운송법안이 상원에서 최종 통과된 것은 1920년 2월 초였다; 결국 대통령은 자신의 약속시한을 두 달 연기할 수밖에 없었다.

소유권을 다시 팔다

그러나 이보다 9개월 앞선 1919년 5월부터 7월 사이에 철도 평균주가는 "이중 천정"을 만들었다. 당시 〈월 스트리트 저널〉은 철도기업들의 이익 전망이 형편없음에도 불구하고 이들의 주가가 강세를 보이고 있는 이유는 정부의 철도기업 소유권 매각 작업이 시작됐기 때문이라고 보도했다. 사실 철도 평균주가는 이해 7월에 이중 천정을 완성한 뒤 1920년 초까지 하락세를 이어갔는데, 이는 정부가 소유권을 인수한 뒤 대부분의 철도기업들이 수익 증가보다 훨씬 빠른 비용 증가로 인해 큰 타격을 입었기 때문이다. 철도기업의 가장 큰 원가 요소인 임금의 경우 사업가라기 보다는 정치가에 가까운 경영진이 들어선 뒤 어떤 이유로도 설명할 수 없을 만큼 크게 올랐다. 이밖에도 철도기업들이 소비하는 모든 비용이 몇 배씩 늘어났다. 한 예로 전시내각은 메인 주에서 철도 침목을 경매입찰 방식으로 구매해왔는데, 자신이 유일한 구매자였음에도 불구하고 철도 침목의 구매가격은 개당 37센트에서 1달러 40센트까지 높아졌다. 반면 민간이 철도기업을 다시 인수할 경우 수익성을 보장하기 위해 불가피했던 큰 폭의 요금 인상 문제는 당시 겨우 논의되기 시작했을 뿐이다. 사실 철도요금 인상 문제는 한참 뒤 주 간통상위원회(ICC)가 그 필요성을 인정하고 나서야 겨우 해결됐다.

성격의 차이

철도기업의 소유권을 인수했던 연방정부의 철도 규제는 1920년 2월 28일에야 끝이 났다. 대통령이 철도운송법에 서명한 지 이틀만의 일이었다. 그러나 연방정부의 각종 보조금 등은 6개월이나 더 지속됐다. 덕분에 철도산업 노동위원회가 새로 만들어졌고, 주간통상위원회에도 6%의 철도요금 인상 권한이 주어졌다. 철도요금이 실제로 인상된 것은 그해 8월이었지만, 월 스트리트에서는 요금 인상이 불가피하다는 사실을 훨씬 이전부터 알고 있었고, 늘 그렇듯이 평균주가에는 이미 반영됐는데 이번에는 실제 인상 시기보다 6개월이나 앞섰다.

(제1차) 세계대전이 경기 전반과 산업 생산에 미친 영향을 고려할 때, 이번 전쟁이 만들어낸 새로운 환경이 그 성격이나 정도 측면에서 과거의 전쟁에 비해 얼마나 다른 것이었는지 생생히 느낄 수 있을 것이다. 이번 전쟁은 전혀 다른 종류의 전쟁이었다. 철도 평균주가와의 확인 작업은 불가능했지만 산업 평균주가는 외로이 강세장을 이어갔다. 당연히 전례가 없었던 일이다. 여기서 중요한 사실은 펀더멘탈의 차이와 이 같은 차이를 만들어낸 원인이다. 이런 사실을 확실히 이해하고 넘어가지 않는다면, 지금 이 글을 읽는 독자들과 마찬가지로 앞으로 주식시장 바로미터를 공부해야 할 교사와 학생들도 그 성격이 과거의 경우와는 완전히 달랐던 전쟁은 생각하지도 않고 그저 매우 혼란

스럽게만 느낄 것이다. 물론 주식시장 바로미터에 대한 검증작업을 계속 하다 보면 이와 비슷한 사례가 또 나타날 수 있을 것이다.

균형감각, 혹은 유머감각

굳이 우리의 이론과 사랑에 빠질 필요는 없지만 그렇다고 그것을 한때의 유행에 휩싸인 그릇된 환상이라고 치부할 이유도 없다. 1달러짜리 동전을 한 팔 길이 정도 앞에 놓고 바라보면 주위에 있는 다른 사물들에 비해 크기나 형태에서 특별히 이상한 점이 없을 것이다. 그런데 이 동전을 바로 눈앞에 옮겨놓고 바라보면 동전에 비해 주위의 다른 사물들의 크기와 모습이 왜곡되고 과장된 것처럼 보일 것이다. 동전과 눈의 거리를 더욱 좁히게 되면 아예 아무것도 보이지 않게 된다. 이 세계가 평균주가의 이론에 따라 휘청거릴 수 있다는, 꽤 거창한 구호를 외쳐대는 일군의 경제학자를 소개하려는 게 내 의도는 결코 아니다. 사실 그들이 누구인지조차 알 필요가 없다. 누가 처음 그런 구호를 외쳤는가는 중요하지 않지만, 아직도 그런 구호를 외쳐대는 학파에 남아있다면 그것은 용납할 수 없는 일이다. 그런 점에서 우리는 주식시장 바로미터를 균형감각을 갖고 읽어낼 수 있도록 우리 눈으로부터 약간 떼어놓고 바라봐야 한다. 적어도 기상청에서 내일의 날씨를 예측하는 것만큼 주식시장 바로미터가 결정적인 수단은 아니라는 점을 인정하면서 말이다. 우리가 전개하는 이론은 건전한 것이어야 한다. 그렇지 않다면 이 책에서의 논의는 아무런 의미도 없을 것이다. 많은 통계학자들이 그렇게 하는 것처럼 너무 집착하지 말자. 과학자들은, 심지어 매우 저명한 과학자들조차 막상 실험 결과가 말도 되지 않게 나왔음에도 불구하고 자신의 가설을 맹신하려는 경향이 강하다. 위대한 철학자이자 종합철학의 창시자인 허버트 스펜서는 자신과 함께 사회진화론을 연구한 생물학자 토마스 헉슬리 교수에게 이렇게 말한 적이 있다. "자네는 이 말을 안 믿을지도 모르겠네만, 나는 지금까지 비극의 서곡을, 최소한 그 비슷한 형태를 쓴 것 같군." 그러자 헉슬리는 이렇게 대답했다. "아닙니다. 저는 충분히 믿을 수 있습니다. 저는 전체적인 줄거리를 알고 있거든요. 그것이야말로 너무나도 멋진 이론이 어떻게 해서 그토록 아주 작은 사실 하나로 인해 무너져 내리는가를 보여주는 예이기 때문이지요."

우리가 가진 자산은 대부분 최근의 것들뿐이다

찰스 H. 다우가 주식시장의 흐름에 관한 자신의 이론을 정확히 표현한 경우가 너무나 적다는 데 아쉬움을 느끼는 사람들이 있다. 이들은 그의 이론에서 함축성 있는 추론을 도출해내기가 너무 어렵고, 다우 이론을 실제 투자에 활용해서 얻을 수 있는 유용성도 거의 없다고 말한다. 그럼에도 불구하고 더욱 놀라운 사실은 찰스 다우가 그의 이론을 만들 당시 수집할 수 있었던 자료는 극히 적었다는 점이다. 찰스 다우가 세상을 떠난 1902년까지도 산업 평균주가를 산정하는 종목의 수는 12개에 불과했고, 이들 가운데 6개 종목만이 아직도 산업 평균주가 구성 종목으로 남아있다. 산업 평균주가 구성 종목이 지금처럼 20개로 늘어난 것은 1916년으로, 불과 10년 전까지도 산업 평균주가를 산정하는 데 포함시킬 만한 대표성 있는 산업주가 부족했다.(철도 평균주가 구성 종목은 1897년 1월부터 20개 종목으로 늘어났다-옮긴이) 물론 철도주와 산업주를 구분하지 않고 15개 종목으로 산정한 단일 평균주가를 1860년까지 거슬러 올라가 만들어낼 수는 있지만, 이 같은 평균주가는 현재와 같은 두 가지 평균주가에 비해 그 효용성이 떨어진다. 두 평균주가가 서로의 움직임을 확인해주는 게 얼마나 중요한지는 이미 설명했다. 더구나 맥킨리 대통령이 재선에 성공했던 1900년에도 주식시장의 흐름을 보여줄 수 있는 대표성 있는 종목이 워낙 부족했다는 점에서 웨스턴 유니언을 철도 평균주가 산정 대상 종목에라도 포함시켰어야 했다.(웨스턴 유니언은 1916년 산업 평균주가 구성 종목이 20개로 늘어나면서 여기에 포함됐다-옮긴이) 우리는 새롭게 성장해나가는 기업들을 과대평가하지도 않지만 그렇다고 무시하지도 않는다. 이들 기업은 스스로 성장기반을 다져나가야 한다. 그러면 우리는 지금까지의 경험을 토대로 어느 기업이 더 창조적이고, 더 진지한 기업인지 판단해 평균주가 산정 대상 종목에 포함시킬 것이다.

Chapter_17
바로미터의 우수성: 1917년의 사례

1917년 주식시장이 약세장이 아니었다면 이 책이 쓰여지지 않았을지도 모른다. 그랬다면 나는 주식시장의 흐름이 알려주는 지식과 통찰력에 기초해 어떤 결론을 유추한다 해도 그것은 단지 경험적이며 불충분한 전제 아래서 도출된 사실일 뿐이라는 점을 인정해야 했을 것이다. 또한 주식시장의 흐름을 통해 국제적인 정세 변화까지 예측할 수는 없다는 점도 받아들여야 했을 것이다. 사실 세계적인 사건을 객관적으로 바라보면서 자신의 입장을 지켜내기란 불가능하다고 말할 수도 있을 것이다. 외국에서 벌어지는 사건은 마치 식료품점에서 파는 채소값이 매일매일 오르내리는 것처럼 별로 중요하게 느껴지지 않을 수도 있다. 그런 점에서 보자면 주식시장 바로미터에 대한 우리의 판단은 이처럼 가장 약한 고리가 얼마나 강한가에 달려있다고 말할 수 있다. 그런데 1916년 10~11월부터 대세하락이 시작됐고, 이 때의 약세장은 다음해 12월까지 이어지면서 주식시장 바로미터의 우수성을 입증해주는 아주 확실한 사례가 됐다.

전쟁 결과의 불확실성

앞서 여러 차례 반복해서 설명했듯이 주식시장에는 세 가지의 흐름이 있으며, 여기에는 미래의 사건들이 녹아있다. 그런데도 이런 원칙을 받아들이려 하지 않는 경솔한 논평가들은 이렇게 묻는다. 1917년은 물론 그 다음해까지도 실물 경기지표는 활황세를 나타내주고 있었는데, 주식시장은 왜 대세하락 흐름을 지속하며 경고등을 켰느냐고 말이다; 실제로 뱁슨의 경기 차트를 보면 1915년 하반기부터 1920년 말까지 계속해서 호경기를 가리키고 있었다. 그러나 전쟁 발발 초기에 미국 경기가 과열 양상까지 보였던 것은 무슨 이유에서였을까? 그것은 전쟁에 필요한 군수물자의 공급 때문이 아니었을까? 결국 우리는 장래에 갚아야 할 빚을 내서 그 같은 군수물자를 조달한 셈이 아닌가? 우리가 짊어진 빚은 수십 억 달러에 이르렀는데, 과연 그 중 얼마나 갚아 나가고 있었는가?

이 모든 사실은 아주 중요하다. 그러나 1917년에 주식시장이 방향을 틀어 약세장으로 전환한 데는 더욱 특별한 이유가 있었다. 그것은 전쟁 특수에도 불구하고 우리의 예전 고객과 미래의 고객을 잃은 손실을 만회하지 못한 이유이기도 했다. 전쟁이 어떤 식으로 끝날 것인가에 대한 전망은 1917년 내내 불확실했다. 주식시장에서는 독일이 만의 하나 승리할지도 모른다는 의구심을 떨쳐내지 못했다. 주식시장 바로미터가 연합국의 승리를 예측하기 시작한 것은 1917년 말부터였다. 강세장은 그해 12월 숨을 쉬기 시작해 11개월간의 휴전을 예측했고, 6개월간에 걸친 독일군의 마지막 대공세가 실패로 돌아갈 것을 예측했다. 그러나 우리가 정의는 반드시 승리한다고 아무리 강조한다 해도 1917년은 이성적 판단보다 희망과 바람이 더 앞서갈 때였다. 비로소 겨우 막을 내린 약세장은 당시 상황에서 보자면 일종의 보험과도 같은 것이었다. 시대와 상황에 따라 "번영"의 개념이 다르다는 사실을 모른다면 더 이상 배울 게 없다. 주식시장의 모든 흐름을 통해 가장 명확하게 배울 수 있는 게 바로 이것이기 때문이다. 주식시장은 우리가 지금까지 분석해낸 것들 전부를 합친 것보다 더 높은 곳까지 바라본다.

독일이 전쟁에서 승리했다면

많은 독자들은 반드시 이런 물음을 던져보아야 했다. 만약 독일과 오스트리아 등 동맹국들이 전쟁에서 승리했다면 세계적으로 어떤 일이 벌어졌을지 말이다. 물론 너무나 끔찍한 일이어서 그 가능성조차 생각하기 싫었을 것이다. 그러나 그렇게 됐다면 지금쯤 상황은 모든 면에서 최악일 것이다. 프랑스는 짓밟힌 채 신음하고 있을 것이고, 벨기에는 독일의 속국이 되었을 것이며, 이탈리아는 무정부상태에 빠져들었을 것이다. 해외 교역에 필요한 상선들마저 전부 파괴됐을 영국은 전쟁의 폐허 속에서 기업의 연쇄 도산과 궁핍에 시달리고 있을 것이다. 또한 독일이 패전국들에게 부과했을 수천 억 달러의 전쟁배상금은 전 세계에 얼마나 큰 영향을 미쳤을까? 과연 우리가 승전국 독일과 다시 정상적인 외교관계를 맺었을까? 독일이 전쟁에서 승리했다면 수많은 나라들이 쪼개졌을 것이며, 민족주의가 새롭게 부상했을 것이다. 이로 인한 파급 역시 엄청났을 것이다. 그러나 대영제국이 다시는 회복할 수 없는 치명상을 입고 무너졌을 경우 전 세계에 어떤 영향을 미쳤을지는 상상하기 힘들 정도다.

이런 가능성은 너무나 섬뜩한 것이어서 아무도 떠올리려 하지 않았다. 하지만 주식시장은 1917년에 이런 가능성을 염두에 두었다. 주식시장은 정확히 이 같은 질문을 던졌다. 심스 제독은 당시 독일이 승리했다면 벌어졌을 절망적인 상황들에 대해 이야기했다. 여러모로 준비가 부족했지만 어쨌든 미국이 참전한 것은 그해 봄이었고, 미국의 개입 덕분에 전세가 연합국 쪽으로 돌아서기 시작한 것은 그해 말이 다 되어서였다. 더구나 당시 미국의 참전 시점이 적당한 것이었는지에 관해서는 주식시장은 물론 누구도 알지 못했다. 미국의 참전이 사실은 스스로를 지키기 위한 것이라는 점에 대해서는 거의 의문이 없었지만, 만약 그럼에도 불구하고 연합국이 패배할 경우 어떤 파급이 미칠지에 대해서는 주식시장만 고려했다. 앞서도 설명했지만 주식시장은 가장 완벽한 정보당국이 작성하는 분석 외에도 수많은 사항들을 전부 반영한다. 주식시장에서 경고음을 울리면 그것이 단지 미국 경제에 한정되는 것이 아니라는 사실을 맨 나중에 알게 되는 사람은 다름아닌 정보당국의 분석자들일 것이다.

영국의 국가 부채

1908~09년의 강세장에 이어 주식시장이 수 년간 소강 상태로 접어들면서 경기도 위축됐는데, 세계대전에 따른 전시 붐이 나타나기 전까지 지속됐던 이 시기를 살펴보면 배울 점이 무척 많다. 전쟁 발발 이전에 약세장이 계속되다가 막상 세계대전이라는 대사건이 벌어지자 기존의 모든 판단이 뒤집어진 것은 그야말로 극적이라고 할 수 있다. 한 세기를 거슬러 올라가 1815년 워털루 전투로 정점에 달했던 나폴레옹 전쟁 당시 이와 비슷한 사례를 발견할 수 있을지 모르겠지만, 사실 이런 경우는 역사적으로 전례를 찾아보기 힘들다. 차라리 일부 분석가들이 제시하고 있듯이 인구와 국부(國富)의 변화를 감안해 이번 전쟁의 충격과 파급 정도를 헤아리는 게 더 나을 것 같다. 그런 점에서 내가 아는 한 아직 어느 곳에서도 밝히지 않은 아주 중요한 통계수치가 하나 있다. 영국이 현재 얼마나 많은 국가 부채를 떠안고 있는지에 관한 것이다. 나폴레옹 전쟁으로 인해 막대한 피해를 입은 영국은 전쟁 직후인 1815~16년 당시 국가 부채가 국부 추정치의 31.5%에 달했다. 나폴레옹 전쟁은 중간에 3년간의 휴전 기간이 있었지만 1793년부터 1815년까지 이어져 영국은 엄청난 전비를 지출해야 했다. 영국은 19세기 전반기 내내, 그리고 빅토리아 여왕의 오랜 재임기간 동안 꾸준히 국가 부채를 갚아나갔다. 결국 1899~1902년에 벌어졌던 보어 전쟁 발발 전 영국의 국가 부채는 국부 추정치의 4%를 조금 넘는 수준까지 줄어들었다.

영국이 보어 전쟁을 치르면서 전비로 쓴 금액은 대략 10억 달러에 달한다. 이에 따라 영국의 국가 부채는 국부의 6%를 넘어섰다. 1902년부터 1914년까지 영국의 생활수준은 꾸준히 향상됐고, 세수도 늘어났으며, 국가 부채도 다시 감소했다. 하지만 영국의 국부 대비 국가 부채의 비율은 1899년 수준까지 낮아지지 않았다. 현재 영국의 국가 부채는 국부 대비 33%에 달하는 것으로 추정된다. 나폴레옹 전쟁 직후보다도 1.5%포인트 높은 수치다. 국가 부채의 비율이 이처럼 높다는 것은 물론 대단히 위험한 일이다. 그러나 전혀 희망이 없는 것은 아니다; 최근 영국 파운드화의 가치가 미국 달러화 가치에 근접한 수준까지 평가절하된 근본 이유는 바로 여기서 찾을 수 있다.

미국의 부채도 있다

그런 점에서 1917년의 주식시장은 앞으로 영국 파운드화에 무슨 일이 벌어질 것인지, 그리고 무엇보다 독일이 승리한다면 어떻게 될지 스스로 의문을 던져보았던 국면인 셈이다. 만일 독일 통화당국이 그해 화폐를 계속해서 찍어댔다면 이듬해인 1918년 봄에 독일을 비롯한 동맹국에 종이조각이나 다름없는 마르크화가 얼마나 많이 유통됐을 것인가? 우리는 새삼 주식시장 바로미터의 가장 중요한 포인트가 미래를 정확히 내다보는 통찰력이라는 사실을 확인할 수 있다. 그런 점에서 1917년의 약세장은 긍정적인 의미를 담고 있었다. 그러나 이보다 주식시장 바로미터의 미래 예측력을 더욱 극명하게 보여주는 사례가 있다. 명목임금의 인상과 물가 상승, 기업들의 명목이익 증가에 우리 스스로 속아넘어가고 있다는 점이다. 1916년에 애덤슨 법(The Adamson

Act, 미국의 철도 노동자들에게 8시간 근로제를 확립한 법-옮긴이)이 제정되면서 노동조합의 위상은 극적으로 높아졌고, 이제 노동조합은 생산성 증가가 전혀 없더라도 임금을 올릴 수 있는 힘을 갖게 됐다. 대통령 선거를 눈앞에 둔 의회는 유권자들의 표만 의식해 미국의 소비자들과 납세자들에게 이 법안이 근로시간을 줄이는 박애심을 담고 있으며, 철도 이용자들에게 특히 안전한 서비스를 제공하게 될 것이라고 입에 발린 선전을 해댔다. 물론 애덤슨 법이 시행된 이후 노동자들의 근로시간이 단축되지는 않았다. 이 법의 시행과 함께 초과근무시간이 앞당겨졌을 뿐이다. 실제로 철도 노동자들의 근로시간은 더 늘어났다; 인간이란 자기에게 이익이 되는 방향으로 움직이기 때문이다. 철도 노동자들은 법적 근로시간의 한계인 하루 16시간까지 일했다. 지금에 와서야 사람들은 이 법이 다른 산업 분야에까지 미친 부작용을 깨닫게 됐다. 이런 선례가 있었기 때문에 미국이 1917년 초 참전 선언을 한 뒤 임금 인상 요구를 금지시키려 했지만 앞뒤가 맞지 않는 모순에 빠져버린 것이다. 어처구니없게도 의회가 스스로 두 손을 들어버린 애덤슨 법으로 인해 피해를 입지 않은 기업가나 소비자는 단 한 명도 없을 것이다.

비용의 과대평가는 무엇인가

앞선 장에서 "바로미터의 과대평가" 문제에 대해 설명한 적이 있다. 나는 그 때 자본의 과대평가보다 오히려 비용의 과대평가가 더 치명적일 수 있다고 지적했다. 이런 잘못된 환상으로 인해 미국의 국가 부채는 수십 억 달러나 늘어났고, 아마도 영원히 치유되지 않을 것이다. 비상선단회사(Emergency Fleet Corporation, 제1차 세계대전 중 전쟁을 지원하는 선박을 건조하기 위해 설립된 미국 해운위원회 산하의 기업-옮긴이)의 사무총장을 지낸 피에즈는 개별 근로자들의 생산능력은 떨어진 반면 임금은 높아지는 바람에 노동 효율성이 아주 큰 폭으로 낮아졌으며, 특히 임금이 올라감에 따라 여기에 연동돼 함께 높아진 상품가격의 상승으로 인해 임금 인상은 그냥 상쇄돼버렸다고 말했다. 그의 말을 직접 들어보자:

> 노동 효율성은 전쟁 기간 중 매우 나빠졌다. 대서양 연안 조선소의 경우 1년 전에 1달러를 받았던 노동자들이 2달러를 받게 됐음에도 불구하고, 이들의 생산량은 1년 전에 비해 3분의 2에 불과했다.

피에즈의 말에 따르면 전쟁 기간 중 우리의 생산단위 당 노동 비용은 전쟁 이전에 비해 3배로 늘어났다. 현재 미국의 국가 부채는 240억 달러로 추정되는데, 여기서 영국을 비롯한 연합국에 대한 채권 110억 달러를 차감하면 순수한 국가 부채는 130억 달러 정도가 된다. 이 가운데 상당 부분, 아마도 절반은 비용의 과대평가로 인한 것이라고 말할 수 있다. 여기서 기억해야 할 사실은 연합국에 대한 채권 역시 현금으로 빌려준 것이 아니라 전쟁에 필요한 물자를 공급한 것이라는 점에서 연합국의 전비 조달도 비용의 과대평가로 인해 그만큼 늘어난 셈이다. 단순히 임금 인상으로 인한 비용의 과대평가보다 더 무서운 것은 나태해진 근로자, 느슨한 노동 강도, 수준 이하의 작업이라고 할 수 있다. 주식시장은 매우 엄격한 곳이고, 그래서 온갖 방식으로 자행돼 왔던 기업 자본의 과대평가를 제거할 수 있었다. 이제 부끄러울 정도로 벌어지고 있는 비용의 과대평가 역시 제어해야 한다. 그렇게 하지 않는다면 우리는 물론 우리의 자손들까지도 수십 년간에 걸쳐 그 부담을 짊어져야 할 것이기 때문이다.

비용의 과대평가로 인한 손실

자본의 과대평가가 보여주는 대체적인 특징을 이해하기는 어렵지 않다. 사실 자본의 과대평가가 실물경제나 개인생활에 미치는 손실이란 비용의 과대평가가 미치는 치유 불가능한 손실에 비한다면 사실 아무것도 아니다. 5년간의 전쟁 기간 동안 산업 및 상업 활동에서 3배나 많은 비용을 지불함으로써 우리의 물질적 풍요가 얼마나 손상을 입었을지 생각해보라. 그렇게 허공으로 날려버린 돈은 귀중한 우리 자신의 돈으로 메워야만 한다. 노동 현장의 나태함과 불량 작업으로 인해 입은 피해는 결국 부지런한 근로자의 훌륭한 작업으로 보충해야 한다.

2차적인 인플레이션, 그 이후

언제쯤 대세상승 추세가 다시 시작될지, 또 2차적인 인플레이션이 나타난다면 그 규모가 어느 정도나 될지 굳이 예측해야 한다면, 나는 영국이 워털루 전투에서 승리한 뒤 이어졌던 6년간의 기간과 비교하고 싶다.(물론 2차적인 인플레이션의 규모는 전쟁 기간에 비해서는 덜 하겠지만 틀림없이 나타날 것이다.) 영란은행은 1821년에 금본위제도로 복귀했고, 그 뒤 금에 대한 프리미엄은 사라졌다. 자기기만적인 영국 하원은 지금(地金)보고서(Bullion Report, 영국의 화폐금융학자 헨리 손턴이 작성한 보고서로, 지금의 가격 상승과 환시세의 하락은 단순히 통화의 초과 발행에만 기인하는 것이 아니라, 다른 요인들로부터도 야기될 수 있다고 주장했다–옮긴이)가 지적한 사실이 옳으며, 불환지폐의 발행이 잘못됐다는 점을 1819년에야 인정했다. 이로부터 또 몇 년이 지나서야 한때 전 국민의 6명 중 1명이 빈민구호 대상으로 등록했을 정도로 심각했던 디플레이션을 정부가 겨우 통제할 수 있었다. 우리가 치러야 할 대가는 여기에 비하면 비교적 적은 게 아닐까 하는 생각을 감히 해본다. 우리는 지금 전쟁이 끝난 지 불과 4년도 채 지나지 않은 시점에 있다. 이 글을 쓰고 있는 현재 시점에서 보자면 강세장이 꿈틀거리고 있다. 이 강세장은 1821년 당시 유럽에서 일었던 강세장으로 발전할 수도 있고, 그렇지 않을 수도 있다. 우리는 그 무렵 영국이 처했던 절망적인 상황과는 거리가 멀다. 그러나 우리의 해외 고객들은 헤아릴 수 없는 엄청난 상처를 입었다. 이 같은 문제는 돌팔이 처방으로는 절대 해결할 수 없다. 오히려 돌팔이 처방약을 창문 밖으로 던져버려야만 치유할 수 있다. 왜냐하면 이미 환자가 이 가짜약에 잔뜩 취해버려 위험한 지경에 이르렀기 때문이다.

주식시장 바로미터의 의심할 수 없는 우수성

그러나 오늘 일에만 충실하면 되지 내일 일까지 걱정할 필요는 없다.

주식시장 바로미터는 경기 침체기나 경기 호황기에 모두 앞으로 드러날 명백한 회복 신호와 위험한 징후를 미리 알려주었다는 점에서 우리의 목적에 충분히 부합한다. 현재의 평균주가 흐름을 보자면 앞으로 경기 전반은 1922년 여름에 더욱 활기차게 돌아갈 것이라는 점을 알려주고 있다. 주식시장 바로미터는 이 같은 경기 호황이 얼마나 지속될지는 말해주지 않는다. 하지만 깊이 있게 연구해보면 주식시장 바로미터가 알려주는 경기 침체나 경기 호황이 어떤 특징을 가질 것인지 분명하게 읽어낼 수 있다. 1907년의 약세장이 미리 알려준, 1908~09년의 경기 침체는 기간은 짧았지만 매우 강렬했다. 1909년 후반부터 1910년까지 이어졌던 경기 호황은 완만한 상승세가 다소 느슨하게 이어졌다; 사실 이 때의 경기 호황에 선행했던 강세장 역시 앞선 약세장에 비해 상승폭은 작았던 반면 기간은 길었다. 그런 점에서 우리는 경기 호황과 주식시장의 변동폭이 일치한다는 사실을 확인할 수 있다. 전쟁 기간 중에는 대세상승과 대세하락이 나타나기에 앞서 주식 거래량이 급격하게 증가한 점이 특징이었다.

  전쟁이 발발하기 이전 몇 년 동안의 주가 변동폭이 작았던 시기를 보면 주식 거래량 역시 매우 위축됐다는 사실을 발견할 수 있다. 이 시기의 월간 주식 거래량은 1900년 맥킨리 대통령의 재선을 앞둔 시점에 비해서도 적었을 정도다. 1911년과 1912년, 1913년, 1914년의 주식 거래량은 각각 1897년과 1898년, 1899년, 1900년 수준을 밑돌았다; 재미있는 점은 여기서 비교 대상으로 삼은 8년 가운데 월간 주식 거래량이 가장 많았던 해는 1899년이라는 사실이다.

전쟁을 예측하다

따라서 우리는 주식시장이 상당히 유용한 예측력을 보여준다고 말할 수 있을 것이다. 물론 그렇다고 해서 나중에 실제로 드러나는 수치만큼 정확하게 그 변동폭이나 특징들을 충분히 알려준다는 의미는 아니다. 인간의 지식이 미치는 범위에서 주식시장 바로미터가 예측했던 것 중의 하나는 바로 전쟁이었다. 전쟁 발발 가능성을 미리 눈치챘던 사람도 있었을 것이다. 또한 전쟁에 앞서 약세장이 나타났다는 사실도 우연의 일치라고 말할 수는 없을 것이다. 주목해야 할 점은 1912년 후반에 시작된 약세장이 과거의 약세장에 비해 상당히 격렬했다는 사실이다. 그런데도 1914년의 경기 침체는 앞선 대세하락 흐름이 알려준 만큼 그렇게 심각하지 않았다. 다시 말해 이 시기의 주가 하락은 독일이 다른 나라를 향해 매우 위험한 행동을 취할지도 모른다는 우려로 인해 주식을 매도함으로써 벌어진 것이었다고 말할 수 있다. 이 같은 우려는 독일이 자국 영토인 엘베 강 하구와 발트 해를 전략적으로 연결하는 킬 운하를 개통하면서 증폭되기 시작했다.

약세장은 단순히 경기 위축만을 예고하는 데 그치지 않는다. 약세장은 앞으로 벌어질 전쟁의 발발 가능성까지 반영한다. 앞서 설명했듯이 1914년의 박스권은 전쟁을 앞두고 매물이 출회되면서 만들어진 것이다. 즉, 당초 물량 확보를 위한 박스권으로 보였던 것이, 외국인 투자자들이 3개월간 집중적으로 매도하면서 매물 출회를 위한 박스권으로 그 성격이 바뀌어버렸다. 주식시장의 대세상승이나 대세하락 흐름이 늘 미국의 경기 호황이나 경기 침체와 시기적으로 정확히 맞아떨어지지 않는다고 불평하는 사람들이 있지만 그것은 주식시장 바로미터의 잘못이 아니다. 미국의 경기 흐름이 짚어내지 못하는 전 세계적인 사건들이 있다는 점을 상기해보라. 따라서 주식시장 바로미터의 추론을 폄하하려고 애쓸수록 오히려 더 많은 것을 잃게 될 뿐이다. 주식시장 바로미터는 그 평가 수단이 엄격할수록 그 유용성이 빛을 발한다. 전쟁이 발발하기 이전에는, 심지어 전쟁이 진행되는 기간 중에도 주식시장 바로미터의 예지력이 얼마나 뛰어난 것인지 제대로 평가할 수 없었을 것이다. 그러나 만약 강세장이 한창 진행되는 와중에 전쟁이 발발했다면 어땠을까?

Chapter_18
정부의 규제가 철도 산업에 미친 영향

어떤 논리가 명백하게 성립하면서도 아무런 전제도 필요 없다면 그것은 두 가지 경우뿐이다. 우선 논리 자체가 이미 스스로 입증된 수학적 공리다; 예를 들면 "삼각형에서 세 각의 합은 두 직각의 합과 같다"는 식이다. 또 하나는 두 말할 필요가 없는 아주 자명한 이치다. 앞선 장에서 경기지표는 기껏해야 과거의 기록일 뿐이며, 경기지표의 예측 능력은 극히 제한적이라고 설명했다. 그런데 이 같은 나의 비판은 약간의 전제를 필요로 한다. 왜냐하면 최근에야 발표되기 시작한 과학적인 경기지표는 우수한 예측 능력을 갖고 있기 때문이다. 다름아닌 하버드 대학교의 경제조사위원회(Committee on Economic Research)가 발표하는 경기지표인데, 이것을 활용하면 경제를 예측하는 데 도움을 얻을 수 있다. 특히 이 경기지표는 〈월 스트리트 저널〉과 자매 매체들이 지난 20여 년간 발표해 그 성가를 입증한 주식시장 바로미터의 기본적인 아이디어를 약간 수정한 것이기도 하다.

예측력을 가진 경기지표

하버드 대학교의 경기지표를 본 적이 있는 사람들은 이 지표가 세 가지로 나뉘어 발표된다는 사실도 잘 알고 있을 것이다. 투기지표, 은행지표, 기업활동지표가 그것이다. 경제조사위원회는 억지로 "작용과 반작용의 힘이 같다"는 것을 보여주려고 애쓰지 않는다. 하버드의 경기지표가 발표된 것은 전쟁이 발발한 다음부터지만 1903년부터 1914년까지의 기간도 함께 발표해두었다. 그런 점에서 이 책의 주제인 주식시장 바로미터의 유용성을 확인하는 데 좋은 자료가 될 것이다. 전쟁 발발 이전 기간의 투기지표를 살펴보면 정확히 은행지표와 기업활동지표를 선행한다는 점을 알 수 있다. 다시 말하자면 투기는 기업활동의 변화를 미리 내다보고 이루어진다는 것이며, 그렇기 때문에 하버드의 경기지표를 정확한 것으로 인정할 수 있는 것이다.

경제조사위원회는 주식시장 전체의 평균주가를 투기지표로 사용하고 있다. 그러나 전쟁 기간 중에는 주식시장의 근간 자체가 흔들리는 바람에 주식시장 전체의 평균주가를 계산해내기가 어려웠고, 경제조사위원회는 결국 전시에는 투기지표를 발표하지 않았다. 이 시기에 내가 신문에 쓴 기사와 다우존스 평균주가를 살펴보면, 경제조사위원회가 투기지표를 발표하지 않음으로써 여기서 발표하는 경기지표의 예측력이 현저하게 떨어졌음을 알 수 있다. 앞선 장에서 설명했듯이 정부가 철도기업의 소유권을 인수하고 주주들에게 최저배당금을 보장해준 이후 주식시장에서는 산업주 종목들만 투기적인 주가 흐름을 보여주었다. 철도주 종목들은 투기적인 주가 흐름을 전혀 보여주지 못했고, 따라서 두 가지 평균주가의 움직임을 서로 확인하는 것도 불가능했다. 그런 점에서 경제조사위원회가 투기지표를 발표하지 않은 것은 현명한 조치였다고 생각하지만, 보다 중요한 사실은 앞서 지적한 것처럼 우리는 주식시장의 움직임에서 아주 뛰어난 통찰력을 얻을 수 있었다는 점이다. 주식시장은 사람들이 전쟁 발발 가능성을 점치기도 전에 이미 전쟁 가능성을 반영했고, 전쟁이 터지기 직전에는 매물 출회로 인한 박스권을 3개월 동안 만들어내기도 했으며, 특히 1917년의 약세장은 당시의 전황 및 전후 경제의 불확실성까지 담아냈다.

기본적인 주가흐름보다 더 큰 흐름

그런데 평균주가가 알려주는 또 다른 신호는 거의 모른 채 하고 지나간다. 요즘에는 특히 더 중요한데도 말이다. 철도기업의 소유권이 민간에게 있던 시절에는 철도주 역시 자유로운 시장 아래서 대세상승과 대세하락을 보이며 움직였다; 철도주는 1909년에 대세상승의 정점까지 치달은 뒤 다음해 약세장을 맞았다. 그 후 철도주는 1912년 하반기까지 완만하면서도 제한적인 강세장을 보인 뒤 약세장을 이어가다 전쟁 발발로 인해 뉴욕증권거래소가 18주간 문을 닫은 다음 다시 열렸던

1914년 12월에 바닥을 쳤다.

  1906년부터 1921년 6월까지 철도주의 주가 흐름이 전반적인 하향곡선을 그려낸 궤적을 살펴보는 일은 역사적으로도 의미 있을 뿐만 아니라 여기서 아주 중요한 교훈과 경고를 배울 수 있다. 이 시기의 주가 흐름은 대세상승이나 대세하락보다도 훨씬 더 진폭이 크며, 지금까지 여기서 설명한 그 어떤 주가 사이클보다도 주목할 만한 것이다. 무려 16년에 가까운 기간 동안 진행됐으니 말이다. 그런 점에서 보자면 1922년에는 틀림없이 상승세로 돌아서지 않을까 하고 생각하는 것도 무리가 아닐 것이다. 그러나 그렇게 될 수 없는 근본적인 이유가 있다. 제임스 J. 힐이나 에드워드 H. 해리먼 같은 "철도왕"이 활동했던 시절처럼 철도주가 대량 거래를 동반하며 대세상승을 재연하는 날이 가까운 장래에는 오지 않을 것이다. 철도기업은 이제 투기적 가치에 따라 움직이는 주식의 범주에서 벗어나 상당 부분 가치가 고정돼 있는 채권의 영역으로 넘어갔기 때문이다. 이런 상황이다 보니 철도주의 주가 흐름은 지지부진한 늪에서 벗어날 수 없고, 상승 동력은 완전히 상실해 버린 것이다.

루즈벨트와 철도기업

철도기업을 대상으로 말도 되지 않는 조치를 취한 시어도어 루즈벨트 대통령이 만약 이 같은 정책이 몰고 올 치명적인 결과를 예상했더라면 어떻게 됐을까? 자신은 논리적으로 옳다고 내린 정책 결정이었겠지만 이로 인해 철도기업이 상상하기 어려운 충격을 입게 될 것이라는 점을 깨달았더라면 어떻게 됐을까? 기업이 성공하는 데 반드시 필요한 정책적 판단을 남용할 경우 영원히 그 대가를 치러야 한다는 사실을 알았더라면 어떻게 됐을까? 그랬다면 루즈벨트는 아마도 전혀 다른 정책을 취했을 것이다. 지난 14년 동안 정부가 취해온 개혁 조치는 파괴를 위한 조치였다. 과거 철도 산업은 인구 증가 속도에 비례해서 발전해왔고, 미국에서는 인구 증가보다 더 빨리 발전해왔다. 하지만 지금 철도 산업은 죽어가고 있다. 철도를 이용할 수 없는 지역에서는 하루 빨리 철도가 들어오길 바라고 있지만 철도 산업에 새로이 투자되는 돈은 전혀 없다. 신규 노선이 건설되지 않으니 역사(驛舍)를 비롯한 철도 관련 시설의 확장 따위는 생각할 필요도 없다. 다양한 교통수단은 문명을 살아 숨쉬게 만드는 동맥이다. 그러나 루즈벨트는 이런 생각을 잘못 받아들였는지, 아니면 잘못 적용한 것인지는 모르겠지만 어쨌든 동맥경화를 야기하는 결과를 초래했다. 우리 문명에 피를 돌게 해주는 거대한 심장의 정곡을 무력화시켜 버린 것이다.

구속된 발전

10년마다 조사해 발표하는 국가 통계지표를 보면 미국의 철도 연장 현황을 한눈에 알 수 있다. 1910년 현재 철도 연장은 24만830마일로 1900년에 비해 25%정도 늘어났고, 1880년에 비해서는 두 배 이상 증가했다. 이런 증가 속도가 계속 유지됐다면 1920년에는 미국의 철도 연장이 10년 전보다 6~9만 마일 더 늘어났을 것이다. 그런데 실제로는 1만5000마일도 채 늘어나지 않았다. 철도 연장이 이 정도나마 늘어난 것은, 그렇지 않으면 철도 산업이 명맥을 유지할 수 없었기 때문이다. 미국의 정치인들은 "위대해지는 것에 대한 시기와 두려움"에 사로잡혀 있다. 이들은 아주 탁월한 몇몇 개인들이 위대한 아이디어를 거대한 수요로 바꿈으로써 부자가 되는 것을 용납하지 않는다. 이와는 반대로 우리에게 가장 중요한 산업의 발전을 가로막고 있다. 해리먼과 힐은 세상을 떠날 당시 엄청난 부자였다. 나는 두 사람 다 잘 알았고, 이들이 모은 재산 역시 억지로 얻어진 것이 아니라는 사실 또한 잘 알고 있다. 이들이 부자가 된 이유는 철도 건설이라는 오로지 창조적인 일에만 전력을 기울였을 뿐, 자신의 회사 지분을 유지하려고 외부자본을 경계하는 따위의 걱정은 하지 않았기 때문이다. 해리먼은 그가 경영했던 철도회사 가운데 단 한 곳에서도 지배주주가 아니었다. 그는 주주들로부터 암묵적이며 자발적인 동의를 받았다. 그는 자신이 경영했던 서던 퍼시픽과 유니온 퍼시픽, 시카고 앤 알턴 같은 철도회사의 과반수 지분을 가져본 적이 단 한 번도 없다. 해리먼과 힐은 그렇게 해서 자신도 모르게 엄청난 부를 쌓았지만 수백 만 명의 미국인들에게 편리함과 풍요로움, 경쟁력을 다 함께 줄 수 있었다. 철도 건설이 한창 붐을 타기 시작한 1897년부터 재건의 시대에 마침내 종말을 고했던 1907년까지의 기간은 미국 역사상 가장 위대했고, 가장 창조적이었으며, 가장 성공했던 시기였다.

어리석음의 사이클

우리는 주가의 흐름에 관한 다우 이론이 타당하다는 사실을 알고 있고 또 확인했다. 주식시장은 대세상승 혹은 대세하락 같은 기본적인 주가 흐름과 2차적인 조정 혹은 랠리, 매일매일의 주가 변동이 있다는 점도 알고 있다. 그러나 앞서 살펴봤던 경기 순환 사이클, 특히 패닉이 일어났던 시점과의 연관성을 찾아내지 못한다면 주식시장 바로미터 고유의 사이클을 분명히 하기도 어렵고, 패닉이 전해주는 교훈을 배울 수도 없을 것이다. 경제조사위원회의 경기지표는 적어도 지금까지는 매우 유용하고 교육적이다. 여기서 발표하는 경기 순환 국면들은 "불황(Depression)" "회복(Revival)" "호황(Prosperity)" "과열(Strain)" "위기(Crisis)" 등인데, 각각의 국면이 지속되는 기간에 대한 언급은 전혀 없다. 또 "과열"과 "위기" 국면을 동시에 사용하기도 하고, "위기"와 "패닉(Panic)"을, 혹은 "과열"과 "패닉"을 함께 쓰기도 한다. 그러나 과거 평균주가의 궤적에서 도출해낼 수 있는 사이클은 이와는 전혀 다른데, 이것이야말로 우리 인간의 어리석음이 그대로 반영된 사이클이라고 말할 수 있다. 이 같은 어리석음의 사이클은 지금 우리가 살고 있는 민주주의 사회에서만 가능하다. 민주주의 사회에서는 누구나 자기 판단 아래 행동할 수 있고, 따라서 민주주의가 주는 가장 큰 특권을 섣불리 잘못 해석함으로써 야기되는 권리, 즉 스스로 실수를 저지를 수 있는 권리를 가지고 있기 때문이다.

콕시스 아미

내가 무엇을 말하는지 쉽게 예를 들어 설명하겠다. 공화당이 백악관과 의회를 장악하고 있던 1890년의 분위기는 불확실성과 분파주의로 가득 찬 상태였다; 입법과정에는 늘 어느 정도의 타협이 개입되지만 이 시기에는 부도덕한 담합이 판을 쳤다. 진정한 정치가는 핵심적인 원칙은 절대 훼손시키지 않으면서 부수적인 조항들을 일부 양보함으로써 성공적인 타협을 이끌어낸다. 그런데 셔먼 은구매법(Sherman Silver Purchase Act)은 중요한 원칙을 훼손했고, 이로 인해 미국 금융 시스템이 파탄 위기에 몰렸을 정도로 엄청난 파급을 몰고 왔다. 셔먼 은구매법이 1890년에 제정되자 급격한 인플레이션과 과도한 은 투기가 벌어졌고, 1892년에는 엄청난 패닉이 불가피한 상황이었다. 다행히 그해 미국의 밀 수확은 전례 없는 대풍작을 거둔 반면 세계 곡물시장에서 미국의 유일한 경쟁상대인 러시아의 밀 수확은 대흉작을 기록함으로써 패닉을 피할 수 있었다. 그러나 결국 다음해인 1893년에는 패닉을 피해갈 수 없었다.

포퓰리즘은 요즘도 만연한 상태지만 셔먼 은구매법이 제정된 지 4년 만에 포퓰리즘이 다시 온 나라를 휩쓸었다. 오하이오 주 마실론을 출발한 콕시스 아미(Coxey's Army, 1893년 불황으로 인해 농산물 가격이 급락하자 수도를 향해 한 달 이상 걸어서 행진한 농민과 실직자들로, 주동자인 제이콥 콕시의 이름을 따서 콕시스 아미로 불렸다-옮긴이)가 1894년 4월 30일 워싱턴 국회의사당에 도착했다. 콕시스 아미의 첫째 요구 사항은 화폐를 무한대로 찍어내면 농산물을 비롯한 생산물 가격이 올라가 번영을 되찾을 것이라는 순진한 것이었는데, 이런 구호가 미국 전역을 뒤흔들었다. 농업의 비중이 절대적이었던 중서부 지방이 특히 심했다. 〈엠포리아 가젯〉의 발행인이었던 윌리엄 알렌 화이트가 쓴 칼럼 "캔자스에 잘못된 것이 무엇이길래?"(What's the matter with Kansas?, 캔자스가 발전하려면 동부 지역으로부터 산업을 유치하고, 이를 통해 인구가 유입돼야 한다고 주장한 내용으로 곧 공화당의 대통령 선거 구호로 사용됐을 정도로 유명해진 칼럼—옮긴이)가 발표된 다음에야 분위기가 반전될 수 있었다. 포퓰리즘이 극에 달했던 이 시기에 철도기업의 경영진들은 그야말로 깊은 나락에 빠져 탄식만 하고 있었다. 재무구조가 아주 탄탄했던 극소수 철도기업을 제외하고는 전부 부도를 냈을 정도다. 1896년 현재 미국의 철도 연장 가운데 87%에 달하는 철도를 운영하는 철도회사들이 은행관리로 넘어갔다. 미국이 다시 정신을 차리고 깨어나기 시작한 것은 1896년 11월 맥킨리가 처음으로 대통령에 당선된 다음이었다.

번영의 시기

이처럼 셔먼 은구매법을 비롯한 정치인들의 온갖 포퓰리즘 정책들을 충분히 시험해본 뒤에야 이제 그런 정책들이 나라를 파탄으로 몰고 간다는 사실을 알게 됐다. 정치인들도 그들의 경솔한 법안 처리가 초래한 결과에 경악했다. 덕분에 1897년부터 1907년까지 10년간 미국 경제는 무능한 정치인들의 손아귀에서 벗어날 수 있었다. 사실 이 기간은 전무후무할 정도로 번영을 구가했던 기간이다. 철도 산업은 이 시기에 사상 최고의 발전속도를 보여주었다. 또한 제조업 분야에서도 국가적으로 이익이 되는 인수합병이 광범위하게 이루어졌는데, U.S. 스틸을 대표적인 사례로 꼽을 수 있다. 비록 이 시기의 후반에 가서는 물가가 오르기도 했지만, 전반적으로 생활비는 매우 낮았다. 임금 수준 역시 명목금액뿐만 아니라 실질 구매력 측면에서도 양호한 편이었다.

"여수룬이 살 찌고 나면 쫓겨난다"

그러나 "여수룬이 살 찌고 나면 쫓겨난다"는 말이 있다. 정녕 민주주의 국가는 번영을 지속할 수 없다는 말인가? 혹시 이건 너무 과도한 논리적 비약이 아닐까? 노동자들의 분규가 최고조에 달했을 때는 노동자들이 허약해진 시기, 즉 노동조합이 존재하지 않거나 힘이 약했던 때가 아니라 노동자들이 비대해진 시기, 즉 노동력에 대한 수요가 넘치고 노조 기금이 지출액보다 훨씬 많이 들어올 때였다. 많은 사람들이 생각하는 것처럼 노동자들의 분규는 결코 노조를 억압해서 일어나는 것이 아니다. 사실 국가적인 부가 증가하자 이를 발로 차버리는 꼴이나 마찬가지다. 1890년대를 참담하게 장식했던 포퓰리즘의 위험한 토대는 그 이전에 이미 배태됐었다. 이 같은 포퓰리즘의 시대가 언제든 재현될지도 모른다. 물론 세계대전으로 인해 예전의 "사이클"이 그대로 반복되기는 어려워졌다. 그러나 번영을 가로막는 분규를 거치면서 대중들의 몸에 배인 나쁜 요인들이 앞으로 어떤 식으로든 부정적인 결과를 맺지 않을까 우려된다.

여론은 다시 한번 생각할까?

이 문제는 주식시장 바로미터의 목적과 다소 어긋난 것이고, 원래의 논의 범위에서도 벗어난 것이다. 내가 비록 어리석은 포퓰리즘의 발생 사이클을 전제하고 있다 해도 말이다. 우리는 황금과도 같았던 10년간의 번영기를 생생하게 기억한다. 풍족함이 최고조에 달했던 시기였다고 말할 수 있다. 그러던 중 1907년에 갑작스럽게 극적인 붕괴를 맞았다. 그 이후 세계대전이 발발하면서 생산활동이 다시 무섭게 불붙었지만, 이건 정상적인 상황도 아니고 정확한 판단근거도 될 수 없다. 1897년부터 1907년까지의 황금기 같은 10년이 다시 시작되려면, 먼저 이 나라 스스로 "캔자스에 잘못된 것이 무엇이길래?"가 아닌 "미국에 잘못된 것이 무엇이길래?"라는 질문을 던져봐야 한다. 그래야 비로소 번영은 시작될 수 있다. 번영의 날이 언제 다시 올 것인지 미국 국민들 스스로 그 정확한 답을 찾아내지 못할 것이라고 믿는다면 너무나 비관적이다. 물론 민주주의의 가장 큰 약점은 여론이 항상 옳다고 전제하는 것이다. 여기서 중요한 것은 "여론"이라는 게 정확히 무엇이냐는 것이다. 맨 처음 여론이 마치 여기저기서 터져 나오는 소음처럼 들릴 때, 이 여론은 대개 틀린 것이거나 완전히 반대인 경우도 있다. 그러나 역사가 증명해주듯이 위대한 미국 국민들이 한번 더 생각해서 내린 판단은 거의가 옳았다.

모두를 가난하게 만드는 법

제18장에서는 평균주가를 주식시장 바로미터로 보다는 하나의 기록으로 다룰 수밖에 없었다. 하지만 과거의 기록이 가르쳐주는 교훈을 그냥 지나쳐버린다면 바로미터에 대한 완벽한 논의 자체가 불가능할 것이다. 지난 25년간 철도 평균주가가 어떻게 움직였는지 자세히 살

펴보자. 철도 평균주가가 사상 최고치 138.36을 기록한 것은 1906년 1월 22일의 일이었다. 이미 그로부터 16년이나 더 지났지만, 다시는 그 위로 올라서지 못하고 있고, 가장 근접했던 게 1909년 8월에 기록한 134.46으로 사상 최고치보다 4포인트 정도 낮았다. 그 다음으로 철도 평균주가가 사상 최고치에 근접했던 것은 1912년 10월의 124.35였는데, 이 때는 그 차이가 14포인트나 됐다. 이후 깊은 하락세를 겪은 다음 상승세를 맞이했을 때 철도 평균주가는 겨우 109.43까지밖에 올라서지 못했는데, 그게 1914년 1월 31일의 일이다. 전쟁 특수에 힘입은 첫 번째 강세장에서도 철도 평균주가는 1916년 10월 4일 112.28을 기록하는 데 그쳤다. 앞서도 언급했듯이 철도주는 (제1차) 세계대전 발발 후 두 번째 강세장이었던 1919년의 대세상승기에도 거의 오르지 못했다.

이 책을 쓰고 있는 1921년 현재 철도 평균주가는 사상 최고치에 비해 무려 50포인트나 낮은 수준이고, 23년 전인 1898년 7월 25일에 비해 단지 14포인트 정도 높을 뿐이다. 철도 평균주가는 지난 16년간이나 지속적으로 하락세를 이어왔다. 이 같은 기간은 하버드 대학교 경제조사위원회의 단순한 경기 사이클에 비해 두 배나 긴 기간이고, 역사상 최악의 패닉으로 손꼽히는 1857년과 1873년 패닉 사이의 기간보다도 길다. 또 제본스가 말한 10년 사이클에 비해서도 60%나 더 길다. 철도기업의 가치가 이처럼 오랫동안 꾸준히 떨어지고 있다는 점을 떠올리면 경제 차트를 통해 우리에게도 익숙한 국부(國富)의 성장 추세 역시 그 의미가 반감될 것이다. 이 세상에서 제아무리 부유한 국가라 하더라도 어떻게 정치인들이 그 나라에서 가장 많은 자본이 투자됐고,

또 가장 큰 산업을 이렇게 오랫동안, 이처럼 바보스럽게 바닥으로 추락시키도록 가만 놔두었다는 말인가? 우리 선조가 이뤄낸 것들이 무너져 내리고, 정치인들은 이를 낭비하도록 부추기고 있다. 철도기업 주주들이 손해를 보면 과연 다른 사람들이 더 부유해지고 더 행복해지는가? 우리고 알고 있고, 또 반드시 알아야 할 사실은 결코 법으로 모든 사람을 부자로 만들 수는 없다는 것이다. 그러나 러시아가 보여준 것처럼 여기에 덧붙여야 할 또 하나의 사실이 있다. 법으로 모든 사람을 가난하게 만들 수는 있다는 것이다.

Chapter_19
시세 조종은 가능한가: 1900~01년의 사례 연구

주식시장에서 시세 조종 행위는 사실 그렇게 중요하지 않다는 점을 앞에서 설명한 바 있다. 그러나 과거의 역사를 들춰보면 시세 조종의 극적인 사례가 발견되고, 그 중 상당수는 불과 20년 전에 월 스트리트에서 행해졌던 것들이다. 물론 지금은 이런 시세 조종 행위들이 가능하지도 않을뿐더러 용납되지도 않는다. 가령 21년 전에 제임스 R. 키니가 주도한 게 확실한 어멜거메이티드 코퍼나 U.S. 스틸 주가의 시세 조종은 요즘 상황에서는 불가능하다. 이들 두 종목은 단지 예를 들기 위한 것이지, 두 종목이 특별히 유사하다는 의미는 아니다. 어멜거메이티 코퍼의 시세를 조종하기 위해 거리낌없이 매물을 쏟아냈던 행위는 지금 생각해봐도 분노가 치밀 정도다. 나는 당시 이런 시세 조종 행위를 향해 법이 허용하는 한도 내에서, 또 찰스 H. 다우가 인정하는 범위 안에서 가장 강력하게 비판했던 것을 기억한다.

원죄를 잉태했던 회사

어멜거메이티드 코퍼 컴퍼니는 처음부터 원죄를 잉태한 회사였고, 음모 속에서 태어난 회사였다. 이 회사는 1899년 초 7500만 달러의 자본금을 공모하기 시작했다. 그해 5월 4일 공모 청약은 마감됐다. 그런데 당시 상당수의 "신문"들이 "5배나 초과 청약됐다!"고 떠들어댔다. 이들 신문은 이미 오래 전에 망해버렸다. 불과 한 달 전까지도 장외시장에서 아주 높은 비율로 할인돼 거래됐던 주식이 5배나 초과 청약됐다는 건 사실 불가능한 일이었다. 더구나 당시 주식시장 분위기는 약세였다. 주식시장이 상승세로 돌아선 것은 다음해 여름이 되어서였다. 그 시절 이 같은 사기꾼 놀음에서 점잖게 물러나 있던 〈보스턴 뉴스 뷰로〉가 실었던 기사들은 통렬하기 그지없다. 다른 신문들이 "5배나 초과 청약됐다!"는 기사를 실은 지 한 달도 채 되지 않은 1899년 6월 1일 〈보스턴 뉴스 뷰로〉가 쓴 기사를 옮겨보겠다:

> 얼마 전까지 장외시장에서 거래됐던 어멜거메이티드 코퍼 주식에 대중들이 몰려들고 있다는 사실은 철도주 주가가 전반적으로 약세를 보이고 있는 요즘 아주 특별한 의미를 담고 있다. 월 스트리트의 눈치 빠른 분석가들은 어멜거메이티드 코퍼 컴퍼니의 자본금 공모 자체가 보수적인 투자자와 투기자들 모

두 주식시장에서 물러나 있으라는 경고등이라고 입을 모으고 있다; 7500만 달러의 자본금 공모가 5배나 초과 청약됐을 정도로 눈먼 자금이 몰려들었다는 것은 대중들이 이미 이성을 잃었으며, 시장의 붕괴가 멀지 않았음을 알려주는 좋은 증거이기 때문이다.

그러나 이런 아수라장을 최악의 국면으로 만든 주범은, 이 나라에서 가장 큰 금융기관으로 어멜거메이티드 코퍼의 자본금 공모를 뒷받침한 내셔널 시티 뱅크가 될 것이다.

어멜거메이티드 코퍼

이처럼 말도 되지 않는 "초과 청약" 선전으로 분위기가 한껏 고조됐음에도 불구하고 막상 어멜거메이티드 코퍼의 주가 부양은 실패로 끝났다. 〈보스턴 뉴스 뷰로〉는 "어멜거메이티드 대소동" "현실을 무시한 헛된 약속과 예상" "유머와 비애로 끝난 어멜거메이티드 환상"처럼 신랄하면서도 풍자적인 제목의 기사를 연속해서 실었다. 6월에는 어멜거메이티드 코퍼를 설립한 큰손들이 아나콘다 코퍼의 지배주주 지분을 사들였다는 루머도 돌았다. 아나콘다의 주가는 어멜거메이티드가 주식시장에 상장될 당시 70달러 수준에서 당시에는 45달러로 떨어진 상태였는데, 어멜거메이티드가 주식 교환을 통해 아나콘다를 인수하게 되면 새로 만들어지는 회사의 주가는 100달러가 될 것이라는 이야기도 떠돌았다. 〈보스턴 뉴스 뷰로〉는 어멜거메이티드가 공모한 자본금 7500만 달러만 갖고도 최소한 아나콘다의 지분 51%를 사들여 충분히 지배주주가 될 수 있다는 점을 지적했다. 사실 주식 교환 같은 거래는 요즘처럼 세련된 월 스트리트 풍토에서는 말도 되지 않는 것이었다.

키니의 역할

제임스 R. 키니가 물량을 출회하며 시세를 조종한 시점으로부터 3년이 지난 뒤인 1904년 하반기에 이 걸출한 시세 조종꾼은 공개적인 편지를 한 통 썼다. 자신이 "헨리 H. 로저스와 동료들을 대신해" 어멜거메이티드 코퍼 주식 2200만 달러 상당을 주당 90~96달러에 팔아치웠다는 고백이었다. 이 편지에서 그는 적어도 22만 주에 달하는 매물의 출회 시점을 상당히 정확하게 밝혔다. 다음해 1월 나는 〈월 스트리트 저널〉에 "시세 조종에 관한 연구"라는 제목의 기사를 실었는데, 여기서 나는 당시 어멜거메이티드 코퍼 주식의 거래량이 얼마나 됐으며, 그가 어떤 일을 저질렀는지 낱낱이 분석했다. 다만 도덕적인 문제는 건드리지 않았다. 도덕성을 전혀 갖고 있지 않은 사람의 도덕적인 문제에 대해서는 왈가왈부할 수 없기 때문이다. 나는 키니가 어멜거메이티드 코퍼 주식을 매도한 기록을 자세히 분석했다. 어느 브로커가 주문을 처리했는지 증권거래소 기록을 살펴봤고, 매도가 실행된 기간을 비교해보았다. 한마디로 제임스 R. 키니라는 인물이 누구인지 철저하게 조사했던 것 같다.

이로 인해 월 스트리트에는 나를 원수처럼 여기는 사람들이 생겨났지만, 공정하게 얘기하자면 제임스 R. 키니는 여기에 끼지 않았다. 앞서도 언급했지만 우리 두 사람은 친한 관계는 절대 아니었다. 물론 나의 분석기사가 나간 뒤 그는 여러 차례 기회를 만들어 나와 만났다. 그러나 적어도 내가 말할 수 있는 사실은 그의 회계장부를 내가 불법적으로 입수했을 것이라는 심증을 버리지 못했던 것 같다. 그 스스로도 "틀림없이 누군가가 흘렸을 거야"라고 이야기했으니 말이다. 당시의 월 스트리트 분위기나 그가 했던 사업의 속성을 감안할 때 어쩌면 당연한 일이지만, 키니는 무엇이든 의심의 눈초리로 바라봤다. 그는 아주 자명한 이치인데도 불구하고 그것이 누구 입에서 나왔는지 확인하지 않으면 믿지 못하는 불완전한 성격의 소유자였다. 진정으로 위대한 사람은 순진무구한 어린아이와 마찬가지로 언제 믿어야 할지, 또 누구를 믿어야 할지 알고 있다. 그런 점에서 키니는 위대한 인물은 아니었다.

U.S. 스틸과 어멜거메이티드 코퍼의 차이

도덕성이라는 문제를 제외한다면 당시 주식시장에서 어멜거메이티드 코퍼의 매물 출회만큼 솜씨 좋게 처리한 경우도 없을 것이다. 물론 매도 전략으로 따지자면 키니가 U.S. 스틸 보통주와 우선주를 팔아 치웠던 사례가 최고의 자리를 차지할 것이다. 그러나 이 때는 사실 키니가 팔고자 했던 U.S. 스틸 주식을 사고자 했던 개인투자자들이 워낙 많아 그로서는 매도하기가 편했던 경우다. U.S. 스틸의 자본이 엄청나게 "과대계상" 된 상태였다는 것은 진실이 아니다. 자본이 물타기를 한 것처럼 보였던 것은 충분히 예상할 수 있는 장래의 성장을 감안했기 때문이다. U.S. 스틸은 1901년에 주식시장에 상장됐는데, 3년 뒤 주당 장부가치가 당시 보통주 주가 50달러보다 4.9%나 많았고, 다음해인 1905년에는 주당 장부가치와 보통주 주가의 차이가 이보다 배 이상 벌어졌다. 현재 U.S. 스틸의 실제 장부가치가 어느 정도인지는 앞선 장에서 설명했으니 충분히 이해할 수 있을 것이다.

그러나 어멜거메이티드 코퍼의 경우는 기본 전제에서 완전히 다르다. 매물을 쏟아낸 기법부터가 U.S. 스틸과는 전혀 딴판이다. 키니가 뒤에 기술한 내용에 따르면 자신이 직접 이 일을 하기는 내키지 않았다고 한다. 그런 점에서 U.S. 스틸 보통주와 우선주의 경우처럼 그가 어쩔 수 없이 시장을 조성했던 것은 아니다; 그는 다른 투자자들의 어리석음을 철저히 이용하면서 시장에 매물을 쏟아냈던 것이다.

초기의 시세 조종

매물이 출회된 시기를 분석해보면, 첫 번째로 중요했던 기간은 1900년 12월 3일부터 1901년 1월 중순 사이가 될 것이다. 어멜거메이티드 코퍼의 자본금 공모에 실제로 청약해 주식을 매수했던 개인투자자들 가운데 상당수는 맥킨리 대통령의 재선 직전부터 시작된 전반적인 강세 분위기에 힘입어 주식을 내다팔았다. 이 주식을 매수한 쪽은 최초에 어멜거메이티드 주식을 모집했던 회사 발기인들이었다. 이 소식을 전한 신문들은 "내부자 거래"라고 공격했다. 적어도 그 시점에서는 맞는 말이었다. 어쩔 수 없는 일이기는 했지만 실제로 내부자들이 주식을 매수했으니 말이다. 내부자들은 주가의 하락을 멈추게 하기 위해 자신의 의지와는 반대로 주식 물량을 확보해나갔다. 이들은 더구나 포커판에서 카드의 뒷면은 물론 앞면도 알고 있는 사람들이었다. 반면 어멜거메이티드 코퍼의 주식을 매수했던 군중들은 그야말로 너무나도 순진한 상대방이었다. 그러면 이 기간 중에 주가가 어떻게 움직였고, 거래량이 어느 정도였는지 살펴보자:

  1900년 12월 3일 개장 가격 96달러
  1900년 12월 3일부터 13일까지의 거래량 16만 주
  이 기간 중의 주가 변동 범위 90.25~96달러
  1900년 12월 14일부터 1901년 1월 11일까지의 거래량 29만5000주
  이 기간 중의 주가 변동 범위 89.75~96달러

내부자들이 이렇게 엄청난 물량을 사들였음에도 불구하고 1901년 1월 11일의 종가는 91.125달러에 머물렀다.

키니가 처음 모습을 드러내다

키니가 그 모습을 처음으로 드러낸 것은 이 즈음이 될 것이다. 그는 무척이나 영리한 인물이었다. 주가가 큰 폭으로 떨어져 대중들의 투기 수요가 고조되기 이전까지 주식시장에 모습을 드러내는 어리석은 행동은 결코 하지 않았다. 그러면 그가 등장한 시기의 주가와 거래량을 살펴보자:

  1901년 1월 12일 개장 가격 91달러
  1901년 1월 12일부터 19일까지의 거래량 7만 주

이 기간 중의 주가 변동 범위 90.25~92.25달러

1901년 1월 19일 종가 90.50달러

1901년 1월 20일부터 26일까지의 거래량 8만8000주

이 기간 중의 주가 변동 범위 83.75~92달러

1901년 1월 26일 종가 89달러

1월 26일의 종가를 보면 키니가 얼마나 대단한지 알 수 있을 것이다. 1900년 12월 당시 "내부자들"이 기를 쓰고 떠받치기 시작했음에도 불구하고 96달러라는 주가는 금세 무너졌다. 그리고 나서야 키니가 모습을 드러냈고, 주가는 즉각 반등한 것이다. 키니의 매수 전략은 주목할 만하다. 1월 셋째 주의 하루 평균 거래량은 2만~3만 주에 달했다. 주가는 1월 20일 86달러로 곤두박질친 뒤 다음날에는 83.75달러에서 89달러 사이에서 출렁거리더니 하루 뒤 88.25달러에서 지지선을 형성했다. 이 때 주식시장에서 쉽게 얻을 수 있었던 풍문들은 뉴스라는 측면에서 보자면 하찮은 것이었지만, 대중들의 투기 욕구를 자극하기에는 충분했다. 어쨌든 이미 키니가 시장에 들어온 것은 확실했고, 그가 의도했던 대로 주가는 하락세를 타다가 결국 방향을 틀었다. 그는 과거와 마찬가지로 자신의 전략을 유감없이 발휘했으며, 대중들은 그의 등장에 강하게 반응했다.

대세상승기였기에 가능했다

그런데 이 시기는 맥킨리 재선 이후의 상승 분위기가 시장 전반에 걸

쳐 뚜렷했을 무렵이다. 몇 차례 급락 조정이 있기는 했지만, 그해 5월 노던 퍼시픽 매집 사태와 이로 인한 패닉 상황이 벌어질 때까지 대세 상승 흐름은 계속 이어졌다. 키니가 보여준 최고의 전략은 투기 욕구에 자극 받은 대중들로 하여금 그들이 매수하는 주식을 자신이 공매도 했다고 믿게 하는 것이었다.(공매도한 종목의 주가가 상승하면 결국 공매도한 투자자가 손해를 감수하고 다시 매수해야 하므로 상승세는 더욱 가속화된다-옮긴이) 키니는 자신이 로저스 세력에게 팔아넘긴 주식은 90~96달러 수준에서 매도한 것이라고 털어놓았다. 어멜거메이티드의 주가는 이미 3월 초에 100달러를 넘어섰고, 그해 4월 중순에는 128달러까지 치솟았는데, 키니는 그 직전에 팔았다는 말이 된다. 이로부터 한참 뒤인 1905년에 내가 기사에 썼던 것처럼 키니는 아마도 로저스 세력에게 2200만 달러어치를 한꺼번에 팔아 치운 게 아니라 90~96달러 범위 안에서 몇 백 만 달러어치씩을 블록세일로 넘겼을 것이며, 대신 시세 조종의 대가를 따로 챙긴 게 틀림없다. 물론 일부는 처음에 주가를 끌어내리면서 84달러도 안 되는 주가에 팔아치우기도 했고, 일부는 128달러 근방에서 매도했을 것이다.

키니의 두 번째 등장

키니는 시장의 방향과 역행해 억지를 부리는 성격은 아니다. 어멜거메이티드 코퍼는 1월 하순 이후 한 달 가까이 상승 에너지를 축적하는 기간을 가졌다. 거래량은 비교적 적은 편이었다. 이 기간 동안 주가 변동폭은 5달러도 채 되지 않았다. 그러나 주목할 만한 사실은 키니가

다시 등장하면서 주가 변동폭이 극적으로 커졌다는 점이다:

1901년 1월 26일부터 2월 23일까지의 거래량 11만 주
이 기간 중의 주가 변동 범위 87.75~92.375달러

거래가 잠잠했던 이 기간 동안 키니는 약간의 물량을 내놓았을지 모르지만 시장에는 어떤 영향도 미치지 않았다. 그가 처분해야 할 물량은 워낙 컸을 것이므로 이처럼 거래가 부진했던 시기에도 실제로 주식을 매매했는지 여부는 말하기 어렵다. 그가 주식을 처분한 시기는 크게 세 단계로 나눌 수 있다. 첫 번째 단계에서 그는 매도 주문과 매수 주문을 맡아서 처리할 주식중개인을 따로 고용했다. 당연히 양쪽의 주식중개인은 키니가 고용한 반대쪽의 주식중개인이 있는지 알지 못했다. 이런 행위는 뉴욕증권거래소의 규정에 어긋나는 것이었지만, 이제 상당한 시일이 흐른 다음이므로 우리는 의심할 만한 단서를 충분히 찾아낼 수 있다. 어쨌든 주식시장은 그 후 더욱 발전했고, 이 같은 시세 조종 행위는 거의 사라져 개인투자자들의 시각으로 볼 때는 없어졌다고 해도 과언이 아니다.

키니의 마지막 매도

키니가 마지막으로 주식을 처분한 시점은 세 번째 단계라고 이야기할 수 있다:

1901년 2월 28일 개장 가격 92.385달러

1901년 2월 28일부터 4월 3일까지의 거래량 78만 주

이 기간 중의 주가 변동 범위 92~103.75달러

1901년 4월 3일 종가 100.375달러

키니가 보유하고 있던 22만2000주 가운데 가장 많은 물량이 아마도 이 시기에 처분됐을 것이다. 키니 자신도 나에게 직접 이런 사실을 인정했다. 하지만 내가 어떻게 알게 됐는지를 묻고는 나의 대답에 영 만족하지 않는 눈치였다.

가장 믿기지 않는 사실은 이 기간 중에 어멜거메이티드 코퍼가 연 8%의 배당금 지급을 발표했다는 점이다. 어멜거메이티드는 분기별로 1.5%의 정규 배당금과 0.5%의 추가 배당금을 지급하기로 했다; 이 회사의 이사들은 개인투자자들 못지 않은 어리석은 생각을 갖고 있었는데, 당시 세계시장에서 높게 형성돼 있던 금속가격을 영원히 그렇게 붙잡아둘 수 있다고 믿은 것이다. 키니가 처음 어멜거메이티드를 건드렸을 시점에는 세계 최대의 구리 시장인 런던금속거래소의 하락세가 마침내 멈췄다는 소식이 풍문처럼 떠돌았다. 실제로는 그렇지 않았다. 하지만 그런 시기에 돌아다니는 루머는 어느 정도는 진실을 담고 있다. 실제로 몇 년 뒤 구리 업계의 큰손이었던 어거스터스 하인즈와 어멜거메이티드 코퍼의 경영진이 구리가격과 관련된 협약을 이끌어냈는데, 이미 당시 루머에는 이런 협약설이 포함돼 있었고, 그것이 구리가격 강세의 중요한 요인으로 작용했다.

대중들이 스스로 붐을 일으키다

지금까지 자세히 설명한 것처럼 키니의 시세 조종 행위가 끝나자 1901년 4월의 첫 두 주 동안 주식시장에서 어멜거메이티드 주식은 누가 봐도 놀라운 시장을 만들어냈다. 하루 거래량이 가장 적었던 날도 앞선 2~3월 평균 거래량의 2배가 넘었고, 어떤 날은 21만4000주가 거래되기도 했다. 또 그 여파로 4월 말까지 이에 버금갈 정도의 엄청난 거래량을 기록한 날이 며칠 더 나왔다. 앞서 키니가 주식을 대규모로 처분했던 3월 6일의 경우 주가가 3달러 가까이 출렁이며 7만7000주나 거래됐는데, 이 기간의 거래량과는 비교조차 되지 않는 것이었다.

어떤 의미에서는 키니의 물량 출회가 워낙 교묘하게 이뤄져 어멜거메이티드가 사상 최고치까지 올라서는 데 더 이상 아무런 장애물도 없어졌기 때문인지 모르겠다: 1901년 4월 4일부터 4월 16일까지의 거래량은 무려 127만5000주에 달했고, 이 기간 중 주가는 101.125달러에서 128.375달러로 상승했다.

로저스 세력이 매집했던 주식들도 이제 시장에 매물로 나왔고, 이 주식들은 시장 전반의 강세 분위기에 힘을 얻은 일반 투자자들의 투기 수요가 소화해주었다.

가짜 금덩어리에 속아넘어가다

키니와 내통했던 "내부자들"조차 이 시점에서 자신들이 만든 가짜 금덩어리에 속아넘어가기 시작했다는 사실은 인간의 본성이 얼마나 허점투성이인가를 여실히 보여준다. 비록 "내가 아는 내부자 친구한테서 들은 정보"라는 단서를 붙이기는 했지만 헨리 H. 로저스가 은밀히 키니에게 이런 사실을 알렸다는 기록이 있다; "어멜거메이티드 주가는 이미 오르기 시작했네. 매수 쪽에 가담한 세력의 한 친구로부터 연락을 받았네. 그 친구 말로는 키니 당신 역시 매수 쪽에 가세해야 할 거라고 그러더군." 두말할 필요도 없이 이런 식의 꼬임은 늙은 여우나 다름없는 키니를 끌어들이기에 너무 허술한 것이었다. 그래도 어쨌든 주가는 키니가 물량을 전부 처분한 시점에 비해 20달러 이상이나 올랐다.

앞으로 이런 시세 조종 행위는 다시 나타날 가능성이 거의 없지만, 당시 "키니의 주식중개인"이라고 불렸을 정도로 하찮은 존재로 취급받았던 월 스트리트의 증권회사들이 지금은 키니가 활동하던 초기 시절과는 비교할 수 없을 만큼 영리해졌다는 점은 주목할 만하다. 아직도 여전히 키니라는 이름은 그가 막대한 물량을 안전하게 처분했다는 사실로 기억되고 있다. 그 이후 어떤 일이 벌어졌는가는 흥미로운 이야기거리가 될 수는 있겠지만, 키니의 매도 과정처럼 사실 관계를 입증해줄 확실한 증거는 없다.

석유회사와 자만심

요즘은 더 이상 "주식 투기로 떼돈을 번 사람들"을 찾아볼 수 없다. 과거에는 거부들의 명단이 새로 발표되면 주식 투기로 백만장자가 된 사람이 꼭 한둘씩 새로 등장했다. 이런 사람들은 스스로 패배는 없다고 생각한다. 어멜거메이티드 주식 공모 때까지도 그랬다. 이들은 그 이후 숱한 실수를 저질렀지만, 시간이 한참 지나 이성을 되찾았을 때는 이미 주식시장에서 퇴출된 다음이었다. 이들이 이런 자만심을 갖게 된 것은 석유회사에 대해 가졌던 과도할 정도의 낙관이 그대로 적중했기 때문이었다. 스탠더드 오일의 경우가 특히 그랬다. 이들은 방향이 틀렸다면 엄청난 손실을 입을 수 있는 상황에서 과감하게 리스크를 짊어졌다. 혹시 세월이 지나면 존 D. 록펠러 2세와 그가 벌였던 석유 벤처 사업에 관한 좋지 않은 이야기들도 나올지 모르겠다. 그러나 부유한 아버지를 둔 젊은이만이 자신의 교육에 많은 돈을 투자할 수 있다. 경험을 통해 배우는, 인생이라는 학교에서 이렇게 비싼 돈을 들여서 받은 교육은 죽을 때까지 이어지고, 훌륭한 보상을 받을 수도 있다.

앞서 헨리 H. 로저스가 얼마나 잘못됐을 수 있는지, 또 자기 주관에 관한 그의 자부심으로 인해 무심한 주식시장을 얼마나 비난했는지 소개했다. 주식시장은 늘 최후의 순간에는 옳았음을 입증한다. 로저스는 1908년에 세상을 떠났을 때 5000만 달러의 재산을 남겼다. 그가 2년만 더 살았더라면 그가 남긴 부동산의 가치만 1억 달러에 달했을 것이다. 그가 남긴 업적 가운데는 좋은 것도 있었고, 치밀한 계산을 통해 이뤄낸 것도 있었다. 버지니안 레일로드(Virginian Railroad)의 경우 처음 개통됐을 당시 미국 전역을 통틀어 가장 훌륭하게 건설된 철도로 손꼽혔다. 여기에는 엄청난 외부자금이 동원됐을 뿐만 아니라 로저스 자신도 개인재산을 투자했다. 그는 심지어 패닉이 엄습했던 1907년에 연리 7%의 대출자금을 자기 이름으로 보증해 끌어다 썼고, 이로 인해 거의 파산 위기에 몰릴 뻔하기도 했다. 그러나 그는 주식시장의 진정한 의미를 제대로 이해하지 못했다. 굳이 공정하게 이야기하자면 로저스가 그렇게 큰 돈을 번 것은 순전히 운이 좋았기 때문이라고 말할 수 있다. 패닉이 몰아치고 있는 시기에 그런 돈을 빌려 쓰게 되면, 그 순간 자신의 생사여탈권을 채권자의 수중으로 넘기는 꼴이 되기 때문이다.

과거의 사건에서 배우는 교훈

시세 조종에 관한 설명을 이렇게 장황하게 늘어놓은 이유는 이를 통해 주식시장 바로미터가 실제로 어떤 것이며, 얼마나 우수한지에 대한 중요한 교훈을 배울 수 있기 때문이다. 지금은 사라졌지만 뉴욕증권거래소에 비상장부가 있었을 당시 어멜거메이티드 코퍼는 그 곳에서 거래됐었다. 그 시기에 〈보스턴 뉴스 뷰로〉는 이 회사를 전형적인 "블라인드 풀(blind pool, 투자 대상을 특정하지 않고 묻지마 투자 방식으로 자본금을 모집한 기업—옮긴이)"이라고 지적했다. 그러나 현재와 같은 증권거래소의 상장 규정 아래서는 이런 일이 불가능하다. 또한 새로이 등장한 장외거래소에서도 찾아보기 어려울 것으로 생각된다. 최근의 상장 규정을 보면 20년 전과는 비교할 수 없을 정도로 잘 정비돼 만약 이런 일이 벌어진다면 일주일도 되지 않아 은행으로부터 강력한 제재를 받게 될 것이다. 따라서 이제는 어떤 투자 집단도 지금까지 살펴봤던 그 옛날처럼 부도덕한 영향력을 행사할 수 없을 것이다. 그러나 시세 조종을 막는 최선의 보호장치는 상황을 냉철하게 바라볼 줄 아는 대중의 자세다. 금융시장에 관한 정보는 과거 그 어느 때보다 좋아졌다. 부패를 치료하려면 치부를 드러내야 한다. 뜨거운 햇볕을 내리쬐는 것처럼 훌륭한 위생처리는 없다. 사람들은 더 이상 20년 전과 같이 가공된 뉴스와 신비스러운 꼬임에 속아넘어가지 않는다. "내부자들"은 절대 실패하지 않는다는 속설은 전적으로 과장된 것이다. 주식시장의 세 가지 주가 흐름에 바탕을 두고 있는 다우 이론과 주식시장 바로미터는 연륜이 쌓여갈수록 신뢰도가 높아지고 있다. 시세 조종 행위로 인해 주식시장 바로미터가 훼손될 우려는 전혀 없다. 이 점과 관련해 몇 가지 부연설명을 하고 넘어가겠다.

잘못된 보도

주식시장에서 시세 조종 행위가 벌어지면 똑같은 사건이더라도 보통 스무 차례는 기사화된다. 주식시장의 움직임은 난해하다거나 그렇게 어려운 것도 아니지만 이를 보도하는 기자들의 취재 방식이 너무나 비효율적이기 때문이다. 월 스트리트에서 뉴스를 취재하고 보도하는 일은 어렵기는 하지만 불가능할 정도는 아니다. 다른 취재 영역에 비해 약간 더 수준 높은 지식이 필요하고, 제대로 취재하고 보도하려 들면 상당히 힘든 작업을 필요로 한다는 점이 다를 뿐이다. 사실 신문사에서 이렇게 힘들게 일하는 기자들도 별로 없을 것이다. 그러다 보니 금융시장을 담당하는 기자 입장에서는 다른 사람들은 물론이고 신문사 사장조차 이해하지 못하는 기술적인 용어들을 제멋대로 써대는 경향이 있다. 다우-존스처럼 뉴스 취재와 보도에서 완전무결함을 지향하는 책임 있는 신문사는 예외지만, 상당수의 금융시장 관련 보도는 부실한 형편이다. 물론 갈수록 나아지고 있기는 하지만 말이다.

원인은 반드시 있고, 뉴스도 반드시 있다

이 문제야말로 내가 특별히 관심을 두고 있는 것이다. 내가 월 스트리트에서 맨 처음 한 일이 바로 다우-존스에서 주식시장에 관한 기사를 쓴 것이기 때문이다. 나의 목표는 주식시장에서 벌어지는 개별적인, 그리고 전반적인 주가 변동의 원인을 찾아보자는 것이었다. 비록 그것이 끊임없이 변하는 것이라 하더라도 내 힘이 닿는 데까지 구해보고자 했다. 단순한 일반화는 절대로 용납할 수 없었다. 나는 그렇게 해서 때로는 감정에 호소하는 기사를, 때로는 어리석을 정도로 격렬한 필체로 수많은 기사를 썼다. 그 중에는 남들보다 불과 30분 더 일찍 써서 특종이 된 기사들도 있다. 물론 이런 뉴스는 주식시장에서 벌어지는 일들에 대해 누구보다 관심이 클 수밖에 없는 증권회사나 은행에 아주 귀중한 정보가 됐다. 주식시장에 관한 뉴스에 목말라 있던 이들은 전부가 내가 쓴 기사의 고객이 됐다. 20여 년 전을 되돌아보면, 내가 썼던 기사에서 지적한 원인이 다소 무례한 것도 있었다. 사실 나 스스로 이 같은 기사 작성 방식을 개발했으니 그럴 수밖에 없기도 했다. 하지만 그런 기사들도 정확한 뉴스 취재에 의한 것이었지 결코 추측 기사는 아니었다. 내가 〈월 스트리트 저널〉의 편집국장을 맡기 위해 현장 취재에서 물러났을 때 월 스트리트의 증권회사와 은행에서는 나에게 안타깝다는 말을 전해왔다. 그 때 이들이 보내준 우정 어린 아쉬움만큼 내 인생에서 큰 즐거움은 없었다. 기자가 받는 보상이란 장돌뱅이가 몰고 다니는 당나귀가 받는 보상이나 다름없다. "한 푼 주고는 몇 푼 어치의 일을 시키는"는 식이다. 그러나 기자가 받는 진정한 보상은, 그가 그 일을 좋아하기만 한다면 이 세상에서 가장 흥미로운 일을 할 수 있다는 사실이다.

여기서 우리는 시세 조종 행위가 가끔씩 왜 그렇게 과장된 모습으로 대중들의 마음속에 각인되는지 그 이유를 일부나마 읽어낼 수 있다. 주식시장의 모든 움직임에는 그것을 설명해줄 수 있는 근거가 있게 마련이다. 이런 근거를 제대로 파악하기 위해서는 상당히 수준 높은 지식과 탐색활동이 필요하다. 주식시장의 움직임에 실제로 이해관계가 달려있는 사람들, 즉 거래소 현장에서 주식을 매매하는 거래인들은 물론 실제로 주문을 낸 매매 당사자가 어떤 말을 하고 있는지 아주 신중하게 들여다보고 비교해봐야 한다. 이런 탐색을 하다 보면 실제로 맨 처음에 왜 그런 주문이 나오게 됐는지 추적할 수 있고, 특정 종목의 매수 혹은 매도 이유가 무엇이었는지에 관해 미처 생각하지 못했던 새로운 뉴스로 이어지기도 한다.

정직한 뉴스가 대중을 보호한다

월 스트리트에는 수많은 경구들이 있지만, 이 가운데는 정확히 말해서 사실이 아닌 것들도 있다. "강세장에서 뉴스가 없다"는 경구도 그 중 하나인데, 실은 그렇지 않다. 제한조건이 너무 많다 보면 일반적인 법칙이 성립하기 어렵다. 어느 시장이든, 기자가 취재할 수 있는 시장이라면 뉴스는 무궁무진하다. 비록 어느 기자가 주식시장과 관련해 그저 성의 없는 기사 나부랭이나 쓴다 하더라도, 심지어 이미 보도된 기사 쪼가리를 재탕한다 하더라도, 이 기자는 적어도 "시세 조종"이라든가, "세력들이 팔고 있다"는 식의 전형적인 표현을 섞어 넣을 것이다. 그래야 신문사 책임자들이 뉴스로 받아들일 것이기 때문이다. 월 스트리트는 전 세계 금융 뉴스의 중심이다. 내가 기자로 일하는 동안 뉴스 취재 방식은 꾸준히, 또 괄목할 정도로 개선됐다. 그러나 월 스트리트에서의 뉴스 취재는 영원히 끝나지 않을 영역으로 남아있을 것이다.

Chapter_20
몇 가지 결론: 1910~14년

이제 《주식시장 바로미터》라는 주제로 진행해왔던 논의를 마무리 짓을 때가 가까워졌다. 이 책의 내용은 원래 〈배런스〉에 시리즈 기사로 연재했던 것인데, 기사가 나가는 동안 독자들로부터 시야를 넓혀주었다는 평가와 함께 폭넓은 호응을 받았다. 시리즈를 시작했을 당시 나는 주가의 흐름에 관한 다우 이론이 투자자들에게 실제로 얼마나 큰 이익이 될지 전혀 의식하지 않았지만, 지금쯤이면 독자들도 정확히 판단했을 것이다. 나는 시리즈를 통해 소위 "사이클 이론"의 과대 포장된 부분을 벗겨냈다; 또한 역사적으로 검증된 다우 이론을 통해 들여다봄으로써, 과거의 사실들도 지혜롭게 모아놓으면 우리에게 너무나 많은 것을 알려주며, 국내적으로는 물론 세계적으로 기업활동의 중요성이 제대로 이해되거나 평가 받지 못했던 과거에 대해 우리가 얼마나 모르고 있는지 깨달을 수 있었다. 이와 함께 다우존스 평균주가가 제시해주는 객관적이고도 신뢰할 수 있는 수치를 통해 주식시장 바로미터가 무엇을 말해주며, 그 한계는 무엇인지에 대해서도 파악할 수 있었다. 그런 점에서 다우 이론은 투기적인 주식시장에서 높은 수익률을 올릴 수 있는 방법이 아니며, 따라서 뛰어난 주식거래 기술이라거나 손실을 막아줄 수 있는 비법이라고 자랑해서도 안 된다는 사실을 이제 분명히 알았을 것이다.

투기지표의 예측 능력

투기지표의 예측 능력이라는 문제를 살펴보자면 주식시장 바로미터의 유용성이 한계를 갖고 있기는커녕 주식시장의 세 가지 움직임, 즉 기본적인 주가흐름과 2차적인 조정 또는 랠리, 끊임없이 반복되는 매일매일의 주가 등락을 분석하기 시작하면서 우리가 기대했던 것보다 훨씬 더 유용하다는 사실을 발견하게 된다. 적어도 우리는 투기지표를 통해 경기 전반의 흐름을 예측하는 데 필요한 나름대로의 잣대를 확보했다. 하버드 대학교의 경제조사위원회가 제시한 경기지표들을 보면 1903년부터 1914년까지의 기간을 포함해 투기지표는 은행과 기업활동의 전망을 예측하고 있다. 투기지표의 이 같은 전망은 사후에 충분히 검증할 수 있다. 물론 경제조사위원회의 투기지표는 워낙 보수적으로 작성된 데다 처음부터 조정 요인을 워낙 많이 설정해 다우 이론에서 기준으로 삼는 매일매일의 평균주가에 비해서는 바로미터로서의 가치는 떨어질 수밖에 없다.

언제 멈춰야 할지 아는 예언자

주식시장에 관한 정보를 제공하는 게 직업인 사람들은 시장이 활기를 띨수록 더욱 적극적으로 활동하고, 허세를 부리기도 한다. 그러나 시장이 활기를 잃으면 대중들은 이런 사람들의 말을 듣는 데 상당한 인내심을 필요로 한다. 1910년의 약세장이 마침내 바닥을 쳤던 시점부터 (제1차) 세계대전이 발발하기 직전까지 주식시장은 침체의 늪에 빠져있었다. 이 시기에 바로 이런 일을 하는 한 친구가 나를 찾아와 상승세를 멈춰버린 주식시장에서는 주가의 흐름을 예측하기가 무척 힘들다고 하소연했다. 그러나 우리의 주식시장 바로미터는 전혀 아쉬워할 게 없다. 진정한 예언자라면 할 말이 없을 때 말하기를 멈춰야 한다. 나는 〈월 스트리트 저널〉에 쓴 기사를 통해, 주가의 흐름을 분석한 결과 1910년의 약세장은 1909년 하반기에 충분히 예측할 수 있었음을 보여주는 증거를 제시했다. 1910년의 약세장은 그해 6월 바닥을 치고 조금씩 나아지기 시작했다.

주식시장의 회복 속도는 느렸지만 전반적인 추세는 둔하게나마 상승곡선을 그렸다. 1911년 한여름에는 상당히 큰 폭의 2차적인 조정을 겪기도 했다. 그러나 대세상승 흐름은 1912년 하반기에 가서야 정점에 도달했다. 특히 세계대전이 발발하기 이전 4년간의 주식시장 흐름에서 가장 흥미로웠던 점은 그 변동폭이 비교적 작았다는 것이다.

1909년 하반기부터 1910년 중반까지는 약세장이 분명했지만, 산업 평균주가와 철도 평균주가의 변동폭은 1907년 패닉을 포함한 앞선 약세장 시기에 비해 절반 수준에 그쳤다. 마찬가지로 뒤이은 강세장도 결코 붐이라고는 할 수 없었는데, 이 때의 상승폭은 1907년 가을부터 1909년 하반기까지 이어졌던 앞서의 강세장에 비해 3분의 1에도 미치지 못했다. 한마디로 이 시기의 주가 흐름은 전반적으로 위축되는 느낌이었다. 그런데 이 시기의 실물경제가 어땠는지 살펴보면 기업활동 자체가 주식시장과 마찬가지로 활기를 잃어 불황까지는 아니지만 경기 둔화의 분위기가 역력했다; 미국 경제의 평균적인 성장까지 전혀 기대할 수 없는 수준은 아니었다 하더라도 주식시장의 투기 붐을 불러일으킬 만큼 강력하거나 의도적인 자극제는 출현할 수 없었다는 말이다.

큰 흐름뿐만 아니라 작은 흐름도 예측하기

여기서 다시 주식시장 바로미터가 갖고 있는 또 하나의 훌륭한 기능을 살펴보자. 기본적인 주가 흐름은 앞으로 다가올 경기 활황의 지속기간과 그 강도가 어느 정도나 될 것이며, 경기 침체가 온다면 얼마나 심각하고 혹독할 것인지 미리 알려준다. 지난 25년간의 평균주가를 살펴보면 지금까지 논의한 내용들은 이 점을 명확히 해준다. 내가 제시했던 주가 흐름의 분석과 그 이후 기업 활동이 어떻게 됐는지를 비교해보면 누구나 알 수 있을 것이다. 기업 경기가 1910년에 활기를 잃었다는 점에는 많은 사람들이 동의할 것이다. 이렇게 식어버린 경기는 전쟁 발발과 함께 전쟁 특수가 일기 전까지는 전혀 회복되지 않았고, 이는 투기적인 주식시장이 얼마나 대단한 예측력을 갖고 있는지 보여주는 사례이기도 하다.

그런데 전반적인 경기 상황이 일정한 리듬을 갖고 변한다고 생각하는 사람들은 이 기간의 경기지표를 해석하는 데 무척 어려워한다. 왜냐하면 이 시기에는 작용과 반작용의 진폭이 결코 같지 않았기 때문이다. 사실 시계 태엽이 풀려버리기 직전의 상황이었는데, 겨우 좌우로 왔다 갔다 하는 시계추의 움직임, 즉 작용과 반작용이 똑같을 수는 없는 노릇이다. 이런 비유는 세계대전이 발발하기 이전의 상황을 묘사하는 데 적절할 것이다. 전 산업 분야에서 전쟁 특수가 몰아 닥치자 멈춰버릴 것 같았던 경기의 시계추가 다시 활기를 띠었다. 물론 이것은 정확한 표현이 아닐지 모른다; 그러나 억지라기 보다는 이해하기 쉽도록 상황을 묘사한 것이다.

기간을 길게 잡아보면 주식시장은 1909년에 강세장의 정점에 다다른 뒤 그 후 5년 가까이 약세장을 지속했다고 말해도 틀리지 않는다. 여기서 말하는 5년은, 찰스 H. 다우가 맨 처음 그의 이론을 공식화하면서 제시했던 5년간의 대세상승과 대세하락이 그럴 수도 있음을 보여주는 사례이기도 하다. 물론 찰스 다우의 당시 주장은 다소 성급한 가정이었고, 그리 중요한 것도 아니지만 말이다. 두말할 필요도 없이 전쟁 특수 덕분에 미국의 전 산업 분야, 특히 1907년 패닉 직전에 최고의 활황을 구가했던 철도 부문이 급격하게 확대됐다. 내가 생각하기에 1907년의 패닉 같은 사건이 벌어지면 그 여파는 워낙 커서, 주식시장이 뒤이어 상승세로 접어든다 해도 그리 강력한 모습을 보여주지 못한다. 이는 1909년에 천정을 쳤던 강세장을 보면 금세 알 수 있다. 극적인 패닉 이후에 나타나는 경기의 재조정 과정은 상당히 오랜 시간을 필요로 한다.

사이클이 유용한 영역

앞서 사이클 이론을 설명하면서 단기적인 사건들을 설명하기에는 너무 추상적인 개념이라고 말했지만, "패닉 사이클" 이론이 유용한 경우도 있다. 역사적으로 보면 매우 흥미롭기도 하거니와, 때로는 깊은 통찰력과 함께 훌륭한 교훈을 알려주기도 한다. 가령 1873년 패닉 이후의 기간을 돌아보면 주식시장에 강세장이 출현하기도 했지만 경기 전반은 위축되어가는 분위기였다. 그 때와는 상황이 다르지만 지금 논의하고 있는 1907년 패닉 이후의 시기 역시 충분히 이 기간과 비교할 수 있을 것이다. 이 때도 미국의 경기 호전이 가시화된 것은 1879년 정부의 정화 지급(specie payment) 조치 이후였고, 경기 확장은 심각성은 덜 했지만 패닉이 벌어진 1884년까지 계속 이어졌다.

마찬가지로 1893년의 패닉 이후 지속됐던 경기 침체 기간도 주식시장에서 약세장이 나타났던 기간에 비해 훨씬 더 길었다. 이 때의 주가 변동폭은 비교적 작았는데, 이는 1909년에 천정을 치고 끝난 강세장 이후 나타났던 약세장과 너무나도 흡사하다. 여기서 우리는 법칙에 가까운 일관된 특징을 발견할 수 있다. 즉, 다우 이론에서 말하는 주식시장의 기본적인 흐름보다 더 큰 폭으로 움직이는 경기변동의 사이클이 있다는 말이다. 그런 점에서 경제 전반의 신뢰가 한번 무너지게 되면 이를 회복하는 데는 몇 달이 아니라 적어도 몇 년이 걸린다는 사실을 알 수 있을 것이다.

거래량의 위축과 회복

약세장일 때 주식시장의 거래량은 강세장에 비해 늘 현저하게 감소한다는 사실은 이미 지적했다. 지난 25년간의 하루 평균 거래량 기록을 살펴보면 쉽게 알 수 있다. 1911년부터 1914년까지의 하루 평균 거래량은 극히 적었는데, 이 기간 동안의 전체 거래량은 매킨리 대통령이 재선되기 이전 4년간, 즉 1897~1900년에 비해서도 약간 늘어났을 뿐이다. 이처럼 1914년까지는 거래량이 크게 위축된 상태였다. 그리고는 곧 전쟁 특수라고 하는 전혀 예기치 못한 변수가 발생했다. 하버드 대학교 경제조사위원회는 세계대전을 마치 지진과 같은 천재지변으로 간주해 전쟁 붐이 일었던 기간을 아예 분석대상에서 제외시켜버렸다.

그런데 전쟁 발발 이후에도, 또 1921년 6~8월에 바닥을 쳤던 약세장 이후에도 주식시장의 거래량은 여전히 위축된 상태를 나타냈다. 우리가 1921년 이래 경험하고 있는 아주 느리고, 또 전혀 강력하지도 않은 강세장은 역사적으로도 매우 보기 드문 경우다. 내가 시리즈 기사에서 한 차례 이상 지적했듯이 그래도 강세장인 것만은 의심할 여지가 없다. 산업 평균주가는 1922년 4월까지 앞선 저점에 비해 29포인트 상승했으며, 철도 평균주가는 20포인트 이상 올랐는데, 이 정도는 2차적인 랠리의 전형적인 모습이다. 기본적인 주가 흐름이 강력하면 2차적인 주가 흐름 역시 매우 강렬하다. 1922년의 2차적인 랠리나 현재까지 이어지고 있는 대세상승 흐름 모두 경기 붐을 예측해줄 만큼 힘찬 모습은 아니고, 그저 보수적인 경기 회복을 예상할 수 있을 뿐이다. 주식시장 바로미터가 말해주는 것은, 곧 어느 정도의 경기 회복은 있겠지만 그 속도는 느릴 것이며, 완전히 회복하는 데는 과거보다 더 많은 시간이 소요될 것이라는 점이다. 이렇게밖에 예상할 수 없는 이유는, 주식시장이 강세장임에도 불구하고 산업 전반에서 나타나는 대규모의 극적인 활황세를 능가할 정도로 대단한 주가 흐름을 보여주지도 못하고, 신고가도 경신하지 못한 채 그저 느릿느릿 움직이고 있기 때문이다.

질식 당한 철도 산업

제18장에서 이야기했듯이 철도주는 16년이 넘는 기간 동안 완만한 하락세를 보여주었는데, 당시의 상황을 이해하면 현재 주식시장이 회복세에 있음에도 불구하고 왜 시장 전반에 극도의 보수적인 분위기가 퍼져 있는지 쉽게 알 수 있을 것이다. 적어도 우리가 논의하고 있는 주식시장 바로미터에서는 20개 철도주가 투기지표의 절반을 반영한다. 철도 산업은 미국에서 농업을 제외하고는 단일 산업으로 가장 많은 자본이 투자된 분야다. 철도 산업이 현재 미국 경제에서 어떤 위상을 차지하고 있는지는 의문의 여지가 없다. 그런데도 철도 산업에 대한 규제는 이중삼중으로 이뤄져 이제 더 이상 어떤 규제가 추가로 나온다 해도 철도가 국부 향상에 기여하는 정도를 깎아 내릴 수 없는 지경이 됐다.

어리석고 한심스럽기 짝이 없는 미국 의회는 철도주 보유자들에게 철도기업의 이익 가운데 최대 6%를 배당금으로 가져가도록 하는 법을 통과시켰다; 철도주 보유자들의 리스크가 줄어들었으니 배당금 수익도 줄여야 한다는 논리였다. 그러나 이런 조건 아래서는 어떤 자본도 철도 산업으로 흘러 들어가지 않을 것이다. 투기 시장의 한쪽 편에서 이런 말도 되지 않는 일이 벌어진다면 나머지 한쪽 편도 피해를 입게 된다. 이런 인기 영합주의가 판을 치는 형국에서 정치인들이 어떤 일을 벌일지 누가 예측할 수 있겠는가? 이런 정책은 자본이 철도 같은 공공재 산업으로 들어오는 것을 차단하는 것이다. 자본의 이익 창출 능력에 개입하는 이 같은 정책이 과연 다른 대규모 산업에도 적용되지 않을 것이라고 누가 장담하겠는가?

산업과 정치

이건 결코 어림짐작으로 하는 말이 아니다. 이미 상당히 진행됐다. 그렇지만 대중들이 얻은 이익은 전혀 없다. U.S. 스틸을 상대로 한 법무부의 잇단 소(訴)제기는 (지금은 철회됐지만) 선전선동이라는 위험한 이론이 기업체들에게도 타격을 줄 수 있다는 점을 보여준다. 현대적인 산업생산은 독점화되는 경향이 있고, U.S. 스틸처럼 하나의 기업이 대량 생산할 경우 수많은 개별 기업들이 생산하는 것보다 가격이 더 낮아진다는 점은 누구나 아는 사실이다. 그런데도 단지 기업의 규모만 갖고 문제 삼으려는 정치인들의 주장이 받아들여진다면, 지난 25년간 그래왔듯이 기업 경기는 앞으로 5년간 상당히 어려운 시기를 맞을 것이다.

태프트 대통령의 정책적 한계

1909년인가 1910년 초 무렵 나는 백악관에서 태프트 대통령을 만난 적이 있다. 나는 대통령에게 과거 행정부 시절부터 이어져온 철도기업에 대한 가혹할 정도의 적대적인 정책이 철도 산업의 발전을 가로막을 뿐만 아니라, 이로 인한 규제가 경제 전반에 족쇄로 작용하고 있다고 지적했다. 태프트 대통령은 내 말에 수긍하는 듯했지만 너무 조심스러웠다. 대통령은 과거의 고도 성장이 과도한 투기적 기대에서 비롯된 것이라는 점에서 더 이상 이런 성장은 기대할 수 없다고 주장했다. 하지만 거대 철도기업을 규제하는 것은 공공의 이익을 위해 어쩔 수 없이 치러야 할 대가라고 생각한다고 대통령은 말했다. 이 말은 시어도어 루즈벨트 대통령 시절부터 이어져온 "정책"이다. 그러나 1912년 선거에 진보당(Progressive Party) 후보로 나선 루즈벨트는 더 이상 그렇지 않았다! 대통령과의 길지 않은 대화는 그렇게 끝나고 말았다. 더할 나위 없이 솔직한 성격의 태프트 대통령조차 이런 견해를 갖고 있을 정도니 의회나 행정부를 채우고 있는 자잘한 정치인들에게 무엇을 더 바라겠는가? 이들은 공공의 이익은 아랑곳하지 않은 채 오로지 철도기업을 향해 한풀이만 하고 있으니 말이다.

스스로 채운 족쇄

그렇다면 우리 스스로 채운 족쇄 덕분에 얻은 게 무엇인가? 이렇게 온갖 규제를 가한 다음 철도 서비스가 더 나아졌는가? 기차 식당칸의 음식은 25년 전보다 더 못하다. 요즘 새로 개발됐다는 소위 "표준화된 기차 음식"은 떠올리기조차 싫을 정도다. 철도 서비스는 결코 예전 수준에 미치지 못하고 있다. 펜실베이니아 철도와 뉴욕 센트럴 철도는 한때 뉴욕과 시카고 구간을 16시간에 주파했다. 그런데 지금 뉴욕과 시카고를 잇는 기차는 20~22시간이나 걸린다. 그렇다고 객실이 더 편해진 것도 아니다. 객실 승무원이 더 친절해졌다거나 다소곳해진 것도 아니다. 과거에는 철도회사 직원이 객실 청소를 제대로 하지 않았을 경우 회사 측은 노동조합 청문회를 거치지 않고도 해당 직원을 해고할 수 있었다. 그 시절에는 객실이 늘 깨끗했다. 그런데 우리는 철도기업의 서비스 정신을 박탈해버리는 법률을 만들었고, 그렇게 규제를 가해온 것이다. 같은 노선의 경쟁업체들마저도 억지로 마지못해 경쟁하는 모습이다. 이런 상황에서 어느 철도기업이 돈을 투자해 더 나은 서비스를 제공하려고 하겠는가? 의회가 통과시킨 법률에 의하면, 철도기업은 연 6%를 초과하는 투자 수익률을 올릴 경우 초과 이익을 내놓아야 한다. 이거야말로 정말 인위적으로 재단한 수익률이며, 적정 이윤을 통해 성장을 준비하는 것과는 정반대 논리다.

정말로 심리적인 문제

정치적인 문제를 이야기한다고 해서 옆길로 샌 건 아니다. 우리는 지금 평균주가가 보여준 가장 중요한 주가 흐름의 원인 가운데 하나가 무엇인지 추적하고 있는 것이다. 사실 어느 산업 분야든 철도와 연관되지 않은 곳이 없다. 가령 철도사업자협회(Railway Business Association)

에 이름을 올려놓고 있는 철도자재 제조업체들은 미국 전체 제조업을 좌지우지할 만큼 그 숫자와 규모가 엄청나다. 다소 상투적인 단어가 되기는 했지만 우리도 모르는 사이에 일상적으로 사용하면서도 완전히 잘못된 의미로 쓰는 단어가 바로 "심리적"이라는 말이다. 하지만 이건 진짜로 심리적인 문제다. 우리는 우리 자신에 대한 믿음을 잃어버렸다. 수요와 공급의 법칙에 맡겨두면 될 것을 너무 과도할 정도로 개입하는 바람에 우리 자신이 독립적으로 움직일 수 없게 됐다.

어느 나라든 경제적 자유가 없다면 진정한 자유를 누릴 수 없다. 관료주의만큼 가혹한 것도 없다. 관료주의는 너무 고지식할 뿐만 아니라 어리석기조차 하다. 한 가지 예를 들어보자: 그리 오래 전 일은 아닌데, 펜실베이니아 철도의 레아 사장이 나에게 이렇게 물은 적이 있다. 펜실베이니아 철도가 워싱턴의 관계부처, 특히 주간상업위원회(ICC)에 한 해 동안 몇 건의 보고서를 제출하는지 아느냐고 말이다. 철도기업들이 제출하는 보고서가 엄청나게 많다는 사실은 나도 익히 알고 있었다. 나는 속으로 한 해 500건 정도는 되지 않을까 생각하면서도, 아마도 여기에 20을 곱하면 충분하리라고 판단하고, 한 해 1만 건 정도 되지 않겠느냐고 대답했다. 레아 사장은 씁쓸한 웃음을 지어 보이며 이렇게 말했다. "작년에 우리가 제출한 보고서는 11만4000건에 달하네. 그것도 피츠버그 동쪽 노선만 그 정도라니까!"

혁명적인 수준의 개혁

일개 철도기업의 한 노선에서만 11만4000건의 보고서를 제출한 것이다! 그렇다면 미국의 철도기업들이 전부 제출한 보고서는 얼마나 되겠는가? 관료적 형식주의가 철도라는 공공서비스를 얼마나 옭아매고 있으며, 그 효율성을 얼마나 망가뜨리는지 상상해보라! 다행히 최근 제너럴 도스라는 인물 덕분에 기업을 상대하는 정부부처에 약간의 상식이 자리잡기 시작했다. 하지만 이제 겨우 살짝 건드리는 수준에 불과하다. 정말로 필요한 건 혁명적인 수준의 개혁이다. 상무부와 노동부, 이렇게 두 부처의 경우만 해도 전국의 기업들을 상대로 더 많은 숫자와 더 많은 설명을 요구하고 있고, 이로 인해 기업들은 더 많은 시간낭비와 더 많은 업무정체에 시달리고 있다.

하나의 족쇄가 야기하는 결과

이건 우리 스스로 채운 족쇄다. 우리 자신을 탓해야 한다. 앞서 소개했듯이 태프트 대통령마저 이런 입장에 동조했다. 그렇다면 과연 누가 이 족쇄를 풀어줄 것인가? 정치인들이 지금처럼 이런 족쇄를 채우려고 하는 한, 언제 다시 경제가 붐을 탈지, 또 철도 산업이 언제 다시 예전처럼 눈부신 성장가도로 들어설지 알 수 없다. 그 피해는 우리 모두에게 미친다. 네브라스카 주의 농민들은 옥수수를 연료로 쓰고 있다. 옥수수의 톤당 가격이 석탄보다도 싸기 때문이다. 무역수지에도 악영향을 미친다. 미국은 세계에서 석탄 자원이 가장 풍부한 나라임에도 불구하고, 영국에서 석탄을 수입하고 있다. 우리가 충분히 유리한 입장에서 무역을 할 수 있는 분야지만 이미 영국이 선점해버린 것이다. 의회가 내놓는 기업 정책을 보면 단지 철도 산업에 대해서만 말도 안

되는 편견을 갖고 있는 게 아니다. 잘 분석해보면 어떻게 하든 성공을 가로막으려는 볼셰비키적인 사고로 가득 차있다. 개인으로 하여금 큰 부를 쌓을 수 없도록 하려는 것이다. 국가적인 경제성장 과정에서 기업이 투기적인 위험을 부담하기 때문이 아니라 단지 일부 개인이 부유해진다는 점 때문에 의회에서는 반(反) 기업적인 법률을 제정한다. 나라 전체를 가난하게 만들지 않는 한 기업인들을 가난하게 만들 수는 없다. 제2기 클리블랜드 행정부 시절에 경험했던 실험을 다시 또 시도해야겠는가? 그 시절은 우리 자신에 대한 신뢰나 믿음은 전혀 없이 오로지 포퓰리즘과 경기침체만 있었다. 지금의 대세상승 추세가 종말을 고하고 대세하락이 시작될 시점에 바로 이런 조짐이 나타나지 않을까 우려되는 것이다.

Chapter_21
진실로 무슨 일이 벌어지고 있는가: 1922~25년

내가 이 책《주식시장 바로미터》의 내용을 〈배런스〉에 칼럼으로 연재하기 시작한 것은 1921년 하반기였는데, 그 때만 해도 각 장의 순서를 염두에 두고 쓰지는 않았다. 사실 주가의 흐름에 관한 다우 이론을 연구하기 시작했을 때도 이렇게 책을 쓸 생각은 없었다. 나 같은 골수 '신문쟁이'에게는 응당 신문기자가 해야 할 일이었다. 물론 요즘 말하는 비판의식이 어느 정도 개입된 것도 사실이다. 이 책의 중요한 내용을 담고 있는 제15장의 경우 특히 그렇다. 제15장은 원래 전혀 다른 의도로 〈배런스〉 편집자에게 보낸 것이었다.

사례로 든 "박스권"

평균주가를 공부한 사람이라면 매일매일의 평균주가에서 나타나는 "박스권"이 물량 출회 아니면 물량 확보가 이루어지고 있음을 보여주는 것이라는 사실을 기억할 것이다; 물량 출회가 포화점에 이르거나 물량 확보로 인해 더 이상의 매물이 사라진 다음 평균주가가 박스권의 상단이나 하단을 깨뜨리는 것은 향후 시장의 흐름을 알려주는 중요한 지표다. 꽤 여러 날 동안 3포인트 안팎의 "박스권" 안에서 움직이다가 마침내 상단을 깨고 올라간다면, 그것은 시장에 출회되는 주식의 유동 물량이 소진됐으며, 따라서 신규 매물이 시장에 나오도록 하려면 매수 호가를 올려야만 한다는 의미다. 이와는 반대로 박스권 하단을 깨고 내려간다면 물량 출회를 소화해줄 매수세력이 이제 포화점에 다다랐으며, 구름이 비를 내리게 된다는 의미다. 이렇게 되면 시장은 급격한 하락세로 돌아서 주가는 다시 한번 매수하기에 매력적인 수준까지 떨어진다.

내가 제15장을 〈배런스〉 편집자에게 넘긴 시점은 시장이 대세하락 흐름의 바닥에 있었을 때였다. 따라서 내가 예를 들기 위해 처음으로 제시했던 박스권은 이제 막 형성되고 있었다. 원고를 받은 〈배런스〉 편집자는 이건 너무 무모한 예측이라고 판단했다. 내가 아무리 다우 이론에 정통하고, 또 이 정도의 시험은 충분히 이겨낼 수 있다 하더라도 말이다. 결과적으로 내가 든 사례는 다우 이론을 훌륭하게 입증해줄 수 있었다. 하지만 신중하자는 견해가 더 우세했고, 내가 제시한 사례는 (제1차) 세계대전 발발 직전인 1914년 5~7월의 주가 움직임, 다시 말해 주가가 숨죽인 채 조용히 머물러 있던 모습을 그대로 재연한 것처럼 보였다. 사실 역사적으로 보나, 또 그 뒤에 출간된 이 책의 내용이 충분히 인정받은 점을 감안할 때 내가 든 사례는 의문의 여지 없이 정확한 것이었다. 자랑 삼아 이야기하자면 이 기사가 그대로 나갔다면 그토록 신중했던 편집자가 예상했던 것보다 〈배런스〉의 판매부수가 몇 배는 더 나갔을 것이다.

이제는 누구나 알 수 있고, 그래서 그리 대단하게 여겨지지 않지만, 제15장의 내용은 내가 〈배런스〉에 칼럼을 연재하고 있을 무렵 막 형성되고 있던 대세상승 흐름을 예측한 것이었다. 특히 이 내용은 다우 이론을 실제 주식시장에 적용해 가장 확실한 방식으로 분석한 글이었다. 이 책의 개정판을 쓰기에 앞서 나에게 이런 사례를 추가로 설명해달라는 요청을 많이 받았다. 그래서 《주식시장 바로미터》의 초판이 발간된 뒤 3년 동안 다우 이론이 얼마나 실증적이었으며, 또 정교해졌는지 여기서 설명하고자 한다. 이건 무척 흥미 있고 유용한 주제다. 내가 혹시 예언자가 된 것처럼 자랑 삼아 이야기한다면 그저 타고난 유머감각 때문이라고 생각해주기 바란다. 물론 〈배런스〉나 〈월 스트리트 저널〉에 칼럼을 쓰면서 다우 이론이 1922년 이후 얼마나 멋지게 들어맞았는지 몇 가지 사례를 소개했을 때는 어쩔 수 없이 우쭐한 표현을 쓰기는 했지만 말이다.

몇 가지 성공적인 예측

《주식시장 바로미터》를 출간한 이후 주식시장은 대세상승 흐름을 이어갔다. 다우존스 산업 평균주가는 1921년 8월 24일부터 1923년 3월 20일까지 65.09에서 105.38로 40.29포인트나 상승했고, 철도 평균주가는 1921년 6월 20일부터 1922년 9월 11일까지 65.52에서 93.99로 28.47포인트 올랐다. 〈월 스트리트 저널〉과 〈배런스〉는 모두 대세상승이 명백하다고 분석했고, 〈월 스트리트 저널〉은 1922년 2월 11일자에서 이렇게 이야기했다: "현재 시장의 큰 흐름은 우상향이다." 이 기사의 마지막 분석은 특히 눈여겨볼 만한 대목이다:

독자들의 궁금증에 대해 답을 하자면 현재 시장은 강세라는 것이고, 앞으로도 추가적인 상승세를 이어가 1923년까지 강세가 지속될 수도 있다는 것이다. 그런 점에서 주식시장이 예상하는 것처럼 경기 전반도 당분간 호조세를 보일 것이다.

매우 자신 있는 분석이었다. 단순히 다우 이론에 입각해 주식시장의 흐름을 해석한 데 그치지 않고, 주식시장 바로미터의 상승세에 따라 경기 전반의 개선이 뒤따를 것이라고 분석한 점이 그렇다. 이 기사가 나간 뒤 4개월 만에 다우존스 산업 평균주가가 10포인트 이상 상승했지만, 〈월 스트리트 저널〉은 1922년 6월에 다시 이렇게 썼다: "현재의 강세장이 몇 개월 안에 천정을 치고 방향을 틀 것이라는 이유는 찾을 수 없다." 실제로 대세상승 흐름은 1923년 3월까지 이어졌다. 물론 1922년 5월 8일자에서 박스권의 조짐을 지적했지만, 약세 반전의 가능성은 전혀 언급하지 않았다. 오히려 5월 22일자에서 대세상승의 재개를 지적하면서 "적어도 1923년까지" 강세장이 이어질 것이라고 밝혔다. 나는 또한 6월 16일 보스턴에서 가진 인터뷰를 통해 주식시장은 추가적인 상승세를 지속할 가능성이 높으며, 당시 막 시작된 2차적인 조정에도 불구하고 시장은 견조한 흐름을 이어갈 것이라고 분명히 밝혔다. 7월 8일자 "주가의 흐름에 관한 연구"에서는 철도 평균주가의 상승세에 자꾸 제동이 걸린다는 점을 지적했지만, 곧 이어 이 같은 결론을 덧붙였다: "이런 단서에도 불구하고 평균주가의 흐름을 통해 읽을 수 있는 것은 명백한 강세장이라는 사실이다."

2차적인 조정

이 책의 앞 장에서도 2차적인 조정을 예측하는 건 매우 위험한 일이라고 지적한 바 있다. 비록 〈배런스〉와 〈월 스트리트 저널〉는 1922년 9월 19일부터 시작된 하락세를 2차적인 조정이라고 판단했지만, 섣불리 예단하는 것은 결코 좋지 않다. 시장에 대한 예측은 적중했을 경우에도, 잘못된 예측을 한 상대방으로부터 그저 운이 좋았을 뿐이라는 비아냥만 듣게 된다. 어쨌든 9월 30일 시장은 급반등세로 돌아서 다우존스 산업 평균주가는 6포인트, 철도 평균주가는 4포인트나 올랐다. 10월 18일자 "주가의 흐름에 관한 연구"에 쓴 내용을 옮겨본다:

> 전형적인 2차적인 조정장을 끝낸 주식시장은 마침내 오늘, 1921년 8월부터 시작된 대세상승 흐름을 재개한다는 명백한 신호를 보여주었다.

이런 식의 예측을 전부 소개한다는 건 좀 쑥스러운 일이다. 나는 그래서 예측이라는 말보다는 추론이라는 표현을 더 좋아한다. 나는 11월 3일에 다시 강세 추론을 제시했다. 내가 마지막으로 강세 추론을 제시한 것은 1923년 1월 16일로, "예기치 않은 2차적인 조정이 어느 정도 지속될 수도 있겠지만, 기본적인 대세상승 흐름은 여전히 확고한 상태"라고 썼다.

짧은 대세하락 흐름

부연설명을 하자면, 다우존스 산업 평균주가는 1923년 3월 천정을 친 뒤 짧은 대세하락 흐름을 보여주었다. 4월 4일자 "주가의 흐름에 관한 연구"에서 나는 물량출회 박스권에서 읽을 수 있는 약세 신호에 주목하라고 이야기했다. 당시의 약세장은 오래 가지 않았다. 여기서 중요한 사실은, "주가의 흐름"에 관한 연구가 비록 약세 신호를 알려주었지만, 앞선 강세장이 상당히 완만하게 이어졌다는 점에서 여기에 뒤따르는 약세장 역시 느리게 진행됐다는 것이다. 실제로 하락세는 마치 대세상승 흐름에서 나타나는 2차적인 조정처럼 보였다. 짧은 대세하락 흐름이 끝난 1923년 10월 27일까지 산업 평균주가의 하락폭은 20포인트에 불과했다. 철도 평균주가는 이보다 앞선 8월에 저점을 기록했는데, 고점에 비해 17포인트 떨어졌을 뿐이다. 실은 이 때의 짧은 하락장을 기본적인 주가흐름으로 보는 것은 편의적인 시각일 수 있지만, 현재의 대세상승 흐름이 1921년 하반기부터 시작됐다고 할 경우 중간에 짧은 대세하락이 끼어들 여지는 충분히 있다. 더구나 1921년 하반기는 《주식시장 바로미터》의 내용이 〈배런스〉에 연재되기 시작했을 무렵인 데다, 그 시각도 무척 강세적이라는 평을 들었다는 점을 감안하면 더욱 그렇다.

새로운 강세장

내가 이 책《주식시장 바로미터》를 쓰고 싶지 않았다고 말한다면 솔직한 표현이 아닐 것이다. 하지만 나는 시장정보로 장사하는 온갖 사이비업자들이 완벽한 다우 이론을 어설프게 갖다 붙여 자신의 옳지 않은 결론을 합리화하거나, 평균주가를 해석하는 데 필요한 원칙들을 제대로 이해하지도 못한 채 얼토당토않은 분석을 시도하는 경우를 참으로 안타까운 심정으로 바라봐야 했다. 1924년 2월 4일자 〈월 스트리트 저널〉에서 나는 시장정보 장사꾼들의 한심스러움을 비판한 뒤 주가의 흐름에 대해 이렇게 썼다:

> 다우 이론에 입각해 평균주가의 흐름을 분석해보면, 현재 주식시장은 불과 8개월에 그친 역사상 가장 짧았던 대세하락을 끝내고 대세상승 추세에 있다. 저점을 기준으로 삼는다면 대세상승 흐름은 11월 1일부터 시작됐다고 말할 수 있다; 하지만 산업 평균주가와 철도 평균주가가 강세장으로 돌아선 게 분명해진 것은 물량확보를 위한 박스권을 확실하게 만든 다음인 1923년 12월부터라고 할 수 있다.

나는 그날 칼럼에서 강세장을 뒷받침하는 확실한 이유로 주가가 기업가치 미만에 머무르고 있으며, 다가올 경기확장의 가능성을 제대로 반영하지 않고 있다는 점을 들었다. 주식시장 바로미터는 이번에도 정확히 들어맞았다. 예상했던 대로 경기확장이 뒤따랐고, 경기확장 추세는 1924년 하반기에 다소 주춤해졌다. 이 같은 경기 변동은 2차적인 조정과 기가 막힐 정도로 일치했는데, 산업 평균주가는 8월 20일 105.57에서 10월 14일 99.18로 떨어졌고, 철도 평균주가 역시 10월 14일까지 이전 고점에 비해 6포인트 이상 하락했다.

그 이후 강력한 대세상승 흐름이 나타났는데, 11월의 대통령 선거 직후 강세는 더욱 두드러졌다. 이 시기에 대다수 시장정보 장사꾼들은 "좋은 뉴스가 나오면 팔아야 한다"는 이론에 근거해 이익 실현과 함께 공매도를 하라고 목소리를 높였다. 사실 1924년 선거에서 공화당의 캘빈 쿨리지가 민주당의 존 데이비스를 이길 확률은 40대 1에 가까웠다.(선거 직전 언론에서도 12대 1이라고 공표했을 정도다.) 그래도 "좋은 뉴스"는 주식시장 바로미터가 예측한 것처럼 경기전반의 확장을 가져왔다.

기술적인 여건의 변화

이전에는 존재하지도 않았던 기술적인 여건이 현재의 강세장을 가져온 요인 가운데 하나가 됐다. 나는 지금까지 이 점을 여러 차례 강조해왔는데, 요점을 간추려보자면 다음과 같다:

다우 이론에 입각한 주식시장 연구는 시장의 대세상승 흐름과 그 지속성 여부를 예측하는 데 놀라울 정도로 정확하다. 하지만 현재의 대세상승 흐름은 과거에는 볼 수 없었던 조건에서 비롯된 것이며, 따라서 그 한계가 무엇을 의미하는지 생각해볼 필요가 있다.

뉴욕증권거래소 집행이사회가 지난 수 년간, 특히 비상장부을 폐지한 뒤 상장기업에 대한 감독을 강화해온 건 사실이지만, 보다 강력한 규제조치가 시행된 것은 최근 들어서의 일이다. 더구나 대형 증권회사들이 고객들에게 얼마나 많은 신용대출을 제공할 수 있는지 집행이사회가 명확히 해야 한다고 인식한 건 한두 해 전의 일이다. 불과 몇 해 전까지도 뉴욕증권거래소는 최대한 자율에 맡기는 정책을 시행해왔고, 대형 증권회사들이 강세장에서 적절한 한도에 맞춰 신용대출을 하리라고 믿어왔다.

　그런데 이제 상황이 완전히 바뀌었다. 상당수 증권회사들이 뉴욕증권거래소가 허용하는 한도 내에서 최대한 신용대출을 하고 있다는 건 공공연한 비밀이 돼버렸다. 증권회사들의 이런 신용대출은 물론 안전한 것이지만, 증권회사들의 입장이 바뀌고 있다. 강세장에서 돈을 벌기 위해서는 상승세가 이어지는 상당 기간 동안 자금이 허락하는 한도 내에서 최대한 주식을 매수한 다음, 신용대출까지 받아 이익을 최대한 늘리고, 불가피한 2차적인 조정장에서 견딜 수 있을 정도로 강세장에서 일부를 이익 실현하는 것이다.

　그러나 증권회사들은 이런 매매방법을 원하지 않는다. 이렇게 되면 꽤 많은 금액을 신용대출로 제공했음에도 불구하고, 매매수수료는 기껏해야 몇 주에 한 번 벌어들이는 꼴이 되기 때문이다. 증권회사 입장에서는 고객들이 매일같이 수수료를 냈으면 하고 바란다. 그것이 비록 고객들에게 이익이 되지 않는다 해도, 매일같이 등락을 거듭하는 시장을 겨냥하고서 투자가 아니라 도박을 하듯이 뛰어들기를 원한다.

　증권회사들의 이런 입장 때문에 실제로 고객들이 자신의 돈으로 매수한 주식은 얼마 되지 않고, 뉴욕뿐만 아니라 전국 각지의 은행에서 빌린 돈까지 동원해 주식을 매수하는 결과를 초래했다. 강세장에 한껏 불어난 신용대출 계좌는 불확실성을 증폭시킬 뿐만 아니라 예단할 수 없는 불안정성마저 야기할 수 있다. 어느 한 순간 갑자기 매도주문이 홍수처럼 밀려들 수 있기 때문이다.

그 결과는 아마도 신용대출을 많이 해준, 따라서 자기자본이 많이 필요했던 일부 대형 증권회사들에 결정적인 영향을 미칠 것이다. 하지만 적어도 한 가지 확실한 것은 주식시장 바로미터를 이해하는 원칙을 변화시킬 정도의 새로운 조건은 아니라는 점이다.

바로미터가 알려주는 신호들

이 장의 결론을 내리면서 내가 이 글을 쓰고 있는 1925년 8월 현재의 바로미터가 알려주는 신호들을 지적하지 않는다면 자신이 없기 때문이라는 말을 들을 것 같다. 지금 많은 사람들이 엄청난 금액의 신용대출을 받았다. 하지만 평균주가의 흐름을 보면 지금의 강세장이 정점에 다다랐다는 징후를 찾아볼 수 없다. 짧았던 대세하락 흐름이 끝난 1923년 하반기부터 따져보면 대세상승 흐름은 아직 그렇게 길지 않고, 여전히 상당수 종목의 주가는 기업가치를 밑돌고 있다. 기업의 평균적인 가치를 감안할 경우 철도주는 물론 산업주 역시 상당한 주가 상승에도 불구하고 여전히 기업가치를 밑돌고 있다고 생각한다.

모든 징후들을 종합할 때 대세상승 흐름은 내년에도 지속될 것이다. 물론 이 과정에서 2차적인 조정이 나타날 가능성은 충분히 있다.

《주식시장 바로미터》를 처음 출간한 이후 내가 확신하고 있는 것처럼, 주가의 흐름에 관한 상식적인 해석에 얼마나 유용한 것인지에 대해 의문을 제기할 만한 어떤 상황도 일어나지 않았다. 사실 개별종목의 주가 흐름은 별로 중요하지 않다. 다만 주식시장 전반이 상승세를 타지 않으면 어떤 개별종목도 현저한 상승세를 보이지 않는다는 점만 알아두면 된다. 어느 개인투자자가 선정한 종목이 다른 종목들에 비해 상승률이 부진하거나 한참 뒤떨어질 수도 있다. 나는 사실 누구나 월 스트리트에서 투자를 해야 한다고 강조하는 사람은 절대 아니다. 하지만 나는 이 나라 경제가 주식시장 바로미터의 신호에 귀를 기울인다는 점이 매우 기쁘다. 주식시장 바로미터에 대한 권위 있는 전문가들의 자유로운 비판이 있어왔지만, 그럼에도 불구하고 주식시장 바로미터는 이 나라 경제 전반에 매우 유익한 일을 계속 해오고 있다.

Chapter_22
주식투자자들에게 주는 마지막 조언

꽤 오래 전 남부의 한 주(州)에서는 판돈을 걸고 하는 모든 내기 게임을 법으로 금지한 적이 있었다. 굳이 이 주가 어디인지는 말할 필요도 없고, 억지로 이 법을 지킨다고 해서 "존경을 받을 리도 없는" 어리석기 짝이 없는 법이었다. 그런데 한 소도시의 보안관이 헛간에서 카드놀이의 일종인 유커(euchre) 게임을 한 젊은이들을 이 법을 내세워 잡아들였다. 당시 법원은 법 조항에 얽매여 있지 않았다. 변호인은 법정에서 "불운한 피고인들"이 유커 게임을 한 사실은 인정했지만, 그것이 내기 게임은 아니었다고 변호했다. 변호인의 말은 상식을 벗어난 것도 아니었고 무례한 주장도 아니었다. 사실 판사나 배심원들 역시 이런 게임을 자주 했지만, 그렇다고 해서 변호인의 주장을 그대로 받아들일 수는 없었다. 변호인은 소신을 굽히지 않고 이렇게 이야기했다: "존경하는 재판관님, 허락해주신다면 배심원들에게 잠시 이 게임이 어떤 것인지 보여주도록 하겠습니다. 그러면 유커가 내기 게임이 아니라는 사실을 믿을 수 있을 겁니다."

내기 게임이 아니다

변호인의 제안은 정당한 것이었고, 곧 이어 배심원들과 변호인이 한자리에 둘러앉았다. 잠시 후 몇 명의 배심원들이 친구들에게 약간의 잔돈을 빌리기도 했다. 이렇게 한 시간쯤 "시연"을 하고 나자 배심원단은 유커가 내기 게임이 아니라는 만장일치 평결을 재판관에게 제출했다.

  투기에 대한 내 생각을 밝히지 않는다면 이 책을 완전히 끝마칠 수 없을 것 같다. 이 과정에서 자연스럽게 투기자들에게 실제적인 조언도 몇 가지 하게 될 것이다. 투기 행위에는 불가피하게 내기 게임 같은 요소가 들어가게 마련이다. 사실 투기를 도박으로 만드는 건 투기를 하는 사람들 자신이다. 앞서 소개한 변호인이 배심원들에게 유커가 본질적으로 속임수가 끼어들 수 없는 확실한 게임이라는 사실을 분명히 인식시켰는지 여부는 알 수 없다. 하지만 분명한 사실은, 비록 아마추어 투기자들의 경우 월 스트리트에서 어리석을 정도로 자주 "투기"를 하지만, 프로 투기자들은 그들이 절대 내기 게임을 하지 않으며, 누구를 속이려고 하지 않는다는 점을 확실하게 보여주고 있다는 점이다.

주식시장 바로미터에서 진정으로 배워야 할 것

주식시장의 흐름에 관한 다우 이론은 결코 시장을 이기는 "시스템"이 아니다. 월 스트리트는 땅뺏기 놀이를 하는 곳이 아니며, 몇 푼 안 되는 돈으로 순식간에 거부가 되는 곳도 아니다. 그러나 현재의 현명한 투기자(이들은 나중에 현명한 투자자가 될 것이다)가 주식시장 바로미터를 열심히 공부했는데도, 시장에서 자신을 보호할 방법을 찾아내지 못했다면 이 책은 적어도 그 점에서 소기의 목적을 달성하지 못했다고 할 수 있을 것이다. 주식시장 바로미터를 열심히 공부했다면 이미 대세상승과 대세하락 흐름을 올바로 이해하고 구분해낼 수 있을 것이다. 그런데 만약 이전에는 들어보지도 못한 종목에 관해 누군가로부터 솔깃한 정보를 얻어듣고서 월 스트리트에 뛰어들었다면, 더구나 시장 전반이 대세상승인지 대세하락인지조차 모른 채 투기에 나섰다면, "돈을 제대로 굴려볼 기회도 없이" 빌린 돈까지 몽땅 잃을 확률이 아주 높을 것이다. 그러므로 시장의 큰 흐름이 어떤 것인지 이해하고, 대세상승에서 나타나는 전형적인 조정장 직후 주가가 완만한 움직임을 보일 때 기회를 노린다면, 투자수익을 올릴 확률이 훨씬 더 높아질 것이다. 한 가지 확실한 사실은 많은 사람들이 이런 점을 고려하지 않은 채 그저 돈을 잃어버릴 생각만 갖고 월 스트리트에 들어오다 보니 이 같은 투자수익을 올리지 못한다는 것이다. 이들은 평생 돈만 날리다가 뉴욕증권거래소를 향해 지독한 도박판이라고 욕이나 하게 된다.

투기와 도박

이런 사람들에게는 모든 종목이 다 비슷하게 보인다. 하지만 주식시장의 각 종목들은 똑같지 않다. 신중한 투기자는 U.S. 스틸 보통주처럼 주식 보유자가 많고 소유지분이 넓게 분산된 종목과 최근에 상장된 자동차 주식이나 장외시장에서 일부 지분이 거래되는 유전 관련주의 차이를 분명히 알고 있다. 물론 후자의 종목들도 좋은 주식일 수 있다. 하지만 그렇다 해도 새로 벌이는 사업이나 해당 주식의 시장성에 대해 아직 검증이 이루어지지 않은 경우가 많다.

만약 장외시장에서 거래되는 주식을 해당 기업의 외부자가 매수한다면 자신의 행동에 확신을 갖고 있어야만 한다. 게다가 신용까지 얻어 장외주식을 매수한다면 그건 도박이나 다름없다. 나는 도박이 도덕적으로 옳은가의 여부를 이야기하자는 게 아니다. 탐욕이 개입되지 않는다면 굳이 도박을 비난할 이유가 없다고 생각한다; 나는 가끔 성공회 신부인 내 친구와 약간의 돈을 걸고 브리지 게임을 하는데, 아무런 죄책감도 느끼지 못한다. 하지만 기껏 남에게 들은 말만 갖고서 신용까지 얻어 주식을 거래하는 아마추어 트레이더는 주식을 높은 가격에 파는 게 목적인 시세 조종 세력이 만들어놓은 시장에서 도박을 한다고 밖에는 볼 수 없다. 그렇게 투기를 하고자 한다면 그건 경마장에 가서 판돈을 대는 것이나 마찬가지다. 이런 사람은 반드시 자기가 잃을 수 있는 한도가 얼마인지 미리 생각해둬야 한다.

투기는 완전히 다른 문제다. 언젠가는 미국인들 모두의 마음속에서 투기적 본능이 사라지는 날이 올지도 모르겠다. 만약 그런 날이 온다면, 혹시 조금이라도 손실을 볼 가능성이 있는 내기 게임을 법으로 금지한다면, 그 결과 "선량한" 미국인이 될 수는 있을지 몰라도, 부정적인 의미의 선량함이 될 것이다. 월 스트리트로 들어가면서 멀리 트리니티 성당의 외벽이 바라다보이는 브로드웨이에서 잠시 멈춰 주위를 돌아보면 훌륭한 미국인들을 얼마든지 만날 수 있을 것이다. 투기가 완전히 사라진다면 이 나라 역시 숨을 멈춰버릴 것이다.

종목 선정

이런 가정을 해보자. 대세상승과 대세하락 흐름의 특징이 무엇인지, 또 주식시장이 어떻게 움직이는지 잘 알고 있는 개인투자자가 있다고 하자. 이 개인투자자가 할 일은 이제 어떤 종목을 선택하느냐는 것이다. 아마추어 투기자는 늘 서둘러 주식을 매수하고자 한다. 따라서 자기가 잘 알고 있다고 생각하는 종목에 과감히 위험을 감수하고 자기 돈을 투자한다.

어느 종목이든 시장 상황이 고정불변하는 경우는 절대로 없다. 대주주가 갑자기 물량을 쏟아낼 수도 있다. 소액 투자자는 그래서 신용으로 거래해서는 안 되는 것이다. 굳이 위험을 감수하겠다면 최소한으로 줄이고, 경제적으로 자신이 감수할 수 있는 범위 내에서 매수해야 한다.

일단 주식이 뉴욕증권거래소에 상장돼 있다면 예외적인 경우를 제외하고는 언제든 사고 팔 수 있는 시장이 존재하지만, 스투츠 모터처럼 상장주식임에도 불구하고 대주주 몇 명이 거의 모든 주식을 보유해 거래가 제대로 이루어지지 않을 수도 있다. 이런 주식은 그냥 놔두는 게 좋다; 다만 자신이 하는 일이 이런 기업과 관련이 있어 뭔가 특별한 정보를 얻었다면 매수할 수도 있겠지만, 그런 경우에도 신용을 쓰는 건 절대로 조심해야 한다.

신용으로 주식을 매수하는 것에 대해

신용이라는 문제에 대해 말해야 할 때가 됐다. 사실 많은 투자자들이 월 스트리트에서 쓸데없이 손실을 보는 이유는 허용한도까지 신용을 다 쓰기 때문이다. 그런데도 이런 사실을 전혀 이해하지 못하고 있다. 주식중개인들은 초보 투자자에게 주가 변동에 따른 담보만 제공할 수 있다면 매수대금의 10%만 증거금으로 내고, 나머지 90%는 신용으로 충당해도 충분하다고 말한다. 사실 주식중개인들이 하는 일이란 이런 것이다. 이렇게 되면 100달러짜리 주식 100주를 1000달러만 내고 매수할 수 있다. 이런 신용은 과도한 정도가 아니라 위험하기 짝이 없다. 찰스 H. 다우는 21년 전에 이렇게 말했다: "어느 투자자가 100달러짜리 주식 100주를 10%의 증거금만으로 매수했는데, 2%가 떨어져 손절매를 했다면 (거래비용을 포함해) 투자원금의 거의 4분의 1을 날리게 된다." 다우는 원래 매우 조심스러운 스타일이었는데, 그가 덧붙인 대목에서도 여실히 드러난다. 앞서 소개한 투자자가 처음부터 주가가 기업의 내재가치를 훨씬 밑도는 주식을 매수했고, 그의 이 같은 판단이 옳았다고 전제할 경우, 신용을 쓰지 않고서 10주만 매수한 다음 더 떨어질 때마다 추가로 매수해 평균 매수단가를 낮춰나간다면 결국은 투자수익을 올릴 수 있다. 수중에 1000달러를 갖고 있는 투자자가 굳이 처음부터 100달러짜리 주식 100주를 살 필요는 없다. 보유 주식수는 주가가 한참 떨어졌을 때 늘려도 된다. 실제로 U.S. 스틸 보통주가 주당 10달러 아래로 떨어진 적도 있었으니 말이다.

소액 투자자와 큰손 투자자

소액 투자자들에게서 발견할 수 있는 또 한 가지 잘못된 생각은 미리 매수할 최대 물량을 정해놓은 다음, 주가가 조금씩 떨어질 때마다 갖고 있는 돈과 신용을 동원해 분할 매수하겠다는 것이다. 그렇다면 차라리 주가가 바닥까지 떨어진 다음 원하는 물량을 한꺼번에 사는 게 낫지 않은가? 가령 어느 투자자가 100주를 매수하겠다고 마음먹고, 주가가 5달러씩 떨어질 때마다 20주씩 나눠서 사기로 했다면, 이건 최초의 매수 결정부터 모순을 야기하는 것이다. 애당초 해당 기업과 주가에 관한 분석을 제대로 하지 않았다는 말이다. 만약 처음에 매수한 다음 5달러가 떨어졌다면 그 기업은 당초에 생각했던 것만큼 좋지 않다는 얘기다. 물론 제이 굴드처럼 거액을 굴리는 큰손 투자자라면 이런 식으로 매수할 수 있다. 하지만 이들은 신용을 쓰지 않는다. 기껏해야 보유주식을 거래은행에 담보로 맡기는 경우가 있을 뿐이다. 더구나 이들은 소액 투자자들이 도저히 따라올 수 없는 의도와 목적을 갖고 주식을 매수한다. 소액 투자자들은 일단 매수한 다음 월 스트리트의 판단을 기다린다. 그런데 제이 굴드 같은 인물은 어느 기업의 주식을 매수했다는 그 자체로 해당 종목의 가치를 끌어올릴 수 있다. 이런 큰손 투자자는 대세하락이 진행되는 와중에 어느 기업의 주식 매수를 시작하기도 한다. 강세장에서는 자신이 원하는 물량을 확보할 수 없다는 사실을 알고 있기 때문이다.

소액 투자자들은 이렇게 할 수 없다. 물론 다른 일은 하지 않고 오로지 주식 거래만 전념한다면 얘기는 달라진다. 나는 이렇게 전업 투자로 성공한 사람들을 많이 만나봤다. 하지만 내가 지금 이야기하는 소액 투자자는 다른 직업을 갖고 있으면서 주식투자를 병행하는 사람들이다. 이런 소액 투자자들도 약간의 상식을 갖고 투자에 임한다면 적어도 시장에서 돈을 잃지 않을 수 있다. 그런데 우연히 만난 친구가 "저 종목을 100주 사둬, 이유는 묻지 말고" 식으로 말하면, 귀가 솔깃해져 갖고 있는 전 재산 1000달러에 신용까지 동원해 주식을 매수한다. 이렇게 위험을 무릅쓰고서도 손실을 보고 난 뒤 누구에게 하소연할 수조차 없다. 이런 사람은 도박꾼이지 투기자가 아니다. 그러느니 차라리 경마장에 가서 돈을 거는 게 훨씬 더 재미있을 것이다. 탁 트인 경마장에서 경주마들이 시원스레 달리는 광경을 지켜보는 게 초조한 마음으로 주가를 알려주는 티커를 바라보는 것보다 건강에도 더 이로울 것이다.

다우는 이런 말을 남겼다

찰스 H. 다우는 1901년 7월 11일자 〈월 스트리트 저널〉에 실린 칼럼에서 이렇게 썼다:

> 투자금액이 크건 작건 주식을 거래하면서 일주일에 50%의 투자수익률을 올리겠다는 생각 대신 연간 12%의 투자수익률을 올리겠다고 생각하는 게 장기

적으로 훨씬 더 나은 성과를 거둘 것이다. 사실 자기 사업을 할 때는 누구나 이렇게 생각한다. 그런데 장사를 하든, 공장을 운영하든, 부동산 사업을 하든 자기 사업에서는 그렇게도 신중하고 조심스러운 사람들이 막상 주식을 거래할 때는 완전히 다른 자세로 접근한다. 이것이야말로 너무나도 분명한 사실이다.

이 칼럼에서 다우는 이렇게 덧붙였다. 투기자가 주식거래를 하면서 자기가 가진 돈이 아니라 냉정한 자기 판단에 따라 다음과 같은 한계를 넘어서지 않는다면 결코 경제적으로 위기상황에 빠지지 않을 것이다; 손실이 적었을 때 손절매를 하지 않고 느긋한 마음으로 손실을 키우는 것; 평균 매수단가를 낮추기 위해 물타기를 하는 것; 이 종목 저 종목으로 갈아타는 것; 신용으로 인해 자신의 계좌가 언제든 깡통이 될 수 있다는 사실을 무시한 채 아무 생각 없이 무모하게 행동하는 것.

다우가 남긴 말은 세월이 한참 흐른 지금도 여전히 정곡을 찌른다. 월 스트리트에 뛰어들었다면 손실을 보는 법을 반드시 배워야 하고, 또 손실을 재빨리 끊어야 한다. 앞서도 지적한 것처럼, 월 스트리트에서 가장 큰 돈을 날리는 딱 한 가지 이유를 꼽자면 자기 의견에 대한 맹목적인 자부심이다. 당신이 만약 어느 주식을 샀는데 주가가 급락한다면, 당신은 매수하기에 앞서 충분히 공부하지 않은 것이다. 갖고 있는 종목의 주가가 계속 떨어져 깡통을 차게 될지도 모른다는 공포에 사로잡혀 있는 한 절대로 객관적인 시각을 유지할 수 없다. 일단 빠져나와서 객관적으로 바라보아야만 편향된 시각을 버릴 수 있다. 손실이 누적되는 상황에 빠지게 되면 산에서 길을 잃은 나그네가 나무만 보고 숲을 보지 못하는 형국이나 마찬가지기 때문이다.

거래량이 없는 종목은 피하라

뉴욕증권거래소 입회장에서 제이 굴드의 주문을 처리하던 젊은 친구가 굴드의 파트너십 제안을 거절했다는 이야기는 앞서 소개했다. 이 친구가 보기에 굴드가 내는 주문은 늘 손실을 입는 것 같았다. 하지만 그는 큰 그림을 보지 못한 것이었다. 굴드가 그에게 낸 주문은 수익을 올리지 못했지만, 본격적인 매수에 앞서 시험을 해본 것들이었다. 굴드는 시세 흐름에 큰 변화가 왔다고 확신했을 때 다른 중개인을 통해 매수 주문을 냈을 것이다. 평소에 거래량이 별로 없는 종목을 매수하는 게 위험하다는 건 바로 이 대목에서 알 수 있다. 지금 시장에서 활발하게 거래되는 종목은 어느 중개인이든 환영한다. 반면 거래량이 없는 종목은 은행에서조차 담보로 잡아주지 않는다.

그러나 어느 주식이 앞으로도 계속해서 활발하게 거래될지 여부는 주식중개인들도 알지 못한다. 주가가 꿈틀거리기 시작하면서 며칠 동안 반짝 활기차게 거래되다가 그것으로 끝나버리는 경우도 있다. 그 뒤로 몇 주간 단 한 건의 거래도 이뤄지지 않을 수도 있다. 그러면 매도자는 매수자를 찾기 위해 허리를 굽혀야 한다. 이런 경우 대개 프로 투기자들인 매수자는 거래를 성사시켜주는 대가를 챙기게 된다. 따라서 이런 주식은 절대 신용으로 매수해서는 안 된다. 다만 철강업이나 섬유업에 종사해 이 분야를 잘 알고 있는 투자자가 U.S. 스틸이나 베들레헴 스틸, 혹은 아메리칸 울런(American Woolen) 같은 기업의 주식을 보유하는 건 괜찮을 것이다. 비록 일년 내내 거래가 활발하게 이뤄지지 않더라도 확실한 시장이 있다는 점을 본인 스스로 잘 알고 있을 것이기 때문이다.

컨솔리데이티드 증권거래소에 대해

내 친구들은 뉴욕증권거래소 외에도 월 스트리트 곳곳에 포진해 있다. 100주 미만의 단주 거래를 전문적으로 취급하는 증권회사는 열 곳도 채 되지 않지만, 어쨌든 이들 덕분에 단주 시장이 열리고 있다. 컨솔리데이티드 증권거래소(Consolidated Stock Exchange)는 일년 내내 단주 거래가 이뤄지는 정규 시장이다. 명색이 정식 기관인 만큼 이 거래소의 회원들도 뉴욕증권거래소의 회원들과 마찬가지로 엄격한 감시를 받고, 이 거래소를 이용하려는 투자자들은 당연히 주식중개인을 통해 주문을 내야 한다. 소액을 운용하는 아마추어 투자자들도 컨솔리데이티드 증권거래소를 이용할 수 있는데, 단 거래가 활발히 이뤄지는 종목이라야 가능하다. 즉, 어느 정도 이름이 알려져 있고, 많은 주주들이 주식을 보유하고 있어야 한다. 따라서 장외시장에서 거래되는 종목은 여기서 거래할 수 없다. 내가 여기서 장외시장을 폄하하려는 건 아니지만, 장외시장에서 거래되는 주식은 은행에서조차 담보로 잡아주지 않는 데다, 장외거래소에서는 고객들에게 무조건 10%의 증거금만 갖고 주식을 거래하도록 부추긴다는 강한 의구심을 갖고 있다는 점은 밝혀야겠다.

하늘이 두 쪽 나는 한이 있더라도 주식 매수자금의 90%를 신용으로 쓰려는 생각은 지워버려야 한다. 신용은 반드시 당신이 통제할 수 있는 수준이라야 한다. 당신이 사업을 하든, 아니면 이자수입을 갖고 살아가든 당신이 입을 수 있는 투기적 손실은 땅을 치고 후회할 정도의 금액을 넘어서는 절대로 안 된다. 이렇게 말한다면 다소 심하게 들릴지도 모르겠다. 하지만 도박이란 자신이 지금까지 벌지 못한 것을 얻기 위해 스스로 감당할 수 없는 위험을 무릅쓸 때 시작되는 것이다.

공매도에 대해

투자자 입장에서 주식시장 바로미터를 제대로 이해하면 어떤 도움을 받을 수 있을까? 상당히 많다. 우선 주식투자자는 극히 예외적인 경우를 제외하고는, 시장 전반이 하락하는데 자신이 보유하고 있는 종목만 오르기를 기대할 수는 없다. 만약 대세하락이 진행 중인 상황에서 잠시 이어지는 반등을 이용해 성공적인 투자 성과를 올릴 수 있다면, 이런 투자자는 아주 뛰어난 정보 수집 능력을 갖고 있으면서, 동시에 시장 흐름을 거의 동물적으로 읽어낼 수 있는 사람이다. 나는 지금까지 공매도에 대해서는 거의 이야기하지 않았다. 대세상승이 진행 중일 때 공매도를 하려는 투자자는 기껏해야 2차적인 조정을 노리는 것일 뿐이다. 따라서 증권거래소 입회장에서 일하는 트레이더거나, 하루 24시간 주식투자에만 전념하는 사람이 아니라면 이런 경우 돈을 날리기 십상이다. 나는 공매도가 도덕적으로 옳으냐 그르냐를 이야기하고자 하는 게 아니다. 적어도 다른 사람들의 돈을 빼앗으려는 도박으로 전락하지 않는 한 투기에 도덕적인 문제는 개입할 여지가 없다는 게 내 생각이기 때문이다. 세계 어느 시장에서든 공매도는 필요한 요소다. 다만 뉴욕증권거래소에서 거래되는 주식을 공매도한 뒤 주가 추이를 살피지도 않고 멀리 떠나있을 수는 없다. 일단 공매도를 했다면 그 주식을 상환할 때까지는 주식을 차입한 입장이기 때문이다. 더구나 주식시장의 경우 평균적으로 보면 강세에 베팅한 쪽이 약세에 베팅한 쪽보다 훨씬 더 많은 돈을 벌었다. 통상 강세장이 약세장보다 훨씬 더 오래 지속됐다는 점만 봐도 그 이유를 알 수 있다. 그런 점에서 공매도는 프로 투자자, 특히 시장의 법칙을 열심히 공부하는 사람들의 영역일지 모른다.

반등 시점에 매수하기

주식시장 바로미터에 대한 지식이 아무리 뛰어나다 해도 대세하락 흐름이 대세상승으로 바뀌는 시점을 정확히 집어낼 수는 없다. 앞서 주식시장의 움직임을 살펴보았듯이, 어떤 흐름이 확실한 추세를 형성하기까지 주가는 몇 주 동안 좁은 변동폭 안에서 등락을 거듭한다. 추세가 정해지지 않은 불확실한 상황에서는 주식을 거래해봐야 투자수익을 올리기는커녕 증권회사의 수수료 수입만 불려줄 뿐이다. 하지만 일단 대세상승 흐름이 형성됐다면 상승세를 타는 종목을 매수하는 게 성공적인 투자의 열쇠가 된다. 만약 주식을 매수한 뒤 시장 전반의 흐름이 역전돼 주가가 떨어져버린다면, 그 때는 손실을 보고 있더라도 주저 없이 손절매를 해야 한다. 그리고 혹시 이 하락세가 대세상승 흐름에서 나타나는 2차적인 조정이 아닌지 확인하고, 2차적인 조정이 끝난 다음 이어지는 횡보 장세를 기다려봐야 한다.

  2차적인 조정이었음을 확인했다면 다시 주식을 매수할 수 있다. 하지만 추가 매수는 주가가 떨어질 때가 아니라 앞서도 지적했듯이 시장이 상승세를 탈 경우 해야 한다. 너무 과도할 정도로 추가 매수를 하지 않았다면 주가가 올라갈수록 안전판을 추가로 확보하는 셈이 된다. 또한 일시적인 급락에 취약해질 정도로 많은 신용을 쓰지 않았다면, 그리고 미리 손절매 주문으로 보호장치를 마련해두었다면, 처음에 기대했던 것보다도 훨씬 더 큰 투자성과를 거둘 수 있을 것이다. 월 스트리트에서 돈을 날렸다는 사람은 수도 없이 만나지만, 월 스트리트에서 큰 돈을 벌었다는 사람 이야기는 거의 듣지 못한다. 내 경험을 토대로 말해보자면 주식으로 큰 돈을 번 사람들은 대개 입이 무거운 사람들이다; 이들은 여간해서는 자신이 거둔 투자 성공 사례를 입밖에 내지 않는다. 그저 신중하게 투자했을 따름이라고 이야기할 뿐이다. 갚을 능력만 있다면 신용으로 주식을 사는 것이나 은행 대출을 받아 집을 사는 것이나 아무런 차이도 없다. 다른 사람들의 문제를 늘 걱정해야 하는 복잡한 세상이지만 나는 여전히 이렇게 말한다. 주식투자자가 자신이 감당할 수 있는 돈으로 주식을 거래하는 한, 비록 그 돈이 은행에서 대출받은 돈이라 하더라도 그건 전적으로 그 사람에게 달린 문제다.

돈을 날리는 방법

여기 또 다른 부류의 투자자들이 있다. 이들은 우리 주변에서 쉽게 발견할 수 있는데, 처음에 왜 주식투자를 했는지를 망각하는 바람에 돈을 날리는 사람들이다. 개인적으로 나를 잘 아는 친구가 애치슨 철도 보통주에 관한 의견을 말해달라고 한 적이 있다. 나는 철도 산업의 전망이 어떤지, 배당금을 줄 만큼 충분한 순이익을 올릴 수 있는지, 또 애치슨이 철도 노선을 갖고 있는 지역의 사업전망은 어떤지에 대해 얘기해주었다. 그는 애치슨 보통주(여기서는 단지 예로 들었을 뿐이다)의 주가가 싸다는 결론을 내렸고, 주식을 매수했다. 만약 이 친구가 주식중개인의 권유에도 불구하고 신용이 아닌 자기 돈으로만 주식을 매수했다면, 또 하루하루의 주가 등락을 무시해버렸다면 아마도 큰 돈을 벌었을 것이다.

그러나 이 친구는 여기저기서 들려오는 루머를 전부 주워담았고, 특히 "큰손들이 팔고 있다" 거나 "의회에서 조사를 할 거야" "파업이 있을 거야" "농산물 흉작으로 철도 물동량이 크게 떨어질 거라는군" 따위의 풍문에 귀를 쫑긋 세웠다. 그는 주식시장이 이런 모든 요인들을 감안해 미리 주가에 반영한다는 사실을 잊어버렸다. 그러다 보니 작은 주가 변동에도 초조해했고, 주가가 떨어지자 손실을 보고 팔아버린 뒤 나에게 다시는 의견을 구하려 하지 않았다. 나는 차라리 그의 이런 마음이 변하지 않았으면 하고 바랐다; 그러나 안타깝게도 그는 그렇지 않았다. 그는 나를 다시 찾아와 자신의 판단을 뒤집어줄 만한 의견을 말해줄 수 없는지 물어봤다. 당시 이 친구 자신의 판단이라고 해봐야 실은 다른 누군가로부터 들은 의견에 지나지 않았을 것이다.

돈을 날리는 또 다른 방법

월 스트리트에서 돈을 날리는 데는 또 한 가지 아주 쉬운 방법이 있다. 어느 투자자든 특정 종목을 예의 주시하다 보면, 짧은 기간 동안 4달러 정도는 오를 수는 가파른 상승 흐름을 목격할 수 있다. 그런데 이 종목의 거래가 활발하다는 사실만 주목하고, 상승이 예상되는 4달러 가운데 1.5달러 정도는 이미 주가에 반영됐다는 점은 무시해버린다. 그러다 보니 잠시 머뭇거리는 사이 단기적인 상승세는 끝나버리고 만다. 뒤늦게 매수해 반짝 상승세는 맛봤지만 어느새 주가는 지지부진한 모습이다. 특별한 주가 움직임은 이제 사라져버린 것이다. 프로 투자자들은 다른 종목으로 눈을 돌리고, 이 투자자가 보유한 종목은 시장의 외면 속에 게걸음만 이어갈 뿐이다. 그런데도 이 투자자는 자신이 기회를 놓쳤다는 점은 인정하지 않고 고집스럽게 주식을 끌어안는다. 이로 인해 이 투자자는 조금만 합리적으로 행동한다면 아주 싸게, 매우 귀중한 가르침을 얻을 수 있는 기회마저 날려버리고 마는 것이다.

이 투자자 역시 자신이 맨 처음 이 종목을 왜 매수했는지 망각해버린 것이다. 마치 처음부터 이 주식의 장기적인 가치를 보고 매수했다고 착각하는 것이다. 자신이 예상했던 특별한 주가 움직임을 놓쳤다면, 아쉽지만 약간의 이익만 챙기고, 아니면 손절매를 하는 한이 있더라도 일단 빠져나와 다음 기회를 기다려야 한다. 그런데 내가 알고 있는 대부분의 주식투자자들은 시장에 뛰어들 때의 초심을 망각할 뿐만 아니라 인내의 중요성마저 잊어버린다. 이들은 늘 이 종목 저 종목 집

적거린다; 그러다 보면 얼마 지나지 않아 자신의 전 재산을 주식계좌에 털어 넣게 되고, 늘 반복되는 시장의 회오리바람을 맞으면 막다른 골목에 다다르게 되는 것이다.

마지막 생각

주식시장 바로미터에 대한 지금까지의 설명을 여기서 결론짓고자 한다. 내가 마음 약한 사람들까지 도박판으로 끌어들여 이들이 하루아침에 돈을 다 날리도록 부추겼다고 오해하지 말기 바란다. 그런 생각은 추호도 없었다. 또한 누구나 그 점에서는 자기 의지대로 행동할 자유가 있다. 법적인 규제가 아무리 많다 해도 개인이 자기 의지에 따라 행동할 수 있는 영역은 얼마든지 있다. 우리는 법으로 투기 행위 자체를 불가능하게 만들 수 있다. 물론 그렇게 되면 미국 경제가 마비돼버릴 것이다. 그러나 우리가 결코 법으로 강제할 수 없는 것은 개인의 의지와는 관계 없이 무조건 월 스트리트에서 주식을 거래하도록 하는 것이다. 나는 이 장에서 개인투자자가 어떻게 스스로를 보호할 수 있는지 보여주고자 했다. 자신의 돈을 올바르게 운용하고, 그렇게 해서 최후에는 훌륭한 투자 성과를 올릴 수 있다는 생각을 가질 수 있다면 나로서는 더 이상 바랄 나위가 없다.